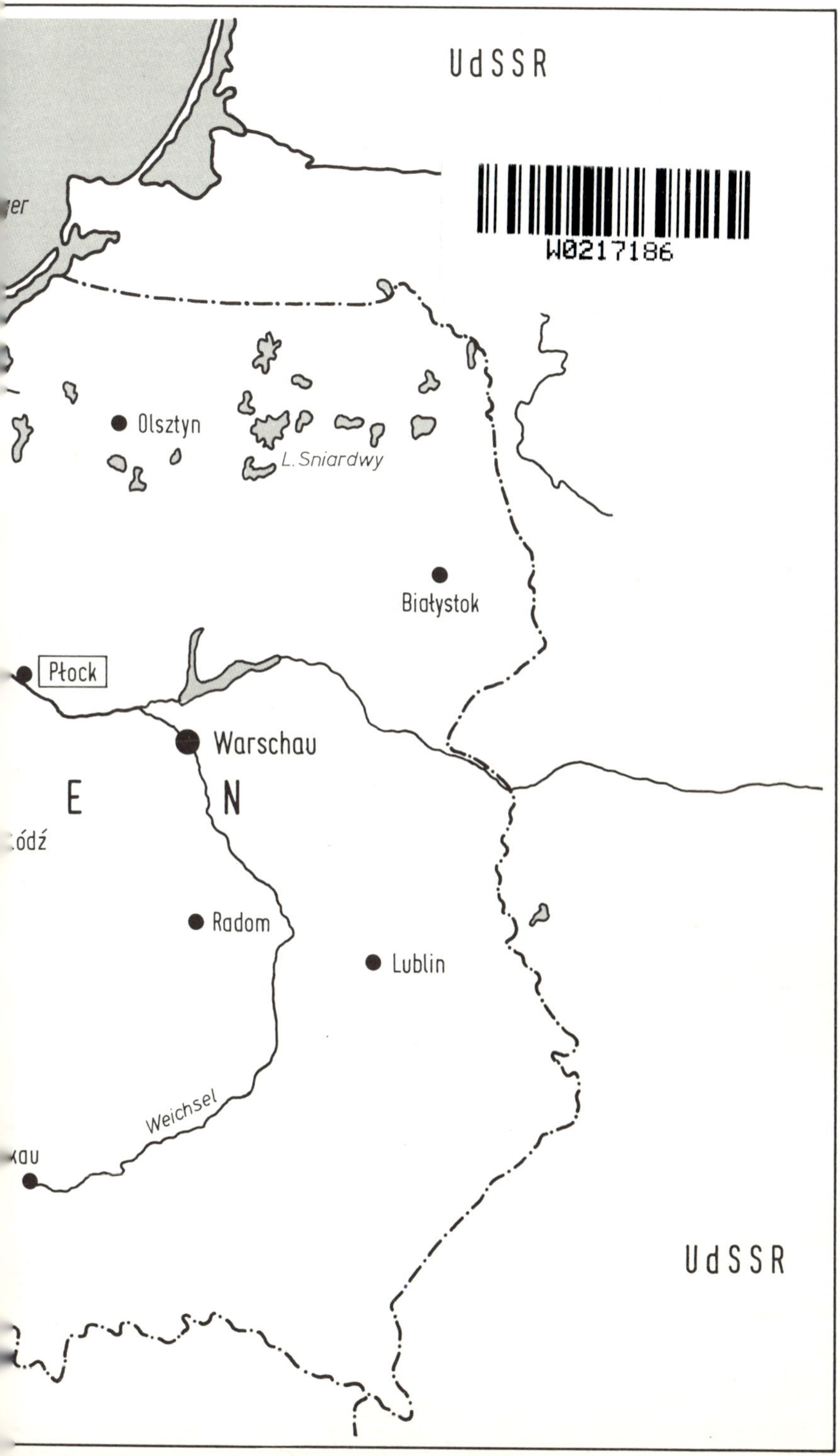

UdSSR
Olsztyn
L. Sniardwy
Białystok
Płock
Warschau
E
N
Radom
Lublin
Weichsel
UdSSR

C H V

Simcha Guterman mit seiner Frau Hava und dem Sohn Jakov in Płock auf der Treppe, die zur Weichsel hinunterführt.

Das gerettete Buch des Simcha Guterman

Herausgegeben von
Nicole Lapierre

Aus dem Französischen von
Rolf und Hedda Soellner

Carl Hanser Verlag

Die Originalausgabe erschien 1991 unter dem Titel
Simha Guterman. Le Livre Retrouvé
Édité et présenté par Nicole Lapierre
Ouvrage publié avec le concours du Centre national des Lettres

Der jiddische Text wurde von Aby Wieviorka und Nicole Lapierre ins Französische übersetzt. Ihm folgt die deutsche Ausgabe. Jost G. Blum rekonstruierte die Gedichte auf Seite 236ff.
und übersetzte sie aus dem Jiddischen.

1 2 3 4 5 97 96 95 94 93

ISBN 3-446-17007-3

Satz: Utesch Satztechnik GmbH, Hamburg
Druck und Bindung: Franz Spiegel Buch GmbH, Ulm
Printed in Germany

»Ich entblöße mein Haupt und verneige mich tief vor den Opfern und Märtyrern. Ich will meinen Zorn zügeln, die Bitterkeit, die mein Blut vergiftet, mäßigen, die Wut, die mir den Geist verdunkelt, besänftigen, die zitternde Hand, die meine Feder hält, beherrschen. Mit verwundeter Seele, beklommener Brust, mit wehem Herzen, mit tränengefüllten Augen, mit geballten Fäusten werde ich versuchen, alles zu beschreiben, das Blut und die schwärenden Wunden, um Zeugnis abzulegen von der Niedertracht und der Schändlichkeit, deren der Mensch fähig ist.«

Simcha Guterman, 1942

»Ich verabscheue den Krieg, ich verabscheue die Schlachten und ich fürchte sie... aber ich bin sicher, wenn ich kämpfen muß, dann werde ich das ebenso gut tun wie die anderen.«

Raz Guterman, 1981

»Bedenken Sie: die Geschichte, die Geschichte unseres uralten Volkes, unseres weisen und schwergeprüften Volkes, wird Sie mit Peitschen und Skorpionen züchtigen. Ihre Taten werden eine Warnung und ein Urteilsspruch für die künftigen Generationen sein!

Wenn Sie auch nur einen Funken Gewissen und Menschlichkeit haben, dann soll mein unermeßlicher Schmerz Sie bis ans Ende Ihrer Tage verfolgen. Das Leid eines Vaters in Israel, dessen Welt zerstört, dessen Lebensfreude endgültig vernichtet worden ist. Im Wachen und im Schlaf sollen Sie auf ewig dieses Kainsmal tragen!«

Jakov Guterman,
Sohn von Simcha und Vater von Raz
*Offener Brief an die Minister, die
für den Libanon-Krieg gestimmt haben*, 1982

Ein Mann weckt am 1. März 1940 im Morgengrauen sein Kind, das krampfhaft die Augen geschlossen hält und bettelt, noch ein wenig weiterschlafen zu dürfen. Aber die Zeit drängt, die SS-Leute schlagen schon mit Gewehrkolben an die Türen. Die Juden von Płock werden deportiert. Der Mann heißt Simcha Guterman, der kleine Junge, der im April fünf Jahre alt wird, ist sein einziger Sohn Jakov.

Nun beginnt eine lange, lebensgefährliche Flucht im besetzten Polen. In jeder provisorischen Unterkunft zeigt Simcha dem kleinen Jakov den Ort, an dem er seine Manuskripte verbirgt, die ihre Geschichte erzählen und Zeugnis ablegen von den schwarzen Jahren. Jakov soll sich die Verstecke einprägen, damit er die Schriften eines Tages wiederfinden und veröffentlichen kann. Simcha ist sich sicher, daß dieses Kind überleben wird, er glaubt an die Macht und an den Wert des Buches. Zwischen dem Vater und dem Sohn entsteht ein in die Zukunft projizierter Bund.

Simcha fällt am ersten Tag des Warschauer Aufstands. Jakov überlebt und emigriert nach Israel. Er wächst zum Mann heran und wird seinerseits Vater.

Raz, sein erster Sohn, ist die Verkörperung seiner Hoffnungen und der Hoffnungen seines eigenen Vaters, die gewonnene Wette auf das Leben, ein »Traum-Kind«. Jakov wird nicht müde, dieses schlafende Kind zu betrachten, auf den regelmäßigen Atem eines friedlichen Schlafs zu lauschen, den nichts trübt. Raz wächst heran, und der Bund zwischen Vater und Sohn festigt sich im Kibbuz und im Kampf für den Frieden. Den Frieden, jetzt.

Raz stirbt im Alter von einundzwanzig Jahren, am ersten

Tag des Libanon-Kriegs, in einem Schützengraben der Festung Beaufort, zusammen mit fünf anderen Soldaten.

Jakov ist heute ein Mensch zwischen zwei Welten, zwischen zwei Toten, und auch zwischen zwei Büchern: dem Buch, das sein Vater in Polen geschrieben hat und das nun endlich wiedergefunden wurde; dem Buch, das in Israel die Geschichte seines Sohnes erzählt, die Geschichte von Raz' Kameraden und von deren trauernden Eltern, die Geschichte der »Familie von Beaufort«.

Für ihn sind die beiden Bücher miteinander verknüpft. Das gerettete Buch, dessen Veröffentlichung er als Erbe des väterlichen Manuskripts so sehr ersehnt hat, soll seinem Wunsch gemäß durch die Wiederbelebung der Vergangenheit auch die Gegenwart bewegen und so seine Reise durch die Zeit fortsetzen im Gedächtnis der kommenden Generationen.

Die nun folgenden Seiten versuchen diesem Wunsch gerecht zu werden durch eine Art Gratwanderung zwischen der Achtung vor einem Text, der vierzig Jahre nach der Katastrophe ausgegraben wurde und dessen Intensität jeglichen Kommentar verwehrt, und dem Bemühen, ein in der Nachkommenschaft Simcha Gutermans immer noch inkarniertes lebendiges Wort nicht zu einem Monument erstarren zu lassen.

Die Vermittler

Dies ist ein gerettetes Buch. Das Manuskript, das hier zum ersten Mal veröffentlicht wird, wurde während des Zweiten Weltkriegs unter lebensgefährlichen Bedingungen von einem Juden in Polen geschrieben. Es steckte dreißig Jahre lang in einer vergrabenen Flasche und verdankt seine Entdeckung dem Zufall. Die Geschichte des Manuskripts ist gekennzeichnet durch eine Reihe von glücklichen Fügungen, eine Abfolge von günstigen Umständen. Es ist – dechiffriert, resümiert, kopiert, umkopiert, transkribiert – weit gereist, von Radom nach Warschau, dann nach New York, nach Tel Aviv und schließlich nach Paris. An jeder Etappe fand sich ein Vermittler, der es vor dem Vergessen bewahrte.

Ende 1978 erschienen Tadeusz Szczeniak und Józef Pinkert, zwei Polen aus Łódź, im Jüdischen Historischen Institut von Warschau und brachten eine mit Wachs versiegelte Flasche, die einen in hebräischen Buchstaben geschriebenen Text enthielt. Die Flasche war in Radom beim Umbau eines Hauses unter einer Treppenstufe gefunden worden. Hatten die beiden Männer sie selbst entdeckt? War sie ihnen von jemand anderem übergeben worden? Man weiß es nicht. Die beiden waren jedoch von der Bedeutung des Fundes und auch von der Aussicht auf einen Finderlohn so überzeugt, daß sie die Flasche in das Institut brachten.

Die zerbrochene Flasche gab ihren Inhalt preis: lange, schmale, enggerollte und numerierte Papierstreifen, auf denen ein Text in jiddischer Sprache aufgezeichnet war. Die Schrift war stellenweise so winzig, daß man sie kaum lesen konnte. Nachdem die Dokumentalisten des Instituts die Bänder entrollt und geordnet hatten, stellten sie fest, daß es sich um einen Bericht über die Geschicke der Juden von Płock handelte vom Beginn des Krieges im September 1939 bis zur Liquidierung des Gettos im März 1941. Ein Bericht, der zwar nicht gezeichnet, aber datiert war: Januar – Mai 1942. Sie fertigten von jedem Kapitel eine detaillierte Zusammenfassung an, ebenfalls handschriftlich, jedoch diesmal in polnischer Sprache, und legten dann das Original in eine Schachtel, wo es noch lange hätte schlummern können. Im Jüdischen Historischen Institut, dessen finanzielle Mittel begrenzt sind, liegen unzählige Schachteln...

Zwei Jahre später, im Sommer 1980, kam Leon Kilbert, ein amerikanischer Jude, der aus Płock stammte, nach Polen. Er hoffte, Schriften seines Onkels Itzhak Bernstein zu finden, eines Schriftstellers, der sich im Warschauer Getto, zusammen mit dem Historiker Emmanuel Ringelblum, mit der Sammlung und Rettung von Texten und Zeugenberichten beschäftigt hatte. Es war für Leon eine späte Rückkehr. Nachdem er im Winter 1939/40 in die UdSSR geflohen war und nach dem Krieg in Polen keinen Angehörigen seiner Familie mehr wiedergefunden hatte, war er in die Vereinigten Staaten gegangen, wo er ein neues Leben angefangen und Karriere gemacht hatte, fest entschlossen, dieser allzu schmerzlichen Geschichte für immer den Rücken zu kehren. Eines Tages jedoch machte er die Bekanntschaft eines Forschers, der eine Untersuchung über die Auslandskorrespondenz der polnischen Juden während des Krieges durchführte. Angeregt durch diese Begegnung, holte er die Briefe hervor, die seine Mutter an ihre Schwester in den Vereinigten Staaten geschrieben hatte. Das Alter, die Pensionierung und diese vergilbten Briefe in ihren mit unzähligen Stempeln versehenen Umschlägen veranlaßten ihn, sich wieder seiner Vergangenheit zuzuwenden: Er fuhr nach Polen und betrieb Spurensuche in den zweitausend Schachteln der Ringelblum-Stiftung, die im Jüdischen Historischen Institut von Warschau verwahrt werden.

Er fand auch mehrere Artikel und Essays, die sein Onkel zwischen 1940 und 1941 im Getto der polnischen Hauptstadt geschrieben hatte. Vor allem machte er jedoch eine andere Entdeckung: Einige Tage vor seiner Rückkehr nach New York zeigte ihm ein Angestellter des Instituts das Manuskript, das in Radom in einer Flasche gefunden worden war und das von seiner Geburtsstadt handelte. Leon Kilbert war fasziniert. Da er Płock Ende 1939 verlassen hatte, wußte er nur wenig von dem, was nach seinem Weggang passiert war. Seine ganze Kenntnis beruhte nur auf einigen Gerüchten und ein paar vagen Andeutungen in zensierten Briefen... Leider war es zu spät, um den ganzen Text zu entziffern. Er mußte sich damit begnügen, das Resümee in polnischer Sprache zu lesen, und konnte aus Zeitmangel keine Kopien mehr anfertigen.

Sofort nach seiner Ankunft in New York setzte er alle Hebel in Bewegung, um sich Kopien zu verschaffen. Er half dem Institut materiell, schrieb zu wiederholten Malen und in dringlichem Ton, ließ seine »hochgestellten« Beziehungen in Polen spielen. Nach Verlauf eines Jahres, in dem er alle möglichen Schritte unternommen hatte, erhielt er endlich eine Fotokopie des Resümees in polnischer Sprache. Eine Woche darauf brachte ein Reisender ihm den Mikrofilm des Originalmanuskripts. Nun machte er sich an die Entzifferung des Textes – die Fotokopie war so schlecht und die Schrift so unleserlich, daß er mit einer Lupe arbeiten mußte –, dann an die Abschrift des neunzigseitigen Resümees, das er an ehemalige Bewohner von Płock schickte, die er kannte.

Aufgrund einer Anzahl von Hinweisen, die der polnische Text enthielt – die Lektüre des jiddischen Manuskripts erwies sich als zu schwierig –, Hinweise wie die Erwähnung des Dorfes, in dem sich der Autor kurz vor Kriegsbeginn aufgehalten hatte, sowie die Anspielung auf einen kranken Bruder und auf andere Verwandte, vermutete Leon Kilbert, daß der Autor ein gewisser Simcha Guterman sein könnte. Diese Hypothese wurde noch durch das Zeugnis von Überlebenden bestärkt, die sich erinnerten, daß Guterman während des Krieges in Polen über die Geschichte des Gettos ihrer Stadt geschrieben und sie dabei oft um Auskünfte und eingehende Erklärungen gebeten hatte. Im Widerspruch zu dieser Hypothese standen jedoch zwei Passagen des Buches: eine, in der von einer Tochter des Autors die Rede war – Simcha Guterman hatte keine –, und die andere, wo jemand ihn in einem Dialog mit Szymszon anredete.

Nun kam ein weiterer Vermittler ins Spiel. Leon Kilbert erhielt die Adresse von Jakov Guterman, Simchas Sohn, Jahrgang 1935, der den Genozid überlebt hatte und nach Israel ausgewandert war. Er schickte ihm eine handschriftliche Kopie des Resümees und beschrieb ihm seine Hypothese und seine Zweifel. Und Jakov bestätigte ihm, daß es sich sehr wohl um einen Text seines Vaters handelte. Er erkannte Ereignisse und Geschichten wieder, die er als Kind erlebt oder gehört hatte. Vor allem erinnerte er sich daran, daß sein Vater an jedem Ort, an dem die Familie sich hatte verstecken müssen, unermüdlich auf Papierstreifen geschrieben hatte, wie sie in den Druckereien beim Zuschneiden von Bogen anfallen. Er entsann sich der Verbissenheit, mit der sein Vater Zeugnis hatte ablegen wollen von der Geschichte der jüdischen Gemeinde in Płock zur Stunde der Not und von ihrer Flucht durch das Land während der Schreckensjahre. Für Jakov, der zutiefst aufgewühlt war, gab es an der Identität des Autors keinerlei Zweifel. Leon Kilbert ließ ihm also einen Abzug des Originals zukommen. Leider konnte Jakov mit dem jiddischen Manuskript ebenso wenig anfangen wie Leon. Der Sohn war außerstande, die Schriften seines Vaters zu lesen.

Bis zu dem Oktobertag des Jahres 1987, an dem ich Leon Kilbert in New York traf, wußte ich nichts von dieser Geschichte. Im Verlauf meiner mehrjährigen Nachforschungen über Schicksal und Andenken der Juden von Płock hatte ich so ziemlich überall zahlreiche Erlebnisberichte gesammelt, und meine Arbeit neigte sich dem Ende zu. Um die Wahrheit zu sagen, erwartete ich nichts grundlegend Neues von Simcha

Simcha Guterman

Gutermans Bericht, wenn auch jedes Leben einzigartig ist: Er würde schildern, was die anderen auch geschildert hatten, denn diese Berichte, das wußte ich damals, waren nach einem Schema kollektiver Erinnerung angelegt. Das stimmte, aber ohne dieses späte Gespräch mit Leon Kilbert hätte ich nie etwas von Simchas Manuskript gehört. Ich war zwar mit Leuten zusammengekommen, die Leon von der Existenz dieses Manuskripts unterrichtet hatte, aber merkwürdigerweise hat niemand mir davon erzählt. Dieser gerettete Text war dem Schweigen der Erinnerung anheimgefallen.[1]

Leon schickte mir dann einige Tage nach unserem Treffen ein Exemplar des von ihm abgeschriebenen Resümees nach Paris. Da ich nicht Polnisch kann, bat ich meinen Vater um eine Übersetzung. Ich beteiligte ihn damit an einem Unternehmen, das ihn direkt betraf und das daher eine harte Prüfung für ihn war. Beim Übersetzen würde er Satz für Satz entdecken, was seine Familie mütterlicherseits, die in Płock

1 Nicole Lapierre, *Le silence de la mémoire*, Paris, Plon, 1989.

geblieben war, durchlitten hatte. Er würde es durch mich erfahren, aufgrund einer dieser unvorhersehbaren Kreisbewegungen, wie sie Erinnerung und Übermittlung nach dem Völkermord zwischen den jüdischen Generationen vollziehen.

Als ich endlich den ins Französische übersetzten Text in Händen hielt, den mein Vater mir mit einem gequälten Blick überreicht hatte, begriff ich Leons Erschütterung: Als hellsichtiger Chronist einer grauenerregenden Welt hatte der Autor sich bemüht, alles zu sagen, alles niederzuschreiben, die Gewalttätigkeiten, die Mißhandlungen, die Folterungen, die Angst und die eiserne Klammer, die sich allmählich um die Seinen schloß, aber auch die Brüche innerhalb der jüdischen Gemeinde, die lächerlichen Privilegien und Vorteile, die Anpassungen, die Kompromisse, die Feigheiten. Ein gnadenloser Bericht, voller Auflehnung gegen die Henker und voller Anklage gegen die Ungerechtigkeiten im Lager der Opfer. Dieser Text, geschrieben unter großer seelischer Anspannung und unter dem unmittelbaren Eindruck der Ereignisse von fünf Monaten des Jahres 1942, in denen die schlimmsten Befürchtungen sich bestätigten, schien uns, obwohl wir nur über eine gedrängte Zusammenfassung verfügten, von offensichtlichem dokumentarischen und historischen Interesse.

Zwar waren schon Zeugnisse und Chroniken über das Schicksal der Gettos veröffentlich worden, namentlich von Emmanuel Ringelblum und seinem Team[1], aber es gab noch viele andere. Zudem haben die Arbeiten der Historiker, vor

1 Emmanuel Ringelblum hatte im Warschauer Getto ein geheimes Archiv-Zentrum organisiert, an dem Historiker, Schriftsteller, Intellektuelle, Gemeindevertreter und Leute aus sonstigen Schichten mitarbeiteten. Alle bemühten sich, in Verbindung mit Gleichgesinnten aus anderen polnischen Ortschaften eine möglichst große Anzahl von Dokumenten über das Schicksal der Juden in Gettos und Lagern zu sammeln und aufzubewahren. Siehe: Emmanuel Ringelblum, *Notes from the Warsaw Getto*, New York, 1958 (dt. *Tagebücher aus dem Chaos*, Stuttgart, Seewald Verlag, 1967), und Abraham Lewin, *Journal du ghetto de Varsovie. Une coupe de larmes*, Paris, Plon, 1990.

allem die Untersuchung von Raul Hilberg[1], das Ausmaß des fortschreitenden Vernichtungsprozesses aufgezeigt und auch die Rolle, welche die Judenräte in diesem teuflischen Mechanismus gespielt haben. Der Schock der »Endlösung« scheint alles, was vor den Massendeportationen des Frühjahrs 1942 passierte, in den Hintergrund gedrängt, mit einer Art Amnesie überzogen zu haben. Daher auch das unerträgliche, zu weit verbreitete Klischee, die Juden Europas hätten sich eines Tages wie »Lämmer zur Schlachtbank« führen lassen. Simcha zeigte dagegen, daß Verfolgung und Terror bereits lange vor Eintritt der »Endlösung« in vollem Schwange waren und Tag um Tag anwuchsen und schlimmer wurden in einem Mikrokosmos, in dem das Leben erstickte. Wenn man Simcha liest, begreift man auch, daß unter diesen Umständen die Flucht, ganz gleich wohin und ganz gleich um welchen Preis, die einzige Möglichkeit bot, dem Elend zu entkommen oder ihm ein Ende zu machen.

Der Aufbau des Berichts, wie er aus dem polnischen Resümee und den zitierten Auszügen ersichtlich war, ließ deutlich erkennen, daß es sich um mehr als um ein unter Lebensgefahr geführtes Tagebuch handelte. Das Bestreben des Autors, dem Text eine literarische Form zu geben, war offensichtlich. Er hatte den Willen aufgebracht, aus dieser Chronik einen veritablen Text zu machen, einen geschriebenen, durchgeformten, in Kapitel unterteilten Text, der um Szenen und Schlüsselfiguren angeordnet war. Ein Buch, um zu leben! Letztes Aufbäumen gegen Vergessen und Tod: Er hatte geschrieben, damit vielleicht eines Tages in einer Welt, wo er nicht mehr sein würde, Menschen die Leiden entdecken sollten, die er und die Seinen hatten erdulden müssen.

Diesen unbändigen Glauben an den Wert des Buches teilte er mit vielen anderen. Im polnischen Boden dürfte wohl noch eine Menge Texte vermodern, verstreute Bestandteile einer re-

1 Raul Hilberg, *Die Vernichtung der europäischen Juden*, Frankfurt, Fischer TB, 3 Bände, 1990.

gelrechten »Bibliothek der jüdischen Katastrophe«[1]. David G. Roskies zeigt, wie tief dieser unbeugsame Wille und diese unabweisbare Pflicht, Geschriebenes zu retten, im langen Gedächtnis des Judentums verankert sind, vor allem im Gesetz über die *schejmess* (*schejm* ist ein jiddisches Wort, abgeleitet vom hebräischen *schem*, das »Name Gottes« bedeutet), einem rabbinischen Gesetz, das befiehlt, den Namen Gottes vor Profanation zu schützen, indem man jeden Text oder jedes Textfragment, in dem er geschrieben steht, sorgfältig aufbewahrt.

Die massive Vernichtung jüdischen Lebens – während des Ersten Weltkriegs und in den darauf folgenden Pogromen, und vor allem durch die nationalsozialistische Ausrottungspolitik – bewirkte eine Säkularisierung und Neudefinierung des Gesetzes über die *schejmess*: Jeder Text, jedes Zeugnis, ganz gleich welcher Natur, mußte aufbewahrt werden. Ganz zu Beginn des Ersten Weltkriegs haben Intellektuelle und Schriftsteller, die dem Kreis um Peretz[2] und Anski[3] angehörten, dazu aufgerufen, Dokumente über die Existenz, Lebensweisen, Glaubensüberzeugungen und Legenden der bedrohten jüdischen Welt zu sammeln. Die sechs Bände Anskis über die Vernichtung des jüdischen Lebens in Galizien und in der Bukowina zwischen 1914 und 1917[4] sowie das Archiv, das Tscherikower und sein Team über die ukrainischen Pogrome von 1915[5] angelegt hatten, waren in diesem Geist geschrieben.

1 David G. Roskies, *La Bibliothèque de la catastrophe juive*, in: *Pardès* 9/10, Paris, Editions du Cerf, 1989, S. 199. Siehe auch vom selben Autor, *Against the Apocalypse. Responses to Catastrophe in Modern Jewish Culture*, Cambridge, Massachusetts & London, Harvard University Press, 1984, vor allem Kapitel 8.

2 I. L. Peretz (1851–1915), Essayist, Romancier, Dramatiker, der als einer der großen Klassiker der jiddischen Literatur gilt. Bekannt vor allem durch die *Chassidischen Erzählungen* und die *Volkstümlichen Geschichten*.

3 Anski (1863–1920), Essayist und Romancier, Autor des *Dibbuk* und Gründer der jüdischen Ethnographie in jiddischer Sprache.

4 Anski, *Der yidisher hurbn in poiln, galitzie un bukovine*, Warschau, 1921.

5 E. Tscherikower, *Di unkrainer pogromen*, New York, 1965.

Der Naziterror machte diese Aufgabe dringlicher denn je. Die in Milchkannen und Blechschachteln gestopften Geheimarchive des Warschauer Gettos, die nach dem Krieg unter den Trümmern gefunden wurden[1], sind das zugleich wichtigste und bekannteste Beispiel für diese Bibliothek der Katastrophe. Emmanuel Ringelblum war nicht gläubig, vergleicht aber doch seine Tätigkeit mit der geheiligten Arbeit des *sofer*, des Kopisten der Tora: »Mit bebendem Herzen ergreift der *sofer* die Feder, denn der geringste Fehler in der Abschrift würde die Vernichtung des ganzen Werkes bedeuten. Mit genau dem gleichen Gefühl bin ich an diese Arbeit herangegangen.«[2] Die Gemeinschaftsunternehmung trug übrigens den Kodenamen *Oneg Shabbat*, »Freude des Sabbat«, zum einen, weil die Gruppe gewöhnlich am Samstag zusammenkam, zum anderen aber auch, weil die Aufgabe den Charakter des »Geheiligten« besaß, wie dieser Tag in der jüdischen Tradition.

Die Sammlung und Rettung von Dokumenten betrieben auch viele andere Untergrundorganisationen, wie die des Gettos von Wilna[3], an der der Dichter Avrom Sutzkever[4] teil-

1 Die Archive waren an zwei Orten des Gettos vergraben worden. Nur eines wurde unter den Trümmern wiedergefunden, der eine Teil 1946 und der andere 1950. Diese Dokumente werden im Jüdischen Historischen Institut von Warschau verwahrt, Mikrofilme befinden sich im Yad Vashem Institut in Jerusalem.

2 Emmanuel Ringelblum, *Les rapports polono-juifs*, in: *Le Monde juif*, N°66, Paris, April–Juni 1972.

3 Lange nach dem Krieg tauchte ein Teil der Dokumente wieder auf, die im Getto dieser Stadt abgefaßt worden waren: Rachel Starostegelfer, die über die Sowjetunion nach Israel ausgewandert war, lieferte 1972 im Historischen Institut Yad Vashem das Manuskript einer in Jiddisch verfaßten Chronik ab, die ein Arzt, Lazair Epstein, der später ermordet worden war, in Wilna aufgezeichnet hatte.

4 Bedeutender Dichter, geboren 1913 in Litauen. Er lebte in Wilna, nahm am Widerstand im Getto teil, entging den Massakern und schlug sich zu den Partisanen durch. Ein Militärflugzeug brachte ihn 1944 nach Moskau, wo seine Gedichte von Pasternak übersetzt wurden. Seit 1948 lebt er in Israel, wo er die große Zeitschrift *Di goldene keit* (Die goldene Kette) leitet. Vgl. Avrom Sutzkever, *Où gitent les étoiles*, Lyrik und Prosa, übersetzt aus dem Jiddischen, Paris, Editions du Seuil, 1988.

nahm, oder die des Gettos von Łódź[1]. Professionelle Schreiber, Literaten oder Wissenschaftler bemühten sich, ihre Schriften und Arbeiten für die Nachwelt zu erhalten, so der Philosoph Benzion Rapaport, der sein letztes Buch in ein Konservenglas steckte und in Nowy Sacz vergrub, oder der Dichter Itzhak Katzenelson[2], dessen *Gesang des ermordeten jüdischen Volkes*[3] im Lager Vittel in Frankreich gefunden wurde, in drei Flaschen am Fuße eines Baumes vergraben. Neben den Historikern und Schriftstellern betätigten sich schließlich, unter Mißachtung aller Gefahren, zahlreiche schreibende Amateure als »Chronisten des Untergangs«[4], wie der Dichter Szlengel sie nannte. Zu diesen Chronisten zählte vor allem Chaim A. Kaplan, der im Warschauer Getto am 2. Mai 1940 notierte: »Vielleicht bin ich der einzige, der eine derartige Arbeit in Angriff genommen hat, und das gibt mir Kraft und Mut.«[5]

Auch Simcha Guterman gehört zu ihnen. Seine scheinbare Einzelleistung speist sich aus einer tiefen Strömung, die im Schnittpunkt der Tradition, der literarischen Moderne und des laizistischen Humanismus einen Zeugniskult hervorgebracht hat, der dem Ausmaß der Katastrophe entspricht. Simcha war erfüllt von diesem Akt des Schreibens, der seiner Existenz inmitten der Sinnlosigkeit einen Sinn verlieh, einen

1 *The Chronicle of the Lodz Getto 1941–1944*, mit einer Einführung von Lucjan Dobroszycki, New Haven & London, Yale University Press, 1984.

2 Hebräischer und jiddischer Schriftsteller, geb. 1886 in Weißrußland. Er lebte in Łódź, war während des Krieges im Warschauer Getto, wo er schrieb und an der Kulturarbeit teilnahm, bevor er 1943 mit einem falschen Paß nach Frankreich gelangte. Er wurde im Lager Vittel interniert und über das Lager Drancy nach Auschwitz deportiert, wo er umkam.

3 Vgl. Charles Dobzynski, *Le Miroir d'un peuple. Anthologie de la poésie yiddish.* 1870–1970, Paris, Gallimard, 1971, S. 104–107.

4 Zitiert von Michel Borwicz: *Ecrits des condamnés à mort sous l'occupation nazie*, Paris, Gallimard, 1973, S. 128. Das Buch bringt Auszüge aus Manuskripten, die in Gettos vergraben worden waren.

5 Chaim A. Kaplan, *Chronique d'une agonie. Journal du ghetto de Varsovie*, entdeckt und vorgestellt von Abraham I. Katsh, Paris, Calmann-Lévy, 1966.

wahrhaften Schutzwall errichtete gegen die absolute Verachtung, der damals das Leben der Juden anheimgefallen war. Sein ganzes Streben war darauf gerichtet, den Strahl »einer Erinnerung, wie sie im Augenblick der Gefahr aufblitzt«[1], in eine ungewisse Zukunft, auf die er jedoch baute, zu projizieren. Simcha wollte die künftigen Generationen nicht nur unterrichten, sondern sie vielmehr unterweisen, nicht mehr im Namen eines Gottes, sondern im Namen eines im Martyrium vereinten Volkes.

Ein Aufblitzen des Lebens, der Revolte, eine flackernde Flamme im Kampf gegen Finsternis und Vergessen. »Die Welt soll wissen!« war der Aufschrei und das ständige Ziel der Schriftsteller, Historiker und Archivisten des Warschauer Gettos. Auch Simcha Gutermans Ziel. Und sein Aufschrei war der Bericht, den er als »Flaschenpost« an eine Nachwelt gerichtet hatte, in der, so hoffte er verzweifelt, die Vergangenheit nicht verdrängt werden würde.

Wegen seines dokumentarischen Wertes und seiner literarischen Qualitäten, und schließlich aus Achtung vor dem, was er vorstellt, mußte der Text übersetzt und veröffentlicht werden. Zu all diesen Gründen, die allein schon genügt hätten, kam für mich noch das zwingende Gefühl einer Pflicht. Jahrelang hatte ich die Geschichte der Juden von Płock erforscht. Ausgangspunkt dieser Forschungsarbeit waren das Schweigen, die Nicht-Überlieferung der Vergangenheit und meine Unwissenheit gewesen: die Unwissenheit einer nach dem Krieg geborenen französischen Jüdin. Und nun, am Ende meiner Nachforschungen, begegnete mir dieser Bericht.

Die Kopie des Originals erhielt ich Ende 1988. Jakov hatte sie mir durch einen gemeinsamen Bekannten zukommen lassen. Zweihundertfünfzig Blätter, auf denen sich jeweils in zwei Spalten die Wörter Simchas aneinanderreihten, in einer

1 Walter Benjamin, »Über den Begriff der Geschichte«, in: *Illuminationen*, Frankfurt, Suhrkamp, 1980, S. 253.

bald breiten und wohlgeformten, bald winzigen und sehr engen Schrift, so als müsse der Schreiber Zeit und Papier sparen oder den Text auf möglichst kleinem Raum unterbringen wie einen Kassiber. Die Fotokopie, die den Strich verdickte, machte zudem noch lange Passagen unleserlich. Bevor man an die Übersetzung gehen konnte, mußte das Ganze erst noch entziffert und auf der Maschine geschrieben werden.

Als letzter Vermittler kam mir nun Aby Wieviorka zu Hilfe. Aby Wieviorka gehört zur unendlich wertvollen Spezies derer, die sich um den Erhalt der jiddischen Kultur bemühen, vergessene Bücher ausgraben und die Musik einer Sprache transponieren, die zum letzten Zeugen einer versunkenen Welt geworden ist. Zwei Monate lang haben wir beide in den jiddisch sprechenden Kreisen von Paris jemanden gesucht, der die nötigen Vorarbeiten leisten könnte. Die neue Generation von Studenten, die auf der Universität spät zum Jiddischen gekommen war, konnte den Text nicht entziffern. Und in der alten Generation wurden die Schriftsetzer der jüdischen Presse, die sich auf eine derartige Aufgabe verstanden, immer seltener. Kurz, es erwies sich als schwierig, wenn nicht unmöglich, jemanden zu finden, der zugleich über die Fähigkeit, die Energie und die Zeit für diese Arbeit verfügte. Ein Augenblick der Entmutigung: Dieser Text war ausgegraben, gerettet worden, war über viele Umwege zu mir gelangt, und nun fanden wir niemanden, der imstande gewesen wäre, ihn zu lesen! Welch schlagender Beweis dafür, wie sehr diese Kultur trotz aller Anstrengungen und Zuwendungen einiger Menschen zerstört und in den Untergang getrieben worden war. Es blieb nur eine Hoffnung: In New York oder in Israel gäbe es vielleicht den Menschen, den wir suchten. Und wirklich brachte uns in Tel Aviv ein Freund von Aby, Herr Schweitzer, mit Frau Cytryn in Verbindung, die Anfang 1989 die Arbeit übernahm. Ein vergrößert fotokopierter Text ging also nach Israel und kam einige Monate später maschinengeschrieben zurück.

Nun war es möglich, den Text zu übersetzen, und Jakov

Seiten des Manuskripts

konnte ihn fünfundvierzig Jahre nach dem Tod seines Vaters endlich lesen. Alle noch verbliebenen Fragen über den mutmaßlichen Autor konnten geklärt werden. Jakov hatte sie zwar schon vorher hinweggefegt mit der Bemerkung, daß die wenigen, nicht mit der Biographie Simchas übereinstimmenden Passagen nur zur Irreführung und Tarnung gedient hätten. Er war sogar ein wenig verärgert, daß man daran überhaupt zweifeln konnte. Angesichts der Hartnäckigkeit, mit der ich alles nachprüfen wollte, bemerkte er unbeirrt: »Ich zögere nicht im geringsten, er erzählt unsere Geschichte, meine Geschichte (...) Ich finde es geradezu abwegig, daß man an der Autorschaft meines Vaters zweifelt. Wirklich, Sie brauchen dieser Frage gar nicht nachzugehen.« Ich bin ihr trotzdem nachgegangen und war sehr erleichtert, als die Originalversion die letzten Rätsel lösen half: Der Autor sprach von *einem* Mädchen und nicht von *seinem* Mädchen, alle Vornamen entsprachen denen der Familie Guterman. Viele der erzählten Szenen und Vorfälle kamen Jakov wieder ins Gedächtnis, wie eine anbrandende Woge; er hatte sie als Kind erlebt, oder seine Mutter, die wie er davongekommen war, hatte sie ihm erzählt.

Der für eine Lektüre unerläßliche Übergang von einer handgeschriebenen zu einer maschinengeschriebenen Version war nicht nur zweckmäßig, er machte den Text auch zugänglich. Die Handschrift hatte selbst als Fotokopie etwas Beeindruckendes und Unantastbares, so sehr sah man ihr die Bedingungen an, unter denen sie abgefaßt worden war. Die Maschinenschrift erlaubte eine weniger tabuisierte, in Ehrfurcht erstarrte Lektüre. Wenn Simcha auch ein militanter Progressist und Atheist gewesen war, so hatte er doch wie jeder andere Schreiber die Gesetze über die *schejmess* befolgt. Wollte man also heute sein Werk fortführen und seiner Absicht gerecht werden, so mußte man sich aus dieser Sakralisierung lösen, denn sonst konnte man unmöglich übersetzen, ohne dauernd zu zittern wie der *sofer*, der Kopist, den der Gedanke an einen Verrat am Text in Furcht und Schrecken versetzt. Ohne diesen Winkelzug wäre es schwierig gewesen, sich auf die geringste Analyse einzulassen und die unvermeidlichen editorischen Entscheidungen zu treffen.

Das Problem der klassischen, im übrigen aber ziemlich vereinfachenden Alternative zwischen einer buchstabengetreuen Übersetzung und einer sinngemäßen, dem Geist der Vorlage entsprechenden Übertragung stellte sich in seiner ganzen Schärfe. Es galt so nahe wie möglich an diesem Text zu bleiben, der als Dokument nicht nur von einer Reihe von Ereignissen, sondern auch von einer psychologischen und sozialen Realität Zeugnis ablegte und menschliche Reaktionen, Verhaltensweisen, Strategien und Beziehungen widerspiegelte. Zugleich mußten wir uns aber auch bemühen, den literarischen Ton des Autors so gut wie möglich in einer anderen Sprache zu treffen.

Diese beiden Dimensionen, die dokumentarische und die literarische, sind in einer zugleich hybriden und singulären Erzählform organisch ineinandergefügt. In den Tatsachenbericht mischen sich Symbole, Themen und Metaphern aus der

Tora, aber auch archetypische Figuren, wie die des Narren, der die Wahrheit sagt, oder für die jiddische Erzählweise charakteristische Formen, wie der Dialog, und ganz allgemein, eine romanhafte Umsetzung in Handlung. Der Autor scheint Verfahren angewendet zu haben, wie die »Szenierung« (Zusammenfassung mehrerer Fakten zu einer einzigen, absichtlich stilisierten Szene) und die zeitliche und räumliche Verdichtung (erzählerische Ineinanderfügung von Fakten, die unzusammenhängend zu verschiedenen Zeitpunkten oder an verschiedenen Orten erlebt wurden), um seiner Geschichte größere Kohärenz und größere Ausdruckskraft zu verleihen, ohne dabei der Versuchung einer Heldenverehrung zu erliegen. Man kann jedoch nicht von einem »romanhaft stilisierten Augenzeugenbericht« sprechen, da es sich ganz offensichtlich nicht um eine Fiktion handelt und an der Echtheit der geschilderten Erlebnisse kaum Zweifel bestehen.

Simcha Guterman ist bestrebt, das, was er gesehen und erlebt hat, ehrlich wiederzugeben, und beschreibt daher, meist mit Bewegung und Zurückhaltung, manchmal mit Zorn und Spott, die Welt des Gettos von Płock. Er berichtet mit der ihm eigenen Sensibilität und Bildung über das Desaster und liefert uns so ein einzigartiges Dokument, das zugleich ein literarisches Werk ist. Eines dieser seltenen Werke, von denen Edmond Jabès spricht: »Sind denn die wahren Bücher nichts anderes als Bücher? Sind sie nicht auch die Glut, die unter der Asche ruht, wie die Worte der Weisen?«[1]

Heute wissen wir aus dem Munde Jakovs, daß Simcha noch weitere Texte an anderen Stellen vergraben hatte. An all den verschiedenen Orten, an denen er sich mit Frau und Sohn in Polen versteckt gehalten hatte, hatte er pausenlos seine Füllfeder über unzählige Papierstreifen gleiten lassen. Mit ebensoviel Entschlossenheit wie Leidenschaft hat er unermüdlich

1 Edmond Jabès, *Das kleine unverdächtige Buch der Subversion*, München, Hanser, 1985, S. 51.

am Bericht seiner Kriegsjahre geschrieben, wahrscheinlich bis zu jenem 1. August, an dem er den Federhalter mit dem Gewehr vertauschte und sich den Aufständischen in Warschau anschloß. Simcha kam nicht wieder zurück. Von all den Flaschen, die er mit Papierstreifen gefüllt hat, wurde nur die in Radom vergrabene gefunden.

Außer dem Text über das Getto von Płock, dem wichtigsten und längsten, der hier zur Gänze wiedergegeben wird, enthielt die gerettete Flasche weitere Papierrollen mit anderen und wahrscheinlich zu verschiedenen Zeitpunkten geschriebenen Texten. Ein kürzerer (60 Streifen) und wohl auch älterer Text erzählt vom Wehrdienst des Autors, er ist eine detaillierte Chronik des Kasernenlebens, gespickt mit Anekdoten über den Antisemitismus in der polnischen Armee. Dieser Text wurde nicht in den vorliegenden Band aufgenommen.[1]

Ein anderer, kurzer und sehr lebendiger Text erzählt die erstaunliche Geschichte eines erhaltenen und von Generation zu Generation weitergegebenen Manuskripts. Eines Manuskripts, verfaßt von Simchas Ururgroßvater, dem Rabbi Jankele, dessen Weisheit die Welt erleuchten sollte, vorausgesetzt, daß das Jahrhundert sich dieser Weisheit würdig erweisen würde. In den Familien von hoher chassidischer Abkunft wurden so Gedanken und Kommentare wie eine fromme und kostbare Lehre weitergegeben. Das Erbe der Tradition verlor bereits in Simchas Generation an Bedeutung, war aber immer noch so gegenwärtig, daß Menschen wie Simchas Bruder sich darauf beriefen und daß andere, wie er selbst, sich energisch davon lossagten. Simcha, der Atheist, der Ungläubige, erzählt mit viel Verve und Ironie, wie das Manuskript schließlich doch nicht zu seinem Bruder Schloime, dem rechtmäßigen Erben, gelangt ist.

1 Kopien des jiddischen Manuskripts befinden sich in den Archiven des Yad Vashem Instituts in Tel Aviv und in der Medem-Bibliothek in Paris, wo sie eingesehen werden können.

Von Rabbi Jankeles verlorengegangenem Manuskript bewahrt Simchas kurzer Text eine Spur, eine Erinnerung der Erinnerung, eine Art Echo aus früheren Generationen auf Simchas eigene Unternehmung, nach dem Vorbild des gesamten Judentums, das sich bemüht, über alle Vernichtung und allen Verlust hinweg, die Reste zu vereinen und die zerrissenen Bande zwischen Vergangenheit und Gegenwart neu zu knüpfen.

Dieser kurze Text soll meine Einführung abschließen. Er ist das wiedergefundene Fragment einer anderen Geschichte, der Geschichte des traditionellen Judentums, das die Moderne, zu der Simchas Generation sich bekannte, zwar bereits weitgehend seines Sinns entleert hatte, das aber diese Generation immer noch prägte. Es ist auch das Fragment eines anderen Buches, das Simcha hätte schreiben können und vielleicht auch hatte schreiben wollen, mit dieser Mischung aus Zärtlichkeit und kaustischem Witz, die uns seine Sicht der alten jüdisch-polnischen Welt vermittelt, aber ohne den nostalgischen Nimbus, in den diese Welt heute gehüllt wird, nur weil sie untergegangen ist.

Aus der Feder Simcha Gutermans, der sein ganzes Talent aufbieten mußte, um eine ungleich bitterere, grausamere und dramatischere Welt zu beschreiben, kommt dieser Text zu uns wie ein Lufthauch vor dem Sturm, wie eine schwache, schnell verwehte Spur.

Simcha Gutermans Text

Am Pessach-Fest kam immer Großmutter zu Besuch. Sie trug ihren Feiertagsstaat, das heißt, einen neuen Hut mit einer Straußenfeder und zahlreiche Broschen auf der Bluse. Auch für ihre Enkelinnen hatte sie Broschen mitgebracht. Sie hatte eine Schwäche für diese Schmuckstücke und besaß davon einige hundert, die sie abwechselnd trug. Den Jungen schenkte sie kupferne Zehngroschen-Münzen, wobei sie sich dauernd über den Geiz des Alten beklagte, der sie knapphielt, weswegen sie uns nicht öfter besuchen konnte, denn um nichts auf der Welt wäre sie mit leeren Händen gekommen.

Einige Tage nach Großmutters Besuch kam ein Bote mit der Nachricht, Großvater Feiwl wolle alle seine Kinder und Kindeskinder um sich versammeln, um sich vor seinem Tod von ihnen zu verabschieden.

Weinend eilten wir zu ihm. Wir fanden ihn wie immer auf seinem Kanapee ausgestreckt, die Pantoffeln neben sich auf dem Boden, alles wie gehabt, und ganz und gar nicht im Sterben. Irgend etwas schien ihn jedoch zu beschäftigen, denn er beobachtete uns alle mit einem harten, strengen und durchdringenden Blick, was völlig ungewöhnlich war. Dann erklärte er:

»Meine Kinder, alles auf Erden hat ein Ende, und das meine naht, euer Großvater wird nicht mehr lange unter euch weilen.«

»Liebster Großvater!«

»Liebster Vater!«

»Was sagt Ihr da, Schwiegervater? Ihr werdet hundert Jahre alt! Redet also keinen Unsinn!«

Nachdem wir alle lauthals protestiert hatten, schauten wir ihn ratlos an. Er sah blühend aus. War er verrückt geworden? Er machte einen völlig normalen Eindruck. Wozu also diese Veranstaltung?

Er fuhr fort:

»Wisset, daß meine Tage gezählt sind und daß ich euch deshalb habe kommen lassen. Ich möchte mich wie ein guter Vater von euch verabschieden und meinen Besitz an meine Enkelkinder verteilen. Den Mädchen hinterlasse ich, zu Händen der Eltern, eine hohe Geldsumme, die zu ihrer Aussteuer verwendet werden soll.« Was nun folgte, überzeugte uns alle von der Wahrheit seiner Worte und bewies uns, daß sein Ende nahte: Er enthüllte uns die Höhe seines Bankkontos! Seit Jahren war dies in der Familie ein Geheimnis gewesen, ein unerschöpfliches Thema für Vermutungen, Diskussionen, Streitereien. Wir hatten von ihm nie den geringsten Hinweis darüber erhalten können. Wenn man zu sehr in ihn drang, zog er sich mit einem Scherz aus der Affäre: »Willst du unbedingt wissen, wie groß mein Vermögen ist? Dann rechne dir aus, wieviel Geld Großmutter pro Woche vergeudet und was sie monatlich für Broschen und Armbandanhänger ausgibt und wieviel Schuhe sie im Jahr kaputtläuft, und du wirst verstehen, daß mir kein Groschen mehr übrigbleibt.«

Und nun gab Großvater dieses wohlgehütete Geheimnis preis! Es wurde uns klar, daß er mit dem Leben abgeschlossen hatte, daß ihn die Existenz auf dieser Erde nicht mehr interessierte und daß er sich wirklich anschickte, den großen Sprung zu tun. Wir waren bewegt und traurig. Aber Großmutter Scheindl bekam einen Wutanfall. Sie schlug mit der Faust auf den Tisch und schrie hysterisch:

»Du machst dich ans Sterben, Alter, und mich bringst du ins Grab. Du verteilst Mitgiften an die Enkelinnen, aber du vergißt, daß du eine Witwe zurückläßt, der jeder Groschen bitter abgehen wird.«

Niemand hatte einen derartigen Ausbruch erwartet! Diese sanfte, freigebige Frau, die, wie sie ständig klagte, nie gut genug zu den Ihren sein konnte, weil der Alte so geizig war, diese Frau legte eine erstaunliche Geldgier an den Tag. Es war wirklich ein merkwürdiger Tag. Großmutter fiel in Ohnmacht, weinte. Schließlich zeigte Großvater ihr, wo er im Sekretär sein Aktienpaket versteckt hatte, und sie beruhigte sich.

Von nun an besuchten wir den Großvater öfter. Er saß gewöhnlich am Tisch und aß sein Schwarzbrot mit kleinen Butterwürfeln oder rauchte friedlich seine Pfeife. Er war geistig frisch und körperlich gesund. Was hatte ihn nur an Pessach angefochten? Da plötzlich schickte er wieder einen Boten:

»Großvater Feiwl möchte wiederum die ganze Familie um sich versammeln und vor seinem Tod allen Lebewohl sagen.«

Als wir vollzählig angetreten waren, legte er sich, ohne auf Großmutters Proteste zu achten, ins Bett und übergab seinen

Kindern das versprochene Aktienpaket für die Mitgift der Enkelinnen. Er verkündete uns, daß sein Nachlaß vierzigtausend Rubel betrage. Dann rief er Schloime zu sich:

»Für dich, Schloime, den frömmsten meiner Enkel, habe ich ein besonderes Geschenk; mein Großvater, der heilige Rabbi Jankele, hat Schriften hinterlassen, auf welche die Welt seit Jahrzehnten ungeduldig wartet, ohne daß ihr bis jetzt die Gnade zuteil geworden wäre, sie gedruckt zu sehen. Diese Schriften wurden an zwei Menschen vererbt: an mich und an Reb Mendele von Radzymin, der sie verwahrt. Vor meinem Tod schenke ich sie dir samt und sonders. Ich gebe dir eine schriftliche Bestätigung darüber. Ich bitte meine Kinder, keine Einwände zu erheben und nicht gegen meinen Willen zu verstoßen. Ich ersuche sie, ihre völlige Einwilligung zu dieser Entscheidung zu geben und diese Bestätigung zu unterschreiben.«

Das mit den Unterschriften des Großvaters, meines Vaters und aller Onkel versehene Papier wurde Schloime überreicht.

Dann drehte Großvater sich auf die Seite, stieß einen Seufzer aus und verstummte. Als wir näher traten, war er schon nicht mehr von dieser Welt.

***

Der Weise von Radzymin, Rabbi Mendele, weilte die meiste Zeit in Warschau. Der Grund dafür war sehr einfach. In Handel und Industrie hatte sich eine Zentralisierung vollzogen. Die Großhändler und Großindustriellen hatten die Kleinen geschluckt. Viele Werkstätten hatten dichtgemacht. Die gleiche Konzentration vollzog sich im Chassidismus[1]. Die Rabbinen von Belz und von Mienkacz beherrschten Galizien und der Rabbi von Ger das »Kongreßpolen«. Und der Kampf war erbittert. So durfte ein Chassid von Ger nicht das Fleisch ei-

1 Der Chassidismus ist eine volkstümliche pietistische Bewegung. Er entstand in der ersten Hälfte des 17. Jahrhunderts in Podolien und hat sich über ganz Osteuropa ausgebreitet. Später spaltete er sich in verschiedene Richtungen, wobei sich die *chassidim* jeweils um ihren Rabbi scharten.

nes Tieres essen, geschlachtet von einem Schochet[1], der ein Anhänger des Rabbi von Alexander war, und umgekehrt. Ein Chassid aus Alexander durfte nicht in eine Familie einheiraten, die dem Rabbi von Ger anhing. Wenn ein Rabbi einer bestimmten Glaubensrichtung in einer Stadt den Rabbi einer anderen, entgegengesetzten Glaubensrichtung ohrfeigte, so mußte dieser die Ohrfeige in derselben Stadt zurückgben.

Als die kleinen Rabbinen sahen, wie die großen Rabbinen die Masse der Chassidim an sich zogen und laufend Spenden und Schenkungen kassierten, da begriffen sie, daß sie etwas unternehmen mußten. Sie gingen also nach Warschau, wo sie den größten Teil des Jahres bei ihren Schäfchen verbrachten, so wie ein Fabrikant in Krisenzeiten seine Kunden abklappert.

Der heilige Rabbi von Radzymin hielt also den größten Teil des Jahres in der Hauptstadt hof, aber es gelang ihm nicht, sich gegen die übermächtige Konkurrenz durchzusetzen. Mein Bruder Schloime zum Beispiel, der viele Jahre in die Jeschiwa[2] von Radzymin gegangen war, hatte sich mit einer Schar junger Leute aus Ger zusammengetan und fuhr immer häufiger in diese Stadt.

***

Reb Mendele geht einsam in seiner Warschauer Wohnung hin und her und raucht dabei seine lange Pfeife. Er macht sich Sorgen, und lauter traurige Überlegungen gehen ihm durch den Kopf. Er erinnert sich an frühere Zeiten, als das Lernhaus von Radzymin berstend voll war von Schülern, die von überall her kamen. An Festtagen setzte man sogar einen Sonderzug ein. Aber heute ist Radzymin selbst am Schabbes leer. Ist das der Weltuntergang? Können die Juden ohne einen Wunderrabbi auskommen, wie eine Herde ohne Hirten? Mendele seufzt. In Ger blüht das Geschäft. Immer mehr

1 Ritueller Schlächter
2 Talmudschule

Chassidim gehen dorthin, selbst Mitglieder seiner eigenen Familie, weil es Mode ist; was für eine Schande! Manchmal kommt einer in Radzymin vorbei, aber nur, um sich einer lästigen Pflicht zu entledigen. Ein Besuch in Radzymin gegen zehn in Ger…

Während so der Rabbi düstere Gedanken wälzt, öffnet sich die Tür und herein tritt Schloime, an den der Rabbi gerade gedacht hatte. Überrascht mustert er ihn lange, setzt sich und weist auf einen Stuhl. Die Stille wird nur durch das Geräusch unterbrochen, das der Rabbi macht, wenn er an der Pfeife zieht. Er fixiert Schloime, der die Augen nicht senkt und dem Blick, ohne mit der Wimper zu zucken, standhält. Erbost knurrt Mendele:

»Die Chuzpe von Ger! Die Frechheit von Ger!«

Wieder tritt ein langes Schweigen ein. Der Rabbi rückt näher an den Schamlosen heran, der sich nicht rührt. Schließlich nimmt Schloime all seinen Mut zusammen, räuspert sich und verkündet:

»Großvater Feiwl ist gestorben.«

»Gelobt sei der wahre Richter!« ruft der Rabbi aus. »Schade, daß man mich hier in Radzymin nicht benachrichtigt hat. Ich hätte zur Beerdigung kommen können.«

»Großvater hat ein Testament hinterlassen«, berichtet Schloime.

»Ich hoffe, ihr werdet dem Verstorbenen nicht die Schmach antun, euch um das Erbe zu zanken.«

»Er hat auch bestimmt, was mit den Schriften des heiligen Urgroßvaters geschehen soll.«

Der Rabbi zieht nervös an seiner Pfeife, als wolle er aus ihr die richtige Antwort herausbefördern. Er rutscht unbehaglich auf seinem Stuhl hin und her, und als er dann antwortet, wendet er den Kopf ab:

»Was möchtest du denn?«

»Als Erbe möchte ich, daß diese Schriften veröffentlicht werden.«

»Was für eine Art Erbe bist du?«

»Ich habe eine schriftliche Bestätigung des Großvaters.«

»Nun, dann wende dich doch an ihn!«

Schloime fängt nun so laut zu schreien an, wie die Achtung, die er dem Rabbi schuldet, dies zuläßt:

»Rabbi, ich habe Euren Fluch nicht verdient! Ich muß meine Kinder großziehen. Sie haben nichts zu beißen. Wenn dieses Buch veröffentlicht wird, kann ich ihnen eine Zeitlang Brot geben.«

Sichtlich beeindruckt, beruhigt sich der Rabbi, tut aber so, als habe er die Anspielung auf das Geld nicht verstanden.

»Schloime«, sagt er, »diese Schriften sind seit einem halben Jahrhundert in meinem Besitz, aber die Welt verdient sie noch nicht. Unsere Zeit ist ihrer nicht würdig, sie ist noch nicht reif für die Offenbarung der Gedanken des Großvaters.«

»Aber die Welt sehnt sich nach ihnen.«

»Welche Welt? Ger? Los, sag's schon!«

»Ja«, gesteht Schloime, »der Weise von Ger hat gefordert, daß die Texte unverzüglich veröffentlicht werden.«

Nun explodiert Rabbi Mendele, wobei er ganz vergißt, daß der Zorn eine Sünde ist.

»Ger fordert! Sag ihm doch, diesem Gerer, daß ich, solange ich lebe, das tun werde, was mir paßt, und daß er sich da nicht einzumischen hat! Solange ich lebe, bleiben die Schriften in meinem Besitz! Du bist ein Dummkopf, wenn du davon redest, sie zu deinem Nutzen verwenden zu wollen. Wo steht denn geschrieben, daß der HERR dir erlaubt, dein Brot damit zu verdienen? Gibt es denn keine anderen Mittel und Wege, mit denen die Juden sich über Wasser halten können? Aber gut, ich gebe dir meinen Segen für dein Auskommen, für dein Heil und für dein Leben, wo immer du sein magst.«

Er drückt ihm die Hand und fährt fort:

»Hörst du, Schloime, ich gebe dir meinen umfassendsten Segen.«

Dann drängt er ihn zur Tür.

Schloime bleibt lange vor der geschlossenen Tür stehen. Er schämt sich, weil er unverrichteter Dinge abziehen muß. Seine Kameraden, eine Gruppe junger Chassidim aus Ger, warteten auf ihn im Hof. Als er ihnen verkündet, daß er nichts erreicht habe, beschimpfen sie ihn:

»Was, du willst dir dein Erbteil holen und kommst mit einem Radzyminer Segen zurück!«

»Der Segen ist nicht das Schlimmste. Er hat gesagt, ich soll zu meinem Großvater ins Grab fahren«, klagt Schloime.

»Oho! Was für eine Chuzpe unter diesem Rabbi-Hut!«

Einer der jungen Leute, mit einem struppigen Bart und einer Seidenmütze auf dem Kopf, ist besonders erregt:

»Hört zu! Ich weiß, warum der ›Radzyminer Hut‹ die Schriften nicht veröffentlichen will. Er hat Angst, man könnte dann merken, daß die Weisheit, die er am Abend des Schabbes bei Tisch von sich gibt, aus diesen Schriften stammt. Wenn man ihm die Quelle nimmt, versiegt der Brunnen...«

Die Bande hört ihm zu und geht dann zum Bethaus, um sich zu beraten. Sie haben die Mützen aus der Stirn geschoben, kauen mit gesträubten Schläfenlocken an den Bartspitzen und reden, reden...

Das gerettete Buch

Erstes Kapitel
Droht Krieg?

Der Weg stieg von der Straße aus querfeldein zum Wald an. Die Sonne stand schon hoch am Himmel, sie brannte mir auf den Kopf, und der Rucksack rieb mir die Schultern wund. Als ich oben war, legte ich ihn ab, knöpfte meinen Kittel weit auf und setzte mich am Waldrand nieder. Von der Stadt her wehte eine sanfte Brise über das Heu und kühlte mir Brust und Hals. Die Tanne, an deren Stamm ich lehnte, roch nach warmem Harz. Ich hatte noch ein paar Kilometer Wegs vor mir. Der Wald ringsum verströmte alle seine Düfte. Und vor mir breitete sich, so weit das Auge reichte, eine heitere Landschaft aus, grüne Wiesen und Teppiche aus Butterblumen, in Sonnenlicht getaucht.

Doch mein Blick verweilte kaum auf diesem Bild. Immer wieder schweifte er hinunter zu dem Punkt, woher ich gekommen war, dorthin, wo die Bahngleise in einer ausholenden Kurve der Brücke über die Weichsel zustrebten. Dort, entlang der Bahnlinie, ragten seit kurzem hölzerne Wachttürme auf, und Maschinengewehr-Stellungen waren zu sehen.

Ich setzte meinen Weg fort. Mein Kopf war sorgenschwer, die Schläfen pochten. Würde es Krieg geben oder nicht? Nein, Deutschland würde sich doch nicht mit der ganzen Welt anlegen! Das wäre unsinnig, selbstmörderisch! Und wenn der Konflikt dennoch unvermeidlich sein sollte?

Ein aufgeschrecktes junges Reh, das plötzlich aus dem Wald und über meinen Weg sprang, lenkte mich einen Augenblick ab. Die Haselsträucher, die den Pfad säumten, bildeten eine Art Baldachin. Darüber ragten die Laubbäume in einen makellos klaren Himmel. In der Ferne schimmerte silbern ein schmaler Bach, und ein einzelnes kleines weißes Haus stand mitten in einer Wiese.

Wer es wohl dorthin gestellt hatte? Es sah aus wie ein Wundpflaster auf der Wange eines jungen Mädchens oder wie ein Spielzeug, dort seit Anbeginn der Zeiten, seit der Bach durch die Wälder floß und eine azurblaue Haube sich über die Erde stülpte.

Regungslos, fasziniert stand ich vor dieser Landschaft und fühlte mich winzig, jämmerlich, ein Staubkorn nur, ein Wurm! Ich dachte an die Zukunft, sie war düster. Würde der Sturm losbrechen, dieses stille und friedliche Reich erfassen, die Bewohner dieses Häuschens das Fürchten lehren, einen aus ihrer Mitte fortreißen, ihn ins Getümmel der Straßen Europas schleudern, in den Untergang reißen? Warum? Für wen? Vor dieser idyllischen, friedlichen und stillen Natur hob der drohende Wahnsinn sich um so deutlicher ab!

Mein Weg schlängelte sich durch den Wald. Ich kannte ihn gut, denn ich ging jeden Freitag zu meiner Familie, die in Sendin den Sommer verbrachte. Am Samstagabend ging ich wieder zurück. Doch diesmal, mitten in der Woche, fühlte ich mich fremd, verirrt, die vertraute Umgebung hatte etwas Ungewohntes, das mich überraschte. In der Nähe von Sendin herrschte gewöhnlich reges Leben im Wald, die lauten Stimmen der Sommerfrischler, die Zurufe der Nachbarn, das Geschrei der spielenden Kinder. An einem so schönen sonnigen Tag hätte der Wald widerhallen müssen von fröhlichem Stimmengewirr. Aber er wirkte völlig verlassen, es war beängstigend. Die einzigen Lebenszeichen waren der Liegestuhl meines Bruders Jankl und eine Hängematte, aus der ein Kopf auftauchte und sich umdrehte. Jemand sprang aus der Hängematte und kam mir entgegen. Am zögernden Schritt erkannte ich Strach, den Fischer. Auch er hatte mich von weitem erkannt. Ich hörte ihn rufen:

»Reb Jankl, Ihr kriegt Besuch!«

Der Ton war erstaunt, aber freudig. Vor Aufregung vergaß

er, meinen Gruß zu erwidern. Er ließ mir auch keine Zeit, meinen Bruder zu begrüßen, sondern packte mich bei den Schultern und musterte meine Miene, dann rief er:

»Nur ein Wort! Ja oder nein?«

»Im Augenblick noch nein, es ist noch nicht Krieg«, erwiderte ich.

»Aber was ist denn dann los? Seit zwei Tagen herrscht hier Panik. Alle Sommerfrischler sind zurück in die Stadt, zu ihren Leuten, obwohl das Wetter so schön ist. Und Ihr kommt doch auch, um die Euren nach Hause zu holen?«

»Nein.«

»Warum kommt Ihr dann mitten in der Woche?«

»Weil ich ausruhen möchte, das Landleben genießen!«

»Das könnt Ihr mir nicht weismachen! Ein Mann, der hart arbeiten muß, macht nicht so mir nichts, dir nichts Urlaub. Na ja, mir soll's recht sein, dann bin ich wenigstens nicht der letzte Jude im Dorf!«

Inzwischen hatte die ganze Familie von meiner Ankunft erfahren, und alle kamen mir bis zum Wald entgegen. Voraus rannte mein kleiner vierjähriger Sohn und schrie atemlos:

»Papa! Papa! Die Kuh hat ein Kälbchen! Mit einem weißen Maul und Flecken drauf, und das Fell ist ganz glatt wie ein Spiegel. In der Schachtel da hab ich einen schönen Käfer, rot mit schwarzen Tupfen. Und gestern hab ich zwei Eichhörnchen auf einem Baum gesehen.«

Als einziger strahlte er vor Freude. Alle anderen waren bestürzt über mein Kommen außer der Reihe, an einem Mittwoch. Sie hatten begriffen, ohne daß ich ein Wort sagte, daß die Werkstatt hatte schließen müssen und kein Geld da war, um weiterzumachen. Nach langem Schweigen fragte Jankl:

»Werden denn keine Wechsel mehr diskontiert?«

»Die Einberufung der Reservisten ist in vollem Gang, in den Straßen werden Schützengräben ausgehoben, die Brükken sind von Maschinengewehren bewacht, also...«

Mein Bruder ließ nicht locker:

»Du hättest Grynberg, den Direktor der Genossenschaft, bitten sollen, einen Wechsel, einen einzigen nur! Aus Mitleid mit mir, wenn schon nicht ums tägliche Brot...«

»Das hab ich natürlich getan! Ich hab ihn angefleht, ihm gesagt, daß ich ein Medikament für dich kaufen muß. Er hat mich mit in sein Büro genommen, mir einen Stuhl angeboten und zu mir wie zu seinesgleichen geredet: ›Ich arbeite nicht hier, um mein Brot zu verdienen, die Stelle bringt nicht viel, ich arbeite hier, weil diese Bank vor allem den jüdischen Menschen helfen soll, die durch die Politik der Regierung verarmt sind. Und diese Hilfe ist beträchtlich, alles andere als geringfügig. Ihr zum Beispiel – bei diesen Worten richtete er einen väterlichen Blick auf mich –, ›Ihr habt von uns bereits einen großen Kredit erhalten, groß im Hinblick auf Eure Situation. Eure Redlichkeit und Eure pünktlichen Zahlungen stehen außer Zweifel, ich spreche von Eurer materiellen Situation, die der Bank natürlich nicht unbekannt war. Durfte ich Euch da ein Maximum an Kredit einräumen? Ich habe es getan, damit Ihr nicht in die Hände von Wucherern fallt... Und glaubt mir, ich würde Euch gern auch weiterhin helfen!‹

Seine Stimme zitterte, als er das sagte. Ich blickte ihm direkt in die Augen. Sein längliches Gesicht war kreidebleich. Aus dem angrenzenden Raum hörte man Geschrei.

›Da, hört nur‹, fuhr er fort, ›die Menschen drängen sich, um ihre Ersparnisse abzuheben! Wir müssen sie ausbezahlen! Seht Euch die Liste unserer Außenstände an, niemand weiß, ob sie einzutreiben sind...‹ Nachdem er mir die Bücher gezeigt hatte, stand er auf und sagte: ›Ich habe Euch eine Viertelstunde gewidmet. Jetzt bitte ich Euch, schenkt mir nur eine halbe Minute und sagt mir, was Ihr an meiner Stelle tun würdet: die Spareinlagen zurückzahlen oder Geld auf Wechsel ausleihen?‹

Was hätte ich anderes tun können, als ihm die Hand drücken und bessere Zeiten wünschen?«

Strach, der in seiner Hängematte zugehört hatte, wurde

ungeduldig, er wollte alles wissen, was sich in der Stadt zutrug. Plötzlich rief er aus:

»Man muß schon Nerven haben wie Drahtseile, um in diesen Zeiten hier rumzuhängen!«

»Habt Ihr vor, noch lange hier zu bleiben?« fragte ich ihn.

»Keine Ahnung, verflixt nochmal! Ich hab in diesem Nest wahrhaftig nichts zu suchen! Das haben mir meine Frau und die Kinder eingebrockt!«

»Und Ihr laßt Euch gängeln wie ein kleiner Junge?«

»Ich will Euch mal was sagen von wegen Urlaub. Das ist was für die Reichen – der Teufel soll sie holen, die können sich's leisten –, aber nicht für unsereinen! Der Doktor ödet mich schon seit einer Ewigkeit an mit dem Gerede, ich soll im Sommer irgendwohin in den Wald gehen. Das ist bei mir immer auf taube Ohren gestoßen. Oh, nicht, weil ich zu geizig wäre! Sondern weil ich nicht einfach weg kann, so mir nix, dir nix… Das is was für Leibusch Kohn, für Leiser Brigora! Aber daß Strach, der Fischer, Knall auf Fall den Sommerfrischler spielt, das is doch eine komische Idee, oder? Aber nachdem ich in letzter Zeit ein paarmal umgekippt und gerade noch von der Schippe gesprungen bin, haben die Genossen mich ohne viel Federlesens hierhergebracht. Und jetzt kann ich nur Däumchen drehen.«

»Seid Ihr nicht zufrieden hier?«

»Anfangs schon, da war alles in Ordnung. Aber jetzt, wie soll man ruhig in diesem Nest hocken, wenn in der Stadt alles drunter und drüber geht!«

»Macht es wie die anderen, kehrt nach Hause zurück.«

»Wenn ich nur könnte! Sobald ich wieder einigermaßen auf dem Damm war, hab ich mir gesagt: Nach jeder Mahlzeit ein Verdauungsspaziergang durch den Wald, das ist was für feine Herren, nicht für einen Kerl wie mich. Also hab ich mich in der Gegend umgesehn, ob vielleicht ein kleiner Obstgarten zu pachten wäre. Aber Sendin ist das Ende der Welt. Ich hab einzelne Bäume mieten müssen, ein paar von dem einen Bauern, ein paar von dem anderen. Mein bißchen Erspartes ist dabei draufgegangen. Wie soll ich da jetzt einfach weggehn und alles zurücklassen? Und, wie mir zum Hohn, will auf diesen Mistbäumen nichts reifen...! Und seit ich weiß, was sich auf der Welt tut, kann ich einfach nicht mehr stillhalten...!«

Kein Wunder, daß Strach nicht stillhalten konnte! Seine wahren Freuden im Leben waren Solidarität, Demonstrationen, Straßenkrawalle. Wo immer sich etwas tat, war er zur Stelle, man hörte nur noch ihn. Wenn es darum ging, einen Präsidenten abzusetzen, den Vorsteher einer Synagoge loszuwerden, sich für einen Armen einzusetzen, die Bestechlichkeit einer Amtsperson aufzudecken, stürzte er sich ohne Zögern ins Getümmel. Erste Geige, überall! Er schonte keinen, schmeichelte keinem, kannte alle die kleinen »Affären« und sogar die bestgehüteten Geheimnisse der Gemeinderäte, und er ließ sie nicht mehr in Frieden und schürte die Proteste in der Stadt.

»Ich hab erfahren«, verkündete er eines Tages, »daß die Geldsäcke von Płock sich zusammentun und das Monopol für das Backen der Matzen erwerben wollen. Wieder einmal soll den armen Leuten das Fell über die Ohren gezogen werden! Den Platz für die Bäckerei haben sie schon ausgesucht. Die anderen Bäcker müssen schließen, aus Gründen der Hygiene. Es heißt sogar, der ›Kopf‹, unser Rabbi, könnte sich weigern, die übrigen Backöfen koscher zu machen. Der Teufel soll die Bande holen! Die denken nur ans Geldscheffeln, während ein armer Schlucker wie ich nicht einmal genug verdient, um Pessach zu feiern!«

Strach, der Fischer, duldete keine Ungerechtigkeit. An besagtem Tag hatte er sich im Kreis seiner Genossen Mut angetrunken, dann wurde eine komplette Bäckerei mit Maschinen und Gerät errichtet. Wie waren sie zu dem Geld gekommen? Mit Gottes und vor allem mit Strachs Hilfe. Bei Einbruch der Nacht war er mit seinen Kumpanen im Versammlungsraum der Bäcker. Er hieb so heftig mit der Faust auf den Tisch, daß die Fensterscheiben klirrten.

»Wenn ihr eine Innung seid, die sich wirklich um die armen Arbeiter sorgt, dann könnt ihr es jetzt beweisen!« schrie er. »Übernehmt die Bäckerei, steckt ein bißchen Geld hinein, dann kann ein jüdischer Arbeiter billiger zu seinen Matzen kommen. Und wenn ihr euch weigert, dann machen wir's ohne euch, ihr Hurensöhne!«

»Aber wenn der Rabbi den Backofen nicht koscher machen will?« fragte einer der Bäcker.

»Er wird es tun. Meinetwegen kann er alles zehnmal kontrollieren lassen, aber bloß keine krummen Touren! Ich bin kein großes Licht, aber vom Fischen versteh ich was. Der Rabbi soll sich nur nicht einfallen lassen, im Trüben zu fischen! Das werd ich ihm ins Gesicht sagen, diesem Pelzhut, genauso wie ich's jetzt euch sage.«

Nachdem die Sache mit den Matzen geregelt war, deckte Strach einen anderen Fall auf: Ein armer Jude hatte von einem reichen Mann von Rang Geld gegen Pfand ausgeliehen. Als der Schuldner alles bezahlt hatte, wollte er seine verpfändete Habe abholen, der andere aber behauptete, er könne sich an nichts erinnern. Wer sollte das an einem Armen begangene Unrecht rächen, wenn nicht Strach?

»Und wenn ich dafür büßen muß und zu zehn Jahren Gefängnis verurteilt werde, diesem Halsabschneider muß ich eins reinwürgen«, erklärte er.

Und wieder einmal versetzte er die Stadt in Aufruhr.

Während eines Wahlkampfes war unser Freund in seinem Element. Er wurde nicht müde, die Leute auf der Hauptstraße nah beim Bazar immer wieder anzustacheln. Dieser Weltverbesserer vergaß nichts:

»Die Parteien interessieren mich nicht. Sollen sie sich ruhig gegenseitig die Köpfe blutig schlagen. Aber sie sollen uns nicht mit ihren scheinheiligen Tricks einwickeln wollen! Du, der Schönredner, der Bundist[1], der Sozialist, sag mir: Wo ist

1 Mitglied des »Bund«, der 1897 in Wilna gegründeten jüdischen sozialdemokratischen Partei

das Geld vom Joint[1] hingekommen, das ihr für die armen Kinder bekommen habt? Ist es vielleicht für den Wahlkampf ausgegeben worden, habt ihr nicht damit wochenlang das Stadttheater gemietet, Tausende von Flugblättern verschleudert? Nennt ihr euch deshalb Sozialisten? Schämt euch vor euren Müttern und Großmüttern! Ich mische mich nicht ins Parteiengezänk. Mir ist es völlig egal, wer die Wahl gewinnt, es ist doch immer dieselbe Clique, dieselbe Bande. Aber die Schieber sollen sich hüten! Du, Kalmen Gelbart, der Streithahn, der an die Stadt keinen Groschen Steuer zahlt – was mir ganz egal ist –, nimm doch deine drei Häuser mit ins Grab. Du wirst immer ein großes Tier bleiben, Chassid von Ger, Vorsitzender der Agudat[2] und so weiter. Meinetwegen kannst du achtundachtzig Häuser besitzen! Aber gestern hast du Juden hinausgeworfen. Du hast sie auf die Straße gesetzt. Und du wagst es, um Stimmen zu werben! Salz in deine Augen, Pfeffer in deine Nase...!«

Strach hatte Erfolg. Die Straße liebte ihn und hörte ihm gern zu, denn er war nicht auf den Mund gefallen. Außerdem spendete er reichlich und war bereit, sich in Stücke zu reißen, um anderen zu helfen.

An jenem Augusttag 1939 in Sendin verstand ich nur zu gut die Unrast dieses Mannes, der in einem verlassenen Wald festsaß und zur Tatenlosigkeit verurteilt war, während es in Płock brodelte, alles in Auflösung schien, die Mobilmachung bevorstand, die Banken zusammenkrachten, Truppen bereits in der Stadt kampierten, die selber zu einem einzigen großen politischen Versammlungsort geworden war. Er zappelte vor Ungeduld, er konnte nicht mehr stillsitzen.

Er wollte gerade ins Dorf zurück, als ein Bauernkarren aus dem Waldweg auftauchte. Der ausgemergelte Klepper mit dem räudigen Fell konnte kaum den unbeladenen Wagen zie-

1 The American Jewish Joint Distribution Committee (JDC), gegründet 1914 von Felix Warburg und einer Gruppe deutscher philanthropischer Juden

2 Agudat Israel, ultra-orthodoxe Partei

hen, der Mann döste auf seinem Sitz, die Augen unter dem glänzenden Mützenschild waren geschlossen. Er wachte auf, als der Wagen über eine Baumwurzel holperte, zog an den Zügeln und rief dem Pferd ein ermunterndes »Hü!« zu. Dann hielt er nicht weit von uns an, stieg vom Wagen und schrie in den Wald:

»Strach! Strach! Ich bring Euch ein Paket aus der Stadt!«

Strach bezahlte den Mann und eilte mit dem Paket nach Hause.

Der Bauer steckte seine Peitsche neben dem Wagen in den Boden, warf einen Blick auf die Nickelmünzen in seiner Hand und setzte sich auf einen Baumstumpf.

»Der gefällt mir«, sagte er und deutete mit dem Kopf in die Richtung, in die Strach verschwunden war.

»Bestimmt habt Ihr ein gutes Trinkgeld bekommen, Traszczyk«, sagte ich zu ihm.

»Das Geld ist nicht alles; worauf es ankommt, ist der Charakter! Manchmal kutschiert man ein aufgeputztes, gepudertes, geschneckeltes und geschminktes Dämchen von der Stadt bis hierher, die den ganzen Wagen mit ihrem Parfum vollstinkt und mit Gepäck vollstopft. Und wenn's ans Zahlen geht, feilscht sie um jeden Groschen, schlimmer als ein Marktweib! Der Strach hat seine Mucken, aber ein Kerl ist das...«

Und um zu zeigen, was für ein Kerl Strach ist, küßt er seine Fingerspitzen. Dann erzählt er, wie er Strach kennengelernt hat:

»Er kommt in der Stadt an meinen Wagen und fragt, ob ich ihn nach Sendin fahren kann. Ich sage, ja, sobald ich meine letzten paar Reisigbündel verkauft habe, und er stellt einen kleinen Korb mit Essen auf den Sitz. Ist mir komisch vorgekommen, daß er nicht nach dem Preis fragt, und ich denk mir, wenn wir droben sind, wird er mir wahrscheinlich ein einziges schäbiges Geldstück in die Hand drücken. Ich bin nicht blöd, ich denk mir: Und wenn er sich mit Händen und Füßen sträubt, unter einem ganzen Złoty kommt er mir nicht davon!

Weil ich nicht gleich meinen endgültigen Preis nennen will, sag ich vorsichtshalber: ›Chef, das wird Sie eineinhalb Złoty kosten.‹ Glaubt Ihr, er wär erschrocken? Er sagt ›Gut‹, in aller Ruhe, und bittet mich, ich soll warten, er habe noch was zu erledigen. Ich warte eine halbe Stunde, eine Stunde, er kommt noch immer nicht! Allmählich werd ich wütend. Kommen muß er auf jeden Fall, schließlich hat er seinen Korb mit den Sachen dagelassen! Ich warte also weiter und sag mir: Keine Angst, das wirst du mir bezahlen! Wenn du mir keine zwei Złoty gibst, rühr ich mich nicht von der Stelle!

Schließlich kommt mein Fahrgast. Ich will ihm das von den zwei Złoty sagen, aber ich trau mich nicht, und mein Zorn hat sich inzwischen auch gelegt. Noch ein bißchen verdrossen zieh ich die Zügel an und will losfahren. Da fragt er mich: ›Warum so eilig? Glaub mir, wenn dir ein Unglück bestimmt ist, holt es dich doch beizeiten ein. Steig ab, wir gehen ins Wirtshaus und feuchten uns die Kehlen an.‹

Er hat Wein für mich bestellt, auch eine Flasche für Jankl, und ich hab ein Glas geleert und dann noch eins und was dazu gegessen. Jetzt war mir wieder wohler. Ich hab doch recht gehabt, daß ich nicht happig war und gleich die zwei Złoty verlangt hab!

Wir kommen droben an, und ratet mal, was er mir zugesteckt hat! Einen Zweier! Ich sag: ›Warum keine drei, Gott der Gerechte?‹ ›Gut‹, sagt er, ›ich hab dich warten lassen, da hast du das Wartegeld‹, und er gibt mir noch einen Złoty!«

An diesem Punkt der Erzählung erblickte der Bauer Strach, der mit seinem mühsamen Gang auf uns zukam, und schwieg. Jankl nutzte die Gelegenheit, um wieder auf die Politik zu kommen:

»Ich glaube nicht an den Krieg. Hitler ist vielleicht meschugge, aber nicht so meschugge, daß er einen Kampf gegen die ganze Welt vom Zaun bricht.«

»Warum dann dieses Säbelrasseln?« fragte Traszczyk.

»Um den anderen Furcht einzujagen. Er wäre übrigens dumm, wenn er es nicht täte: er hat mit Krieg gedroht, und sie haben ihn das Rheinland besetzen lassen, danach kam Österreich an die Reihe, dann die Tschechoslowakei... Warum sollte er nicht eine weitere Erpressung versuchen?«

»Polen ist nicht die Tschechoslowakei. Es hat alles in die Rüstung gesteckt und besitzt eine schlagkräftige Armee«, mischte Strach sich ein.

Glaubte er das wirklich? Wohl kaum, vermutlich wollte er nur Traszczyks patriotische Gefühle stärken. Der Bauer starrte zu einem Baumwipfel hoch und erklärte nachdenklich:

»Ich denke genau das Gegenteil! Ich glaube nicht, daß der Deutsche sich mit uns lang herumschlagen muß. Ich bin nur ein einfacher Bauer, ich kann nicht lesen, aber ihr werdet noch an das denken, was Traszczyk euch gesagt hat!«

»Was bringt Euch denn darauf?« fragte ich ihn.

»Ganz einfach. Wie ich heute mit meinem halb krepierten Gaul durch die Stadt kutschier, da seh ich, wie Militärs in Autos Richtung Goldgäßchen fahren und dort alle billigen Schuhgeschäfte ausräumen. Sie zahlten gut und haben alles mitgenommen, Stiefel und Halbschuhe. Später, wie ich über die Brücke wieder heimfahre, seh ich, daß die Männer an den Maschinengewehren, kürzlich einberufene Reservisten, ihre Zivilschuhe tragen. Ich hab sogar einen mit Gummigaloschen gesehen, einen anderen mit braunen Wildlederschuhen, zwischen Halbschuhen und Wickelgamaschen guckte ein Stück nacktes Bein heraus. Wie ich also so durch den Wald zockle, denk ich mir: Haben sie deshalb aus dem letzten Fußbreit Boden und der ärmsten Strohhütte neue Steuern gepreßt? Hat dafür der Büttel die letzte Kuh aus dem Stall geholt? Am ersten Mobilmachungstag, wo erst kaum zwei Jahrgänge einberufen sind, haben sie schon keine Schuhe mehr! Ich hab in meinem dummen Kopf gedacht: Wenn's an Schuhen fehlt, dann muß es auch an Kanonen und Flugzeugen fehlen. Hoffentlich hab ich unrecht, aber, so leid's mir tut, eines Tages werdet ihr euch an die Worte eines unwissenden Bauern erinnern: ›Wir sind geliefert!‹«

Zweites Kapitel

Vorspiel

Der nächste Morgen war genauso sonnig. Ein Tag war immer noch schöner als der andere, der Himmel über den grünen und goldenen Feldern war tiefblau. Nach einem Bad im Teich haben wir im Wald gegessen. Politik und Angst waren fast vergessen. Das alles schien weit weg zu sein. Es war so schön, die Erde war so farbenprächtig, der Wald so angenehm, das Leben so friedlich, einfach und sanft.

Strach band die Hängematte los, legte sich neben Jankls Stuhl behaglich auf den Rücken und fing an, Geschichten über seine einstigen Kameraden zu erzählen, von damals, als die Zeiten noch besser waren.

»Seht euch nur an, was aus der Welt geworden ist. Jede halbgare Rotznase führt in der Stadt das große Wort. Früher war ein Mann ein Mann, und da waren ein paar Teufelskerle darunter! Chaim, der Schläger, Bentsche, das Schlitzohr, Jankl, der Krätzige… Glaubt ihr, damals hätten die Schkozim[1] gewagt, Posten aufzustellen, die den Eingang zu jüdischen Geschäften versperren? Denen wär's an den Kragen gegangen. Die Leute wären von weither gekommen, um sich das anzusehn. Menachele Trelbach konnte ganz allein zwei von diesen Kerlen an den Beinen packen, rechts und links hochheben und in der Luft verhungern lassen! Das ist so wahr, wie ich hier liege… Wenn wir in ein Wirtshaus gingen zum Auftanken, haben die Flaschen auf der Theke nicht ausgereicht! Auf einen Rubel hin oder her kam's uns nicht an. Eine Karaffe Aquavit, eine Fleischpirogge, sechs, acht, zehn Flaschen Bier, wer hat da gezählt? Wir nicht. Ja, das waren noch Mannsbil-

1 Junge Gojim, Nichtjuden

der, meine Kameraden. Ihr könnt euch nicht vorstellen, was in der Stadt los war, als wir zur Musterung mußten. Wenn ich das alles erzählen wollte... Zum Beispiel, wenn Bentsche, das Schlitzohr, oder Heizke, der Freßsack, ein Auge auf eine Kuh geworfen hatte, dann konnte der Bauer sich zehnmal bekreuzigen und sagen, nie im Leben werde er sie verkaufen, am Ende bettelte er auf Knien darum, sie loszuwerden, egal um welchen Preis. Bisher hatte sie täglich fünf, sechs Liter Milch gegeben. Warum sich also von ihr trennen? Aber plötzlich gab sie keinen Tropfen mehr und hatte weißen Schaum vor dem Maul. Irgendwer hatte etwas in ihr Futter gestreut, oder wenn nicht ins Futter, dann in die Wiese, auf der sie graste...«

Strach kam so von einer Geschichte auf die andere, wohlig wie ein Sommerfrischler nach dem Essen. Da sah ich plötzlich in der Ferne zwischen den Bäumen etwas Helles auftauchen und rasch näher kommen. Ich hätte schwören können, daß es die Gestalt einer Städterin war. Ich hatte richtig geraten. Bald erkannte ich den schnellen und lebhaften Gang meiner Nichte Fele, Jankls Tochter. Vor meinem Weggang aus der Stadt hatten wir verabredet, daß sie mich sofort benachrichtigen sollte, falls mein Gestellungsbefehl einträfe.

In Płock war soeben die Generalmobilmachung verkündet worden. Als Reservist mußte ich mich innerhalb von vierundzwanzig Stunden bei meiner Einheit melden. Endlich sollte ich Gelegenheit haben, gegen die Nazipest zu kämpfen. Ich hätte eigentlich aufgeregt sein müssen, begeistert, rachelüstern, von Kampfesgeist erfüllt. Indessen ließ die Mitteilung mich kalt, ich war apathisch, gleichgültig und müde. War der Waffengang gegen den unmenschlichen Faschismus also nur ein leerer Traum? Lähmte mich der Gedanke an die Gefahr, die Furcht, opfern zu müssen, was mir das Liebste war, mein eigenes Leben, aber mehr noch die Existenz einer Familie, deren einziger Ernährer ich war? Unmöglich! Niemals hatte ich mein Gewissen verraten, indem ich persönliche Interessen geltend machte. Ich war im Gegenteil ein Mensch, der für seine Ideen kämpft. Der Grund war ein anderer: Die Worte des Bauern Traszczyk gingen mir nicht aus dem Kopf. Er hatte recht, ich wußte es. Die polnischen Offiziere hatten, längst vor dem Krieg, den Sieg sabotiert! Und sollte Polen dennoch siegen, so ängstigte und quälte der Gedanke an die Zukunft mich nicht minder. Was würde danach kommen? Ich konnte mich keinen Illusionen hingeben. Wenn schon in einer so schwierigen Zeit angesichts der ernstesten Gefahren, denen das Land sich gegenübersah, keine demokratische Gruppierung, keine vom Volk gewählten Abgeordneten zur Regierung zugelassen wurden, was würde dann erst geschehen, wenn die siegestrunkene Armee an die Macht kommen sollte? Man mußte sich auf antisemitische Reaktionen und Ausschreitungen gefaßt machen. Noch waren die Lehren aus dem Ersten Weltkrieg in meiner Erinnerung zu lebendig, als daß ich hätte optimistisch sein können... Aber wie auch immer, ich konnte nichts machen.

Im Moment konnte ich nur eines tun, nämlich mit meinen Angehörigen in die Stadt zurückkehren. Meine Frau mußte mein Marschgepäck fertigmachen. Auch mein kranker Bruder und seine Familie konnten nicht in Sendin bleiben, denn es war mir unmöglich, dort für ihren Unterhalt zu sorgen.

Der Eigentümer unseres Häuschens, der alte Szyltek, war auf dem Feld. Als wir hinausgingen und ihm sagten, er solle sein Pferd einspannen und uns in die Stadt fahren, da der Krieg vor der Tür stehe, riß er erschrocken die Augen auf. Er zerrte an dem Strick, der seine Hose festhielt, und kaute an seinem braunen Schnurrbart herum. Das alles rief Erinnerungen in ihm wach. Schon einmal, es war viele Jahre her, hatte der Krieg ihn auf dem Feld, nach der Ernte, überrascht. Vage Erinnerungen, tief im Gedächtnis vergraben. Aber jetzt wurde alles wieder wirklich, greifbar. Sein Blick blieb auf Piłaszewski, seinem Schwiegersohn, haften, der hinter dem Pferd herging und mit fester Hand den Pflug führte. Seine Miene wurde hart, und er polterte los:

»Dann wird mein Schwiegersohn auch wegmüssen und alles verlassen, die Felder, den Hof, seine junge Frau und sein

Kind, und sonstwohin geschickt werden, vielleicht für immer. Nix da!«

Das war zuviel, selbst für seine fatalistische Bauernnatur, er empörte sich gegen diesen Gedanken und stieß zornig hervor:

»Führt doch euren Krieg allein! Ihr Stadtleute krächzt wie Raben, ihr bringt uns am Ende nur Unglück!«

Noch immer zornig und schimpfend, packte er unsere Sachen zusammen und lud sie auf den Wagen. Im Hof wimmelte es von Leuten, einige halfen Pakete tragen, andere begafften nur neugierig dieses Drunter und Drüber, als plötzlich jemand eine alte Frau bemerkte, die, auf einen Knotenstock gestützt, den sandigen Hügel über dem Teich herunterkam. Mein Sohn erkannte sie als erster: Es war die Sałtysa. Sie schlug den Pfad ein, der geradewegs zu Piłaszewskis Hütte führte.

Eine Bäuerin rannte ihr in panischem Schrecken entgegen, dann kam sie zurück, wischte sich die Augen und berichtete, Piłaszewski müsse sofort aufbrechen, um sich noch heute im Rathaus zu melden. Mindestens zwölf Kilometer Wegs, und es war schon spät. Aber so lautete der Befehl.

Auf ihren Knotenstock gestützt, ging die Sałtysa weiter. Eilig humpelte sie über die Landstraße dahin und machte vor jeder Bauernkate halt. Sie hatte eine Menge zu tun.

Als der schwerbeladene Wagen sich in Bewegung setzte, stand die Sonne schon tief, aber die Hitze hatte dennoch nicht nachgelassen, die Luft blieb drückend und schwül. Der kranke Jankl war bequem neben meinem kleinen Jungen und meiner Frau auf Decken gebettet worden. Die anderen mußten, da auf dem Wagen kein Platz mehr war, zu Fuß gehen.

Die alte Szyltek kutschierte. Ihr Mann hatte nicht kommen wollen.

»So, wie es jetzt zugeht, könnten sie mir das Pferd beschlagnahmen. Besser, eine Großmutter fährt den Wagen«, hatte er gesagt.

Bei der Abfahrt hatte er mich an sein Gesicht mit dem struppigen Bart gedrückt und mich geküßt. Ich war gerührt.

Ich hätte mir nie vorgestellt, daß dieser ewige Griesgram einer solchen Zärtlichkeit fähig wäre.

Strach begleitete uns ein Stück Wegs, bis zum Waldrand. Dann blieb er wie angewurzelt stehen, den Blick starr ins Halbdunkel des Unterholzes gerichtet. Seine Gestalt begann schon vor unseren Augen zu verschwimmen, als wir ihn rufen hörten:

»Jetzt laßt ihr mich also ganz allein...!«

Traurig hallten seine Worte zwischen den Bäumen und in unseren Herzen wider.

Ein paar Kilometer weiter wurde es plötzlich stockfinster. Es war nicht jene Dunkelheit, die langsam mit der Nacht herniedersinkt, sondern eine jähe Schwärze. Einen Moment zuvor war es noch hell gewesen, die Sonne hatte so stark geschienen, daß sie uns blendete, und mit einem Schlag sah man nichts mehr! Als der Wagen eine Düne zwischen zwei Waldstrecken erklomm, wurde endlich ein großes Stück Himmel sichtbar. Von links näherte sich eine drohende Wolke. Sie war schmutzigblau, wurde allmählich bleigrau, dann violett, dunkelviolett. Die unheimliche, düstere Masse überzog rasch den ganzen Himmel, dann senkte sie sich auf die Baumwipfel nieder, ein Sturm begann zu wüten, seine Stöße rissen Äste und Laubwerk in einen wilden Reigen. Es war, als heulten die Tannen vor Schmerz, während die Böen ihre Wipfel beugten und sie heftig gegeneinanderstießen.

Wir waren erst am Eingang des Waldes, gute vier Kilometer trennten uns noch von der Straße. Unter anderen Umständen hätten wir kehrtgemacht und uns wieder ins Dorf geflüchtet. Diesmal hatten wir dazu keine Zeit, wir mußten weiter. Der Himmel war nicht mehr violett, sondern schwarz, schwarz wie Tinte. Er öffnete sich, spaltete sich und ließ mit ohrenbetäubendem Donnergrollen eine wahre Sturzflut auf uns niedergehen. Das war kein Regen mehr, das war ein Ozean, eine Sintflut, die alles überschwemmte. Die Blitze zogen grelle Striemen durch den Himmel. Es donnerte ohrenzerreißend.

Wir sorgten uns vor allem um den schwerkranken Jankl.

Würde er das durchhalten? Sollten wir tiefer in den Wald fahren oder im Freien bleiben? Was tun? Hier regnete es in Strömen, dort in Sturzfluten, hier war der Boden aufgeweicht, dort fuhr der Blitz in die Bäume.

Eine Feuergarbe, begleitet von Donnerkrachen, erhellte den Wald. Das erschrockene Pferd bäumte sich auf. Die alte Szyltek peitschte auf das Tier ein und zog mit aller Kraft an den Zügeln. Der Regen verdoppelte seine Gewalt. Wer nicht auf dem Wagen war, stürzte ins dichte Unterholz, aber es half nichts, vor solchen Wassermassen gab es keinen Schutz. Auf dem Boden kauernd, drückten wir uns eng aneinander. Vor allem durfte keiner sich verirren! Das Wasser reichte uns bis zu den Knien. Wir fürchteten, wenn einer sich von der Gruppe entfernte, würde er von der Strömung in die Tiefen der Nacht gerissen.

Und die Sintflut hielt an... Es nützte nichts, sich unter Decken und Säcken zu bergen. Alles war bis auf den letzten Faden durchnäßt. Die Kleider klebten auf der Haut, das eiskalte Wasser rann uns in den Nacken, über den Rücken, zwischen die Schulterblätter. Ich versuchte mich aufzurichten und schrie, so laut ich konnte:

»Jankl! Jankl! He! He!«

Nur das Rollen des Donners antwortete mir. Der Blitz schlug in die Bäume vor uns, man hörte deutlich das Stürzen von Stämmen und Ästen, es war ganz nah. Wieder schrie ich:

»Hallo! Hallo!«

Noch immer keine Antwort! Was machte die alte Bäuerin bloß? Hatte sie sich unter die großen Bäume geflüchtet?

Die völlig durchnäßten Kinder klammerten sich an mich, sie zitterten vor Furcht und Kälte.

»Hört das denn nie mehr auf?« jammerten sie.

In der Tat war nicht das kleinste Zeichen für ein Nachlassen wahrzunehmen. Wie lange dauerte das nun schon? Zwei Stunden? Vier Stunden? Eine Ewigkeit! Das Unwetter wütete immer schlimmer. So etwas hatte ich noch nie erlebt: ein Blitz nach dem anderen, das unaufhörliche Krachen der Donnerschläge, der peitschende Regen, der uns ins Gesicht schlug und uns bis auf die Knochen drang. Man hatte den Eindruck, nichts werde jemals wieder trocknen, der Körper müßte sich in der Nässe auflösen wie Salz im Wasser. Und ständig dieses Krachen. Bumm! Bumm! Bumm! Alle schwiegen. Man hörte nichts als das Prasseln des Regens in den Zweigen.

Der Wagen stand am Waldrand ganz in unserer Nähe, aber unser Rufen wurde von der Nacht verschluckt, vom Sturm fortgerissen, vom Donner übertönt, niemand hatte es gehört.

Endlich beruhigte sich das Unwetter, der Regen fiel stetiger, feiner, Donner und Blitze kamen von ferner her, nur ein paar letzte flackernde Strahlen zogen wie der Schein einer erlöschenden Kerze über den Himmel.

Aber dieses Unwetter war nur ein Vorspiel gewesen.

DRITTES KAPITEL
Made in Germany

Traszczyks Voraussagen trafen ein. Die polnische Armee war nicht imstande, alle Reservisten auszurüsten. Ein Teil, zu dem auch ich gehörte, wurde wieder nach Hause geschickt. Nach ein paar Tagen hatte die Bevölkerung sich an die neue Lage gewöhnt. Die Geschäftsleute, deren Läden leer blieben, standen sorgenvoll vor ihren Türen und diskutierten miteinander:

»Die ganze Sache wird im Sand verlaufen, wie üblich! Vor einem Jahr stand ein Krieg mit Litauen bevor, danach war die Geschichte mit der Tschechoslowakei, heute ist Deutschland an der Reihe... Ich laß mich nicht mehr ins Bockshorn jagen!«

»Ja, aber wer zahlt die Zeche? Wir natürlich! Kein einziger Kunde und kein einziger Złoty in der Kasse... Jeder braucht seine paar Kröten fürs Essen. Und wir müssen schließlich pünktlich unsere Wechsel zahlen, wenn nicht irgend etwas passiert. Was soll bloß werden?«

Die Diskussion wurde durch die Ankunft Altmans, des Irren, unterbrochen. Er kam vom Markt zurück, den formlosen, fleckigen grauen Hut tief in die Stirn gezogen, den Mantelkragen hochgeschlagen wie mitten im Winter. Er sang vor sich hin:

»Heute, heute bin ich ein Engel. Gestern war ich ein Teufel, heut bin ich ein Engel, ich hab mit Gott geredet.«

Die Leute lachten über ihn, nannten ihn meschugge, aber er fuhr unbeirrt fort:

»Hi! Hi! Hi! Ich soll meschugge sein? Hört her! Sie reißen die Straßen auf! Sie stürmen die Banken! Heute ist Freitag, Markttag, aber die Bauern werden vom Platz gejagt, es heißt, von wegen dem Luftschutz! Da habt ihr's. Sie machen einen

Krieg. Werden einander umbringen ohne Pardon. Wer ist hier meschugge, ich vielleicht, der Altman...? Da, schaut hin!«

Tatsächlich kam vom Marktplatz her die lange Reihe der Bauernwagen gezogen. Die Polizei trieb sie zur Eile an, damit sie so schnell wie möglich die Straße wieder frei machten. Szatan, der jüdische Kommandant des Zivilschutzes, rannte herbei. Er war so fett, daß er sich kaum auf den kurzen Beinen halten konnte. Bei jedem Schritt schienen sie sich zu krümmen, als wollten sie unter dem Gewicht seines dicken Bauches einknicken. Er watschelte wie eine gemästete Gans. Er schrie:

»Los, Herrschaften, macht die Straße frei!«

Als ein Mann mit »Goldknöpfen« in Sicht kam, verdoppelte Szatan seinen Eifer:

»Zum Teufel, ich hab gesagt, die Straße frei machen!«

Altman, der dieses Spektakel höchlichst genoß, psalmodierte wieder:

»Heute bin ich ein Engel, gestern ein Teufel, heute ein Engel...«

Szatan überquerte die Straße, ging zu ihm und befahl:

»Schau, daß du heimkommst, alter Schwachkopf!«

»Ich rühr mich nicht vom Fleck, eh du mir erklärt hast, woher du weißt, daß ich meschugge bin. Bist du ein Doktor oder ein Professor? Von uns beiden bist du der Kranke. Dein ganzes Leben lang hast du gestohlen, geschwindelt, betrogen und dir alles in den Bauch gestopft. Ist das vielleicht kein Irrsinn, he? Schau dir das Ergebnis an. Ich möchte gern das Geld haben, das dieser Bauch gekostet hat. Aber deine Wampe kannst du behalten.«

Die Menge, weit davon entfernt, sich zu zerstreuen, umringte die beiden Männer, was Szatans Zorn noch mehr anstachelte. Er fing an, Altman zu schubsen, und schrie immer wieder:

»Marsch, nach Hause, du Narr!«

Aber Altman blieb standhaft und kreischte nur um so lauter:

»Dem da kommt ein Krieg gerade recht! Auf deinem Posten im Rathaus hast du betrogen und stibitzt auf Teufel komm raus. Du wirst dafür zahlen! Hinter Gittern wirst du verfaulen. Am Strick wirst du baumeln! Glaub nicht, daß der Krieg dich rettet. Du wirst ihn gar nicht mehr erleben... Du wirst noch vorher krepieren!«

Die Gaffer waren auf seiner Seite. Klar, er war ein Narr, aber bekanntlich sagen Narren die Wahrheit!

Dann wurde die Aufmerksamkeit der Menge abgelenkt: Eine Polin überquerte die Straße, ihre Augen waren vor Entsetzen geweitet, die Haare zerzaust, der verrutschte Schal glitt ihr immer wieder von den Schultern. Mit der einen Hand versuchte sie, ihn hochzuziehen, mit der anderen preßte sie ein Kind an sich. Als sie einen Moment stehenblieb, um Atem zu schöpfen, brach sie in Schluchzen aus, dann lief sie weiter. Jemand rief ihr nach:

»Woher kommt Ihr denn, Mütterchen?«

»Von einem Unglück, gute Leute, von einem großen Unglück!« antwortete sie. »Ich wohne mindestens einen Kilometer von den Kasernen entfernt. Deutsche Flugzeuge sind gekommen, sie haben Bomben abgeworfen, die nicht auf die Kasernen gefallen sind, sondern auf mein Haus. Es ist zerstört, es hat Tote gegeben. Wenn ihr wüßtet, gute Leute, was bei uns los ist, in Błonie!«

Die zusammengerotteten Passanten waren überrascht, ein wenig ungläubig, aber zugleich überzeugt, daß an den Worten der jungen Frau etwas Wahres sein müsse.

»Es war gewiß ein Unglück, ein Unfall während einer Übung der Luftabwehr, sie müssen eine scharfe Granate mit einer Übungsgranate verwechselt haben oder etwas Ähnliches. Anders kann ich es mir nicht erklären«, meinte einer der Umstehenden.

»Natürlich! Die Leute sind so besessen vom drohenden Krieg, daß sie prompt eine kleine Übung der Luftabwehr mit einem Fliegerangriff verwechseln«, pflichtete ein anderer bei.

»Das sage ich ja. Wenn sie noch einen Rest von Verstand

hätten, wüßten sie, daß man keine Bomben wirft, ehe der Krieg offiziell erklärt ist!« meldete sich der erste wieder zu Wort.

Im Lauf des Tages vergaß man den Vorfall. Aber am späten Nachmittag begann die Sirene auf dem Rathaus zu heulen, dann fielen die Fabriksirenen ein, gefolgt vom weniger grellen metallischen Ton der Feuerglocken in den Höfen.

Wieder eine Luftschutzübung? Kaum, denn es war nichts dergleichen angekündigt. Und außerdem bewies der so massive Alarm, daß es ernst war. Auch hörte man alsbald deutlich das Dröhnen von Flugzeugen. Alles rannte durcheinander, jeder versuchte, sich in Sicherheit zu bringen. Aber wo? In diesem Haus, in jenem, zwischen Keller und Dachboden... Einige sahen, während sie über den Hof liefen, die eisernen Vögel am Himmel und blieben, von ihrer Neugier gebremst, wie versteinert im Freien stehen. Automatische Geschütze begannen zu knattern. Lächerlich! Um diese Vögel zu verscheuchen, hätte man ihnen mit gleicher Waffe begegnen müssen.

Die Unseren würden kommen, das war klar! Waren sie nicht zwanzig Jahre lang donnernd über Polen geflogen und hatten die Leute nachts nicht schlafen lassen? Hatten sie nicht am Tage Schauflüge abgehalten? Prangten sie nicht auf den Seiten der Illustrierten?

Plötzlich erschienen Gegenstände am Himmel, fielen, einer nach dem anderen, zur Erde. Wenn sie aufschlugen, erhob sich eine schwarze Wolke, riß Erdschollen hoch und schleuderte Rauch und Flammen.[1]

Eines dieser Dinger war in unseren Hof gefallen, wo eine Rauchwolke in der Luft hängenblieb. Niemand hatte sich vorstellen können, daß hier Bomben geworfen würden. Die Kasernen waren gut zwei Kilometer entfernt, die Brücken ebenfalls. Die Maschinen suchten, ihren Bewegungen nach zu

1 Die Bombardierung von Płock begann bereits am 1. September 1939, dem ersten Tag des deutschen Angriffs auf Polen.

schließen, vermutlich den Flugplatz, der jedoch befand sich mindestens fünf Kilometer hinter der Stadt!

Der Angriff hatte nur zehn Minuten oder eine Viertelstunde gedauert, aber viele Opfer gefordert. Aus dem Nachbarhof wurden Tote und Verwundete getragen. Der erste war ein Arbeiter, vermutlich ein Kanalreiniger oder Angestellter der Schlachthöfe, denn an dem Bein, das ihm geblieben war, trug er einen Gummistiefel. Das andere Bein war verschwunden, weggerissen...

Auf ihn folgte ein Mann mit aufgerissenem Leib. In einem Meer von Blut sah man deutlich seine Eingeweide. Dann wurde ein dritter auf einer Tür vorbeigetragen, eine bluttriefende Masse, ein Haufen Fleisch aus einer Metzgerei. Der wievielte kam jetzt? Der zehnte? Der zwanzigste? Es nahm kein Ende. Die Frauen weinten, die Männer sahen einander an, bleich, entsetzt, und stießen vor jedem Opfer einen Seufzer des Mitgefühls aus. Doch im Innersten empfanden sie zu ihrer eigenen Beschämung egoistische Erleichterung: sie waren davongekommen... Aber sie wußten, daß dies erst der Anfang war! Morgen konnte die Reihe an ihnen sein.

Wie immer bei Katastrophen mußte man einen Sündenbock finden, auf den man seinen Zorn abladen konnte.

»Wo sind unsere Flugzeuge? Wo ist die Luftabwehr hingekommen, die Millionen verschlungen hat?« entrüsteten sich die Leute.

Das konnten nur Gojim sein, die so redeten, denn die Juden wußten, daß sie den Mund zu halten hatten. Oder sie gaben sich patriotisch und versuchten, die Verantwortlichen zu verteidigen:

»Der Bedarf an der Front hat gewiß Vorrang«, gaben sie zu bedenken.

»Die Deutschen haben auch ihre Flugzeuge an der Front und trotzdem noch genügend übrig, um hier solche Verwüstungen anzurichten«, konterten die Gojim.

»Unsere sind bestimmt über Berlin eingesetzt«, hielten die Juden dagegen.

»Warum sind keine Schutzräume gebaut worden? Warum ist die Bevölkerung nicht darüber aufgeklärt worden, wie sie sich zu verhalten hat und am besten schützen kann? Warum? Warum?«

Aber die brennendste Frage, die sich alle stellten, lautete:

»Warum ist der Krieg so plötzlich ausgebrochen, das Radio hätte doch wenigstens etwas melden müssen?«

»Ganz einfach«, sagte jemand, »das Radio hat nichts gemeldet, weil es nichts gewußt hat!«

»Was soll das heißen?« verwunderte sich ein anderer.

»Das soll heißen: *Made in Germany*!« erwiderte der erste.

Viertes Kapitel

Die Straße

An den Mauern wurde ein Aufruf des Präsidenten angeschlagen. Die Überschrift lautete: »Der Erzfeind hat zugeschlagen!« Ein Arbeiter, der neben mir stand, kommentierte spöttisch:

»Der Erzfeind! Ist noch gar nicht lang her, da ging man gemeinsam auf die Jagd, tauschte Küßchen. Polen hat sich also verkauft?«

Ein weiteres Plakat rief alle Einwohner auf, sich mit Schaufeln und Hacken zum Bau von Schutzräumen zu melden. Ich nahm eine Hacke, schulterte sie martialisch, um meinen Bürgersinn zu demonstrieren, und machte mich auf den Weg zum Rathaus. Dort erkundigte ich mich reihum, wo man sich als freiwilliger Helfer einschreiben lassen könne.

Ich wurde zum Informationsbüro geschickt, das mich an das Arbeitsbüro verwies, wo mir geraten wurde, ich solle mich an den Luftschutz in der Warschauer Straße wenden. Aber es war unmöglich, dorthin vorzudringen. Die Freiwilligen drängten sich inmitten eines Gewimmels von Kommandanten, Unter-Kommandanten, Gemeinen, Luftschutzwarten, Sirenenwarten, Feuerwehrleuten, Sanitätsoffizieren... Endlich bekam ich einen von ihnen zu fassen:

»Im Rathaus hat man mir gesagt, daß hier Freiwillige angenommen werden.«

Der Mann schnauzte mich an:

»Schämt Ihr Euch nicht, in Eurem Alter, uns in einem solchen Moment mit kindischen Belästigungen zu kommen? Der Luftschutz hat jetzt ganz andere Sorgen als Eure Hacke!«

Ich rechtfertigte mich mit der Erklärung, man habe mich vom Rathaus hierhergeschickt.

»Geht hinüber zum Arcesz, zu den Pfadfindern!« fuhr der Mann mich an.

Ich begab mich sogleich dorthin, um eine verschlossene Tür vorzufinden und darüber, frisch angeklebt, einen Aushang der neuen antisemitischen Tageszeitung, des *Głos Mazowiecki*[1]. Was hier gedruckt stand, kannte ich schon aus dem Radio, aber mich interessierten die Kommentare dieses Blattes. Unter dem Titel »Unsere stolze Jugend« war in ganzer Länge der Brief einer jungen Studentin aus Warschau an ihre Tante in Płock veröffentlicht, bei der sie aufgewachsen war:

»Meine liebe Tante, ich mache mir große Sorgen um Dich. Ich weiß, wie hart und schwer das Leben für Dich sein wird, wenn es Krieg gibt. Aber ich bin stolz und unbeirrbar in meinem christlichen Glauben. Ich bete alle Tage um den Sieg Polens, von dem wir alle überzeugt sein müssen, ja, überzeugt! Wie könnte unser Land verlieren, steht es doch unter dem Schutz der Heiligen Jungfrau, der Gottesmutter, der Patronin der polnischen Krone?« Dem Brief folgte eine Anmerkung der Redaktion: »Wer könnte am Sieg Polens zweifeln, das eine solche Jugend hat?«

Ich hielt einen Passanten an und fragte ihn, wo man sich als Freiwilliger zum Schutzraumbau melden könne. Er überlegte eine Weile, dann erwiderte er, das sei Sache der Garnison. Ich marschierte in Richtung Kasernen. Aber bereits gute hundert Meter vor meinem Ziel hielt mich ein Wachtposten an.

»Wißt Ihr nicht, daß wir uns im Kriegszustand befinden? Kein Zivilist darf sich einem militärischen Objekt nähern!«

Ich machte also kehrt, meine Hacke in der Hand.

Kaum war ich wieder zu Hause, als heftig an die Tür gedonnert wurde, wahre Rammstöße, die den ganzen Türstock erschütterten. Ich öffnete und sah einen Soldaten mit einem Gewehr. Er hatte mit dem Kolben auf die Tür eingedroschen.

»Verzeihung«, sagte ich zu ihm, »aber ich verstehe nicht,

1 Die Stimme Masowiens

warum man diese Tür einschlagen muß, die jedem offensteht.«

»Halt die Schnauze, lausiger Jud! Los! An die Arbeit!« war seine Antwort.

Er ließ mich in der Stube stehen und ging zu den Schlafzimmern, um nach weiteren Arbeitskräften zu suchen. Man hörte Geschrei, Geheul, der Soldat zerrte Jankl hinter sich her, und die Anwesenden versuchten einzugreifen, sie zeigten dem Soldaten ein ärztliches Zeugnis, wonach für den Schwerkranken jede Anstrengung tödliche Folgen haben konnte. Aber nichts half.

»Haltet die Schnauze!« brüllte der Soldat, packte Jankl am Arm und stieß ihn vor sich her.

Die temperamentvolle kleine Tobsche, Jankls Ehefrau, drängte sich dazwischen, sie beschimpfte den Soldaten und nannte sein Vorgehen brutal. Der stellte das Gewehr ab, richtete die Spitze seines Bajonetts auf Tobsches Brust und drohte:

»Noch ein Wort, und ich spieße dich auf. Du weißt wohl nicht, was es kostet, wenn man im Krieg einer Militärperson Widerstand leistet!«

Dann schmetterte er die Tür zu und brachte mich zur Gendarmerie.

Dort fand ich bereits an die hundert Männer vor, die man zusammengetrieben hatte. Sie mußten über die ganze Breite der Straße einen tiefen Graben ausheben, der die Tanks aufhalten sollte. Wir wurden von Wachsoldaten flankiert, wie Verbrecher. Ein Unteroffizier führte die Aufsicht und quälte uns nach Kräften. Er schritt auf und ab, richtete sein Gewehr bald auf den einen, bald auf einen anderen, schlug uns von Zeit zu Zeit auf Nacken und Gesäß und brüllte dazu Flüche:

»Polen! Hurensöhne seid ihr! Keine Müdigkeit vorschützen! Los! Weiter!«

Ich beschloß, so zu tun, als arbeitete ich.

Häufig donnerten Flugzeuge über unsere Köpfe hinweg. Manche hielten stracks auf ihr Ziel zu, andere kreisten am

Himmel. Dann mußten wir auf Befehl des Unteroffiziers unter den Bäumen Schutz suchen, willkommene Gelegenheit, Atem zu schöpfen und ein paar Worte miteinander zu wechseln. Wir waren ausschließlich einfache Leute aus dem Volk, Fabrikarbeiter, Handwerker, Heimarbeiter.

»Wo sind die Intellektuellen hingekommen, die Crème der polnischen Gesellschaft, die edlen Patrioten, die Reichen? Von denen hat es keinen zu uns verschlagen!« entrüstete ich mich.

»Weil man in den reichen Häusern niemand dienstverpflichtet«, erwiderte einer meiner Gefährten.

»Ich spreche nicht von Dienstverpflichtung. Warum ist kein einziger freiwillig gekommen?«

»Reg dich nicht auf! Am 11. November werden sie alle zur Stelle sein. Wir werden sie aufmarschieren sehen, die Fahne voraus, sie werden wie stets bei patriotischen Anlässen ihre Ansprachen halten.«[1]

Der polnische Adel hatte tatsächlich nicht versäumt, in dieser schweren Zeit seinen Patriotismus zu demonstrieren. Beweis? In der Nähe stand, umgeben vom Duft des weißen Jasmins, im Schatten wohlgestutzter Tannen, inmitten von Blumenrabatten, eine Villa, aus deren Tür eine junge Frau trat. Sie trug ein weißes Zierschürzchen, ein ebensolches Häubchen im Haar, gewiß eine Zofe. Sie wandte sich an unseren Peiniger:

»Herr Soldat, meine Herrschaft lädt Sie zum Mittagessen ein.«

Hoch sollen sie leben, die Bäuche der Patrioten! Wir nutzten die Abwesenheit des Unteroffiziers, um ein bißchen lässiger zu arbeiten. Während dieser kurzen Pause stieß einer von uns plötzlich einen Ruf der Überraschung aus und lenkte unsere Aufmerksamkeit auf ein ungewöhnliches Schauspiel.

Was wir sahen, hatten wir auch schon fünfundzwanzig Jah-

1 11. November 1918, Waffenstillstandstag und Tag der Unabhängigkeit Polens

re zuvor gesehen. Hundert Meter von uns entfernt, am Ende der Straße, dort, wo sie in die Chaussee mündet, schob sich eine dichte Kolonne von Wagen hügelan. Auf den meisten sah man die roten und weißen Höcker aufgetürmten Bettzeugs. Am hinteren Wagenende waren ein paar Kühe angebunden. Die Kühe, das Bettzeug, die Kinder auf den Armen ihrer Mütter, das alles erweckte jäh die vergessen geglaubten Schrecken zu neuem Leben.

Waren wir bereits Kampfzone, daß die Menschen die Flucht ergriffen? War es dem Feind gelungen, in drei Tagen die Front bis hierher vorzurücken? Ein so schneller Vormarsch war unglaublich! Vielleicht nach ein paar Monaten der Niederlagen, aber doch nicht nach drei Kriegstagen!

Aber leider war kein Zweifel mehr möglich: Im Hof der reichen Villa wurden bequem ausstaffierte Wagen bereitgestellt. Durch das Tor in der Mauer konnte man sehen, daß riesige Kisten und zahllose Koffer herausgeschafft wurden, um die sich elegante Damen in Pelzmänteln zu schaffen machten. Auf der immer dichter befahrenen Chaussee sah man Militär. Eine motorisierte Abteilung überquerte die Straße, wo wir arbeiteten, dahinter folgten Infanteristen, von denen einer barfuß war.

Unsere Bewacher sprachen leise miteinander, dann trat der Unteroffizier wieder zu uns. Er hatte ein wenig von seinem Dünkel eingebüßt, er mahnte uns wieder zur Eile, aber der Ton hatte sich verändert.

»Los, Leute! Beeilung: Ihr seht doch, was los ist…«

Mit dem Finger wies er zur Chaussee und zum Himmel, als erwartete er von uns eine Antwort.

Jetzt arbeiteten wir alle freiwillig, es bedurfte keiner Gewehre und keiner Flüche mehr, um unseren Eifer anzuspornen. Jeder beeilte sich und schuftete aus Leibeskräften. Die Hacken rissen tiefe Löcher, die Schaufeln hoben sich im Takt, es war, als ginge es um einen Preis, um eine Wette. Wir bemerkten nicht einmal, wie die Zeit verflog. Es war bereits Nacht geworden, als wir fertig waren.

Als ich auf mein Haus zuging, war ich erstaunt: kein Licht in den Fenstern, alle Wohnungen leer. Die Nachbarn hatten ihre Wagen vollgepackt und waren weggefahren.

Durch das Fenster hörte ich Motorengeräusch. Menschen machten sich im Dunkeln um einen Lastwagen zu schaffen und beluden ihn mit Säcken und Paketen.

»Wohin wollt ihr, gute Leute?« fragte ich.

»Bloß weg von hier, in die weite Welt, mein Lieber.«

Diese lapidare Antwort sagte alles.

Fünftes Kapitel
Der Exodus

Ich erwachte jäh aus einem Alptraum. Es war Nacht, die Glocke am Tor läutete Sturm. Die Wanduhr zeigte die dritte Morgenstunde. Wer mochte um diese Zeit Einlaß begehren? Gewiß kein Zivilist, denn in der Stadt herrschte striktes nächtliches Ausgangsverbot. Meine Frau hielt mich zurück:

»Mach nicht auf! Es sind vielleicht Landstreicher, die man in die Stadt getrieben hat!«

Furcht stand in ihren Augen. Die Glocke läutete immer heftiger, immer wilder, als protestierte sie gegen diese Störung ihrer Nachtruhe. Und jetzt hämmerte jemand an die Fensterläden. Rufe stiegen vor dem Fenster auf...

Dann legte sich der Lärm, als hätte eine sanfte Hand ihn beschwichtigt. Man konnte nun deutlich hören, daß jiddisch gesprochen wurde. Meine beiden Schwäger standen vor der Tür. Sie schienen sehr erstaunt, uns im Schlafanzug zu sehen:

»Ihr dürftet die einzigen sein, die heute in ihren Betten geschlafen haben, und wir sind vermutlich die letzten, die noch in dieser Stadt geblieben sind!«

Daraufhin verabschiedeten sie sich hastig. Schon begann der Tag zu grauen, und die beiden wollten aus Angst vor einem Fliegerangriff noch im Schutz der Dunkelheit über die Brücke.

Eine Entscheidung war fällig. Wir gingen im Zimmer auf und ab, hin und her, die Nerven angespannt, zermarterten uns das Hirn auf der Suche nach einer Lösung. Wir würden fliehen müssen, und zwar schleunigst. Die Bombenangriffe der letzten Tage hatten bereits an die einhundertfünfzig Opfer gefordert. Die Stadt bereitete sich auf den Widerstand vor, und es war klar, daß alles in Schutt und Asche fallen würde. Der Vormarsch der Nazi-Armee konnte nur das Schlimmste bedeuten. Fliehen, ja. Aber wohin? In die Fremde, ohne Geld. Überdies mußten wir unsere letzte Barschaft mit Jankl teilen. Und fliehen, das hieß nach Osten gehen, wo man mich alsbald einziehen würde. Warum also sollte ich nicht ebensogut hier einrücken, anstatt zuerst ein paar hundert Kilometer unter großer Mühsal zurückzulegen und womöglich eine Frau und ein vierjähriges Kind mittellos in der Fremde allein lassen zu müssen...?

Die ganze Stadt war in wilder Aufregung, es herrschten Panik, Kopflosigkeit, eine Stimmung des »Rette-sich-wer-kann«. Im Morgengrauen wimmelte es auf den Straßen der Stadt von Menschen, man sah viele Unbekannte, die aus weit entfernten Orten herbeigeströmt waren: Zu Fuß, im Wagen, auf Fahrrädern oder Motorrädern drängte sich alles zu den Brücken über die Weichsel.

Unter dem Befehl eines Offiziers sammelte sich eine Kompanie in einer benachbarten Straße. Im bleichen Frühlicht kamen die Soldaten, einer nach dem anderen, aus den kleinen Häusern, in denen sie eine kurze Rast gehalten hatten. Sie setzten sich in Marsch, nicht mitten auf der Fahrbahn, wie üblich, sondern auf den Gehsteigen, um den Flugzeugen kein Ziel zu bieten. Sie glichen eher Schemen als Männern. Ihre Gesichter waren mit Erde verschmiert, die Uniformen zerknittert, in den übernächtigten und verstörten Augen spiegelten sich Angst und Grauen, wohl über das, was sie erlebt hatten, vielleicht auch angesichts des Schreckgespensts der bevorstehenden Schlachten.

Lange konnten wir unsere Blicke nicht von ihnen losreißen. Wir empfanden tiefes Mitleid mit diesen Männern, die aus dem Jenseits zu kommen schienen, denn nur ein Aufenthalt im Reich des Todesengels[1] konnte sie so verändert haben. Unmöglich, daß allein drei mühsame und entbehrungsreiche

1 Gestalt aus der Mischna (Tora-Kommentar und Hauptteil des Talmud)

Tage ein Menschengesicht mit solcher Qual hatten zeichnen können.

»Wo kommt ihr denn her, Männer?« fragte ich.

»Von einer Gießerei in der Nähe von Mława.«

»Und wo geht ihr hin?«

»Wir bleiben hier, um eure Häuser zu beschützen und die Stadt zu verteidigen.«

»Gott schütze euch!«

»Geht in Frieden!«

Die Bürde lastete also auf den müden Schultern dieser Soldaten, sie sollten den Vulkan bändigen, das Meer eindämmen und dem Sturm gebieten, denn alle anderen flüchteten in einem allgemeinen Exodus, Juden wie Katholiken; diesmal war es den Göttern nicht gelungen, uns zu entzweien!

»Ich segne eure Waffen, ich lasse einen Teil meines Herzens bei euch zurück und fliehe in ein friedlicheres Land. Verzeiht mir! Verzeiht mir!« sagte ich im stillen und schloß mich den anderen Flüchtlingen an.

Die Hauptstraße zur Weichsel war verstopft, hauptsächlich durch Truppen, in der Mehrzahl Verwaltungseinheiten. Dazwischen drängten sich, wo immer eine kleine Lücke blieb, Zivilisten, die Pakete, Koffer, Säcke und Taschen schleppten, auf Leiterwagen, Kutschen, Fiakern, Karren und Fahrrädern flohen oder mit Betten und Lebensmitteln hochbeladene Kinderwagen vor sich herschoben. Die Militärfahrzeuge, die sich des Getümmels wegen nur vorsichtig bewegten, überließen dem Flüchtlingszug die Hälfte der Fahrbahn.

Ein vorbeifahrender Unteroffizier mußte im Gedränge von seinem Fahrrad absteigen. Nur sein Gewehr blieb am Rahmen befestigt. Er kam zu Fuß auf mich zu, schob das Rad und fiel mit uns in Schritt. Er fragte mich:

»Wo wollt ihr denn mit all dem Zeug hin?«

»Wer weiß?« antwortete ich. »Zunächst wollen wir versuchen, Warschau zu erreichen.«

»Das schafft ihr nie, mit einem Kind auf den Schultern«,

sagte der Mann. »Ich kann euch mit meinem Rad bis Kutno helfen.«

Ich lehnte das Anerbieten höflich ab:

»Vielen Dank, aber Ihr seid Soldat, wir wollen nicht, daß Ihr kostbare Zeit verliert.«

Er fegte meinen Einwand beiseite:

»Seinem Nächsten helfen ist keine verlorene Zeit!«

Unglaublich! Das zu hören, war alle Mühe dieses schweren Weges wert! In der polnischen Armee war der Antisemitismus also doch nicht gang und gäbe!

»Die Brücke! Die Brücke! Wir müssen über die Brücke!«

Es klang wie ein Gebet auf jedermanns Lippen. Mit dem Tageslicht nahm auch das Herzklopfen zu. Alle wußten, daß jeden Morgen die Brücken bombardiert wurden und daß die Luftangriffe sich täglich mehrmals wiederholten. Befand sich dort dann ein Treck von Flüchtlingen, so war ein Blutbad unvermeidlich...

»Hoffentlich kommen wir hinüber!«

Die Köpfe himmelwärts gerichtet, mit den Augen die Wolken absuchend, die Ohren gespitzt wie Jagdhunde, marschierten wir entschlossenen Schrittes weiter, als plötzlich jemand stehenblieb und rief, der Beschuß habe vermutlich schon begonnen.

Wir versuchten, kehrtzumachen, aber es war unmöglich, wie ein unaufhaltsamer Lavastrom schob die Menge uns erbarmungslos weiter. Die Soldaten der Militärverwaltung ließen ihre Peitschen knallen, um die Pferde zum Galopp anzutreiben. Die Räder der Fuhrwerke ratterten über die Brücke. Die Menge stürzte hinterher, verlor einen Teil ihres Gepäcks, rannte aber weiter. Ein dicker Mann, der an Asthma litt und mühsam mit offenem Mund atmete, versuchte, diese Flut zu stoppen.

»Nur keine Panik! Am Himmel ist nichts zu sehen!«

Vergebliche Mühe! Übrigens fing auch er an zu rennen, wie die anderen. Niemand hatte etwas Bestimmtes gesehen oder gehört, aber eines wußten alle: Sie mußten laufen, rennen, so schnell wie möglich das andere Ufer erreichen und sich von der Brücke entfernen. Wie lang war denn diese Brücke? Fünfhundert Meter? Sie nahm kein Ende. Es schien unmöglich, jemals hinüberzukommen.

Als wir schließlich drüben waren, hörten wir vom anderen Ufer der Weichsel her das gräßliche Heulen der Sirene auf dem Rathaus und die Detonationen der Einschläge.

Auf der Fahrstraße, ganz in unserer Nähe, tastete ein halbblinder Greis mit dem Stock um sich und rief:

»Martha, wo bist du, Martha?«

Neben ihm hielten sich zwei kleine Mädchen an den Händen und schluchzten: »Mama, Mama!« Mütter suchten ihre Kinder, hilflose Greise brabbelten vor sich hin und griffen mit Fingern ins Leere, die menschliche Lava riß alles mit sich. Wie soll man ein Mohnkorn im Sand, einen Wassertropfen im Meer suchen?

An einer Kreuzung kam gemächlich eine Kuh dahergespaziert, ein prachtvolles Tier von guter Rasse, mit strotzendem Euter, die Hörner ragten aus einem majestätischen Kopf. Sie mußte sich losgerissen haben, vielleicht hatte ihr Besitzer sie auch absichtlich freigelassen, um besser fliehen zu können. So mancher Bauer betrachtete sie begehrlich. Normalerweise wäre wohl mancher von seinem Wagen geklettert, um sich dieses Geschenk des Himmels anzueignen, aber sie dachten an all das, was sie hatten zurücklassen müssen, und setzten ihren Weg fort.

Bald darauf erreichte uns eine erste Meldung aus der Stadt, die wir soeben verlassen hatten: Eine Luftmine hatte den Viadukt zweihundert Schritt von der Brücke entfernt getroffen und einen tiefen Krater aufgerissen. Sie war mitten in die dichtgedrängte Menge gefallen. Wagen und Pferde waren durch die Luft geschleudert worden, Menschen lagen noch in Lachen von Blut und in Wolken von Federn. Die Flugzeuge hatten ganz offensichtlich den Flüchtlingsstrom anvisiert, denn in der Umgebung befand sich kein einziges militärisches Ziel. Die Furcht beschleunigte unsere Schritte. Ich erinnerte mich, wie besorgt Jankl gewesen war, als ich mich von ihm verabschiedet hatte. Mit der Uhr in der Hand hatte er gesagt:

»Ich werde die Minuten zählen und ausrechnen, ob ihr die Brücke schon passiert habt.«

Fünf Kilometer weiter zweigte ein sandiger Weg im rechten Winkel zum Wald ab. Wohin sollten wir gehen? Ich zögerte.

Die Menge folgte der großen Straße. Wer Pferd und Wagen hatte, fuhr in Richtung Warschau und dann weiter gen Osten. Wer zu Fuß ging, schlug den Weg zum Schtetl Gębin ein. Das war wohlüberlegt. In diesem Marktflecken gab es keine Garnison, keine Fabriken, keinerlei kriegswichtige Ziele, gegen die sich ein Fliegerangriff hätte richten können. Aber wenn man die Massen sah, die dorthin strömten, dann fragte man sich, wie dieser kleine Ort Tausende von Menschen ernähren und unterbringen sollte. Dies bewog mich, nach rechts abzubiegen, in Richtung Sendin, wo genügend Platz sein mußte, denn dorthin ging niemand. Doch je tiefer wir in die Wälder kamen, um so zahlreicher wurden Familien und Gruppen von Flüchtlingen, Juden und Polen, Städter und Dörfler. Alle trugen Bettzeug auf den Schultern. Ich erkundigte mich bei einem von ihnen:

»Sendin, ist das noch weit?«

»Das längere Stück haben wir hinter uns«, sagte der Mann.

Ein hochbeladener Wagen war im Sand steckengeblieben.

»Wo soll's denn hingehen, Freunde?« fragte ich den Lenker.

»Egal! Irgendwohin, wo wir bleiben können!« antwortete er.

Bezeichnend für unsere Lage! Wir waren eine verirrte Herde ohne Ziel und Weisung, irrten in der weiten Welt umher auf der Suche nach einer Zuflucht, wo wir unsere arme Seele, den müden Leib und unser armseliges Leben in Sicherheit bringen könnten.

Sendin! Wer hätte je gedacht, daß dieses in der Unendlichkeit des Waldes versteckte Nest, weitab von den großen

Straßen, weitab von jeder menschlichen Ansiedlung, von Flüchtlingen im Sturm erobert werden sollte! Dank unserer alten Freundschaft erhielt ich einen Platz in Szylteks Scheune. Aber das war nicht mehr das friedliche Dorf von einst. Sendin glich jetzt vielmehr einem Ameisenhaufen. Häuser, Scheunen und Speicher quollen über von Flüchtlingen. Auf den Feldern, auf den Pfaden, bis hinauf in den Wald, zwischen den Bäumen war alles weiß und rot gefleckt von den Bettenbündeln, dem Gepäck dieser Menschen. Wo wollten sie hin? Immer der Nase nach! Von Dorf zu Dorf, von Hütte zu Hütte suchten sie ein schützendes Dach. Manche saßen auf freiem Feld mit ihrer Habe, den Kopf in die Hände gestützt, erschöpft, resigniert. Sie wußten nicht mehr weiter, nur der Himmel über ihren Köpfen war ihr Dach. Sie blieben dort. Wozu sich noch weiterschleppen...?

Inmitten dieses Chaos hatte Strach seine ganze Energie wiedergefunden. Er war überall, er wußte alles. Kaum hatte ich mich auf dem Stroh ausgestreckt, um von den Strapazen auszuruhen, als er mich auch schon aufgestöbert hatte.

»Jetzt ist nicht die Zeit zum Schlafen, kommt mit!« sagte er.

Die Sache mußte wichtig sein, das schloß ich aus seinem keuchenden Atem und der Hast, mit der er seine schwankende Gangart beschleunigte. Er drängte:

»Kommt mit, zu Czynaderka, dann werdet Ihr sehen, was uns ins Unglück gestürzt hat.«

Ich kam mit. Czynaderka war ein struppiger, brauner und massiger Bauer, dessen Herkunft niemand kannte. War er ein Zigeuner, ein Konvertit? Niemand wußte es. Czynaderka war nicht zu Hause. Strach ging über den verlassenen Hof. Ich folgte ihm. Wir betraten den Stall. Dort zeigte mir mein Führer einen eleganten nagelneuen Offizierssattel, der an der Wand hing. Wie mochte der wohl hierhergekommen sein?

»Wartet nur, Ihr werdet Euch noch viel mehr wundern«, sagte Strach, der in der Futterkiste kramte und alsbald einige Behälter mit Munition zum Vorschein brachte.

Unfaßbar! Aber die Erklärung ließ nicht lange auf sich warten.

»Ja, ja, mein Lieber! So ist das! Da kommt ein berittener Offizier. Nachdem er sich im Dorf umgesehen hat, geht er zu Czynaderka hinein und schlägt ihm einen Handel vor; er sagt ganz einfach: ›Meine Angehörigen warten in der Nähe mit einigem Gepäck. Sie müssen weiter, mach deinen Wagen bereit, du kannst meinen Fuchs einspannen. Du bringst sie in zwei Fuhren nach Gostynin. Dafür schenke ich dir meinen Fuchs, du kannst ihn behalten, wenn du zurückkommst.‹ Überflüssiges Gepäck und die Munition läßt er im Stall zurück.«

Diesen Offizier hatte ich schon früher im Dorf gesehen. Strach mußte ihn mir nicht erst beschreiben, ich kannte ihn gut. Er war aus unserer Stadt, vom 8. Artillerie-Regiment. Er hieß Mogner und besaß eines der größten Geschäfte von Płock. Er hatte unverzüglich einen seiner Schwiegersöhne, einen Adeligen, zum obersten Ausbildungsoffizier für die jungen, frisch ausgehobenen Milizionäre befördert. Es war eine Freude, die beiden bei Feierlichkeiten und Militärparaden zu sehen, hoch zu Roß, mit gezogenem Säbel, an der Spitze der Miliztruppe. »Stillgestanden!« Das Pflaster erbebte. Mit den Augen verschlangen die Frauen diese so energischen Männer, die der Armee zur Ehre gereichten.

Und nun, nach nur ein paar Kriegstagen, desertierte der Patriot Mogner! Ich erinnerte mich an den elenden Zustand der Soldaten, die aus der Hölle der Front zurückgekehrt waren und sich anschickten, unser Zuhause zu verteidigen, und ich dachte: »Was für ein Jammer! Ihr seid geliefert, arme Kerle. Verraten und verkauft!«

Sechstes Kapitel

In Sendin

Der dichte Wald bedeckte Dutzende von Kilometern. In seiner Mitte war ein kreisrunder Platz ausgeschnitten, wie die Tonsur eines Mönchs. Dort schimmerte, von Hügeln umgeben, ein silberklarer Teich. Am Abhang eines der Hügel lag das Dorf Sendin, vom Wald geschützt, tief im Sand.

Sendin, wo in den Feldern der Sand herrschte, in den Hütten das Elend, in den Seelen das Nichts… In diesem Dorf, zwischen den Bäumen versteckt, lief das Leben armselig und gleichförmig dahin. Kinder wurden geboren, und viele starben, das war der Lauf der Welt, man nagelte die kleinen Särge zu und trug sie zum nahen Friedhof; diejenigen, die am Leben blieben, wuchsen heran, kümmerlich wie die Ähren auf den sandigen Feldern ringsum. Ein ruhiges Fleckchen Erde, wo man keine Traktoren und keinen Motorenlärm kannte und niemand von Mähdreschern und Maschinen jemals geträumt hatte. Hier genügte der primitive Pflug, seine Schar drang mühelos in den lockeren Boden ein.

Von fern war das Dorf nicht zu sehen. Die kleinen strohgedeckten Häuser am Waldrand schienen Teil der Vegetation zu sein. Nur die graublauen Fäden, die mittags und abends aus den Kaminen aufstiegen, verrieten die Anwesenheit von Menschen.

Tagsüber war alles still, man konnte hören, wie die Bäume im Wald einander ihre Geheimnisse zuraunten. Doch wenn die Nacht kam und die Dunkelheit Wälder, Häuser und Felder einhüllte, ließen sich Geräusche vernehmen: der gedämpfte Ton von Axthieben, das Kreischen von Sägen, das dumpfe Krachen umstürzender Bäume. Ein Konzert, bald fern, bald nah, bei dem der Fuchsschwanz das dominierende

Instrument war und das dumpfe Krachen der gefällten Stämme die Tonart bestimmte. Später, wenn die Nacht schon weit fortgeschritten war, hörte man in den Höfen das rhythmische Kreischen der Sägen. Am Morgen war es im Dorf wieder ruhig. Nur eine Großmutter spaltete irgendwo noch Feuerholz, das sie anderntags auf einem kleinen Karren in die Stadt schaffen würde.

Der Staatsforst wurde von Waldhütern bewacht, die einen regelrechten Krieg gegen die Dörfler führten. Sie lauerten an den Pfaden und hielten die abgerackerten Karrengäule an, um die Herkunft des Holzes zu prüfen. Aber was half's? Die Bauern von Sendin kannten den Tarif: sechs Monate Gefängnis. Im Gefängnis war die Suppe fetter als zu Hause, und das Leben billiger...

Einmal war eine ganze Familie verurteilt und eingesperrt worden. Da hatten die Dörfler die kleinen Kinder, die allein zurückgeblieben waren, vor das Haus des Richters geführt und verlangt, daß er sie ernähre... Er mußte die Mütter freilassen. Und die Bäuerinnen ernährten ihre Kinder mit dem Erlös dessen, was sie nachts im Forst zusammenstahlen. Nach Ablauf von sechs Monaten kamen die Ehemänner aus dem Gefängnis, und die Rollen wurden vertauscht: Die Frauen saßen in der Stadt ihre Strafe ab, die Männer versorgten das Haus und gingen in die Wälder, bis wiederum sechs Monate vergangen waren und die Frauen aus der Haft entlassen wurden. Inzwischen hatten sich die Männer erneut ihr halbes Jahr eingehandelt... so daß die Ehepartner niemals zusammen waren. Wenn die Frau aus dem Gefängnis entlassen wurde, hielt der Mann dort Einzug.

Szyltek, unser Wirt, war einer der ältesten und reichsten Bauern des Dorfes. Seine Kate, ganz weiß mit rot bemalten Ecken, war die größte und schönste. Während wir gemeinsam auf seinem Wägelchen dahinrollten, begann er, nachdem er gewohnheitsmäßig den Strick, der ihm als Gürtel diente, fester gezurrt hatte, mir die Geschichte zu erzählen, wie er zu Geld gekommen war.

»Bevor ich meinem Schwiegersohn vier Morgen Land gegeben hab, waren es zehn, die mir gehörten. Die Erde ist nicht besonders gut, aber es ist eine Sünde, wenn man zuviel verlangt, während manche Nachbarn gar nichts haben. Strach oder Szelniak zum Beispiel, bei denen fragt man sich, wie sie sich überhaupt durchschlagen. Nein, ich darf mich nicht beklagen! Vor fünfzig Jahren, bevor ich nach Amerika gegangen bin, hab ich nichts besessen, ich war Landarbeiter auf dem Gut. Was ich Euch jetzt sage, stimmt wirklich: Amerika ist eine Goldgrube für einen Mann, der arbeiten will. Ich war im ganzen nur drei Jahre drüben. Ich hab hart gearbeitet, sehr hart. Dann bin ich mit meinem Ersparten heimgefahren und hab zehn Morgen gekauft, habe mir ein Haus gebaut, bin Grundbesitzer geworden. Hätte ich damals noch fünf Morgen dazukaufen können, dann wär ich wirklich fein raus gewesen und hätt mich nicht mehr abrackern müssen. Und ich hätt's gekonnt, das dürft Ihr mir glauben, wenn mein Schwager nicht gewesen wäre. Dieser Kerl! Dem wünsch ich, daß er keine Ruhe findet in der Erde, in der er jetzt liegt!«

Seine Augen schossen stählerne Blitze. Der gewaltige graue Schnurrbart mit den vom Tabak rostbraunen Spitzen hing über seine Lippen. Um seinem Zorn Luft zu machen, peitschte er gnadenlos auf die Pferde ein und zerrte heftig an den Zügeln.

»Los! Aasviecher, hü! hü!«

Der Wagen kam in Fahrt, die Räder sprangen über die Baumstümpfe und Wurzeln auf dem aufgeweichten Weg. Sobald wir wieder auf sandigem Boden waren, fuhr der Alte mit seiner Geschichte fort:

»Wir, mein Schwager und ich, haben beide in einer großen Gießerei gearbeitet. Es war eine regelrechte Stadt. Sie haben dort Gußstahl hergestellt. Glaubt mir, der läuft nicht einfach so, wie das Wasser, in dem man Nudeln kocht. Ich hab am Hochofen gearbeitet. Was für eine Schinderei! Ich war fast nackt, es war heißer als in einem Dampfbad. Ich mußte die ganze Zeit trinken, ganze Eimer voll Wasser hab ich gesoffen.

Nach dem Trinken ist mir das Wasser aus allen Poren wieder herausgelaufen, in Schweißtropfen, groß wie Erbsen. Aber ich war ein Riese, ein Bär von einem Burschen. Ich hätte Eisenstangen knicken können. Eines Tages sind Streiks ausgebrochen, zuerst bei uns, dann in anderen Fabriken, und so ging's weiter, die Bewegung hat immer mehr um sich gegriffen. Damals war das etwas ganz Neues, aber bald hat sich keiner mehr darüber gewundert.

Ich will Euch erzählen, wie es dabei zugegangen ist: Die Arbeiter haben sich versammelt und untereinander beschlossen, daß sie nicht zur Arbeit kommen würden, basta! Warum? Das weiß der Teufel. Es wurde geredet und geredet... Wenn sie die anderen hätten arbeiten lassen, dann wär die Sache nicht so schlimm gewesen, aber sie wollten alle mit hineinziehen. Sie hatten keine Lust mehr, sich so zu plagen, und verwehrten auch den anderen den Zutritt zur Fabrik, diese Schweine! Ich mußte aber mindestens noch ein Jahr schuften, wenn ich mit ein bißchen Geld heimkommen wollte...

In unserer Fabrik wurde die Arbeit nicht völlig eingestellt, obwohl die Streiks dort ihren Anfang genommen hatten. Wer wollte, konnte arbeiten, aber draußen kriegte er dann eine Kugel in den Rücken! Ja, so haben sie's gemacht, diese verdammten Schurken. Gott schütze uns! Trotz allem ging in der Fabrik der Betrieb weiter. Wer arbeitete, kriegte dreimal soviel Lohn, viermal, fünfmal! Gott soll mich strafen, wenn ich lüge! Könnt Ihr Euch vorstellen, was das bedeutet? Einen Haufen Gold. Oho! Ich war ganz gierig drauf, hinzugehen, aber mein Schwager hat zu mir gesagt: ›Möchtest du unbedingt eine Portion Blei in den Buckel? Solang ich lebe, gehst du mir nicht hin.‹

Es stimmt schon, man konnte sich eine blaue Bohne einfangen. Aber denkt doch, fünfmal soviel Lohn! Man arbeitet einen Tag und kriegt fünf bezahlt! Und außerdem hatte man in unserer Fabrik nicht viel zu fürchten: Wir verließen sie praktisch überhaupt nicht, wir haben dort gegessen und dort geschlafen. Die Polizei hat das Gebäude bewacht und die

Leute beschützt, die zur Arbeit gekommen sind. Niemals ist ein Arbeiter so gut bezahlt und so gut behandelt worden! Niemals hat man sich so um ihn gekümmert! Aber mein Schwager hat gesagt: ›Wenn du in die Fabrik gehen willst, dann nur über meine Leiche, Streik ist Streik!‹ Er hat es seinen Kameraden erzählt, und sie haben mich nicht aus den Augen gelassen. Was hätt ich machen sollen? Er war nicht irgendwer, er war mein Schwager, ein Verwandter... Also hab ich's aufgegeben und mir jeden Cent vom Mund abgespart.

Später, als die Streiks abgeflaut sind und die Leute wieder in die Gießerei zurückwollten, hat es keine Arbeit mehr gegeben. Alle Tage haben Fabriken schließen müssen, und das Geld ist rar geworden. Nicht nur, daß der Verdienst weg war, auch das Ersparte ist dahingeschmolzen. Ich hab überlegt und beschlossen, ich fahr zurück nach Hause, solang es noch Zeit ist, und kauf die paar Morgen Land. Hätt ich damals nur fünf mehr kaufen können, mein ganzes Leben wär anders geworden. Ich hätt sie kaufen können, wenn ich während des ganzen Streiks gearbeitet hätte, ich hätte ein Vermögen verdient. Und wer war an dem allen schuld? Mein eigener Schwager! Schlecht soll's ihm ergehen, dort, wo er jetzt ist! Ja, so ist das Leben! Manchmal beißt einen der eigene Hund ärger als ein herrenloser Köter... Hü! Brrr!...«

Die Pferde hielten auf dem Weg an, und wir gingen zu Fuß ins Gehölz. Es war ein prächtiger Wald. Ein Baum schöner, stolzer und makelloser als der andere, sie wetteiferten miteinander an Eleganz. Die Stämme waren so stark, daß man sie mit den Armen nicht umfassen konnte, und man mußte den Kopf weit in den Nacken legen, um die Wipfel zu sehen.

»Wie hoch schätzt Ihr einen solchen Riesen?« fragte ich Szyltek und deutete auf einen von ihnen.

»Mindestens an die dreißig Meter. Vorzügliches Nutzholz.«

»Der hier muß seine sechzig Lenze auf dem Buckel haben.«

»Ah! Da verschätzt Ihr Euch gewaltig!«

Der Alte, dessen Augen vor Begehrlichkeit leuchteten, musterte die Bäume ringsum auf der Suche nach dem besten und kräftigsten. Dann war sein Entschluß gefaßt. Er spuckte in die Hände, packte die Axt und fing an, mit Eifer, Schwung und wiedererwachter Jugendlichkeit auf den Fuß des Stammes, knapp oberhalb der Wurzeln, einzuschlagen. Tschak! Tschak! Tschak! Das Echo warf jeden einzelnen Axthieb zurück.

Nachdem der Stamm bis zur Mitte eingekerbt war, machten wir uns mit der Säge über die andere Seite her, dann wichen wir zurück. Der Baum schwankte, fand aber das Gleichgewicht wieder, als wollte er so aufrecht bleiben, wie er seit fast einem Jahrhundert gewachsen war. Dann neigte er sich plötzlich mit einer Art Ächzen und stürzte kraftlos ins Geäst der benachbarten Bäume, die seinen Fall für eine kurze Weile aufhielten. Schließlich schlug er in der ganzen Länge seiner dreißig Meter mit einem dumpfen Geräusch auf den Boden. Fast hundert Jahre war er gewachsen, hatte Unwettern und Stürmen getrotzt, in der Winterkälte, unter einer Schneedecke und unter der Sonne. Der Wind hatte in seinen Blättern und seinen Zweigen gespielt. Es hatte Kriege gegeben, Revolutionen, Umwälzungen. Generationen waren einander gefolgt. Er war immer an seinem Platz geblieben, im Schatten des Waldes. Und nun hatten die blitzende Schneide der Axt und der gierige Blick des Bauern in wenigen Augenblicken diesen langen Lebensfaden durchtrennt.

Das Kreischen der Säge, die dumpfen Schläge der Axt, als wir den Baum von Ästen und Rinde entkleideten, hatten den Waldhüter herbeigelockt. Doch seine Epauletten, die grüne Uniform-Mütze mit dem Abzeichen jagten niemandem mehr einen Schrecken ein. Szyltek fuhr keuchend mit seiner Arbeit fort. Unbeirrt luden wir die schweren Kloben auf den Wagen.

»Was machst du da, Alter? Warum plünderst du den Wald?« fragte der Waldhüter.

Aber seine Stimme hatte nicht mehr die hochmütige Sicherheit von einst. Sie war mehr flehend als drohend. Der

Alte wußte, daß unter Epauletten und Mütze keine Autorität mehr steckte.

»Es ist nicht *dein* Wald, den ich plündere. Schau, daß du weiterkommst!« erwiderte er und weidete sich an seinem Sieg.

»Glaub bloß nicht, daß du ungeschoren davonkommst. Du hast ein Juwel des Staatsforstes gefällt. Eines Tags wirst du dafür zahlen...«

»Für wen hütest du denn diesen Schatz so eifersüchtig? Für den Feind, der schon vor der Tür steht? Du hast wohl Angst, es könnte nicht genug für die Deutschen übrigbleiben?« konterte Szyltek.

Er war nicht mehr zu bremsen und setzte spöttisch hinzu:

»Ts, ts, ts! Es gibt keine Gesetze mehr, keine Strafen, keine Richter, keine Verfügungen, keine Herren, keine Kandare, an die man die armen Leute legen kann! Lobe den Herrn, meine Seele, der Mensch ist frei, der Wald gehört dir! Ts, ts, ts! Die goldenen Knöpfe haben ihren Glanz verloren, Epauletten und Uniform haben ausgedient! Der große Chef der Forstverwaltung versteckt sich in Zivilkleidung in der Hütte des Waldhüters. Morgen wird es neue Goldknöpfe geben, ein anderes Joch, das vielleicht noch härter, noch schlimmer ist für die armen Leute. Aber inzwischen, solange man frei atmen und sich regen kann, wollen wir diesen Vorteil nutzen. Heute gehört der Forst mir!«

Und in der Tat plünderten alle Dörfler den Forst und stapelten die Klötze in den Höfen. Die Flüchtlinge gruben Unterstände rings um die Häuser, denn die stählernen Vögel kreuzten immer häufiger am Himmel. In der Nacht hörte man bis in die Betten hinein deutlich in der Ferne den dumpfen Donner der Kanonen. Ein noch viel beunruhigenderes Geräusch für diejenigen, die in den halboffenen Scheunen im Heu schliefen.

Von der zweiten Woche an hörte der Geschützlärm überhaupt nicht mehr auf. Alle versuchten zu erraten, aus welcher Richtung er kam:

»Von Norden, bestimmt aus Włocławek«, sagte der eine.

»Ich glaube eher, er kommt von jenseits der Weichsel, aus der Gegend von Płońsk«, sagte der andere.

»Płońsk! Daß ich nicht lache! Dort gibt es doch nichts, was auch nur einen Schuß Pulver wert wäre! Nein, er kommt von Modlin, von der Festung her«, widersprach ein Dritter.

Niemand konnte sich vorstellen, daß der Kampf bereits ganz in der Nähe tobte, bei Kutno, wo die eingeschlossene polnische Armee einen Ausfall versuchte. Wie hätten wir es auch wissen sollen, waren wir doch von der Welt abgeschnitten seit unserer Flucht in die Wälder. Unmöglich, eine Zeitung zu bekommen, die Verbindungen mit der Stadt waren unterbrochen, seit die Brücken über die Weichsel gesprengt worden waren, und kein Mensch im Dorf besaß ein Radio.[1]

Wir verbrachten die Tage vor den Hütten und ließen uns von der Sonne wärmen. Auch versammelten die Juden sich untereinander, um zu politisieren, doch am Ende waren sie ebenso gescheit wie am Anfang. Man tauschte Vermutungen und Meinungen aus, stellte Hypothesen auf. Die unterschiedlichsten Gerüchte waren im Umlauf, ohne daß jemand ihre Quellen kannte. Ein Bauer aus dem Nachbardorf hatte erzählt, der polnische Rundfunk funktioniere nicht mehr, weil der Sender von…[2] bombardiert worden sei. Eine andere Meldung behauptete, die Leute, die in Richtung Warschau geflüchtet waren, seien wieder zurückgekommen, denn vor den Toren der Stadt stünden… die Deutschen! Natürlich glaubte niemand wirklich an diesen Klatsch.

»Im letzten Krieg sind die Deutschen auf einer anderen Straße nach Warschau vorgerückt. Damals haben sie ein Jahr gebraucht. Also, selbst im Eiltempo müßte ihr Vormarsch mindestens sechs Monate dauern…«, berechnete jemand und

1 Die deutschen Truppen haben Płock am 9. September 1939 eingenommen.

2 Im Manuskript unleserlich.

schloß mit den Worten: »Das alles sind nur Bauernsprüche und Ammenmärchen!«

Für diesen Tag war alles gesagt.

»Vergeßt vor allem nicht, daß morgen der Vorabend von Rosch Haschana[1] ist. Wir wollen bei Hersch Mendl ein Minjen[2] veranstalten«, erinnerte ein anderer Jude.

»Ach! Was für ein Unglück! Rosch Haschana!«

»Kannst du etwas daran ändern?«

»Nein, du hast recht, wir wollen uns nicht versündigen!«

»Viel Glück!«

»Auf Wiedersehen!«

»Ein gutes Neues Jahr!«

1 Jüdisches Neujahrsfest

2 Eine Gruppe von zehn Männern, die zur Abhaltung des Gottesdienstes zusammenkommen muß.

Siebentes Kapitel

Ein trauriges Fest

Der erste Tag des Rosch Haschana war grau in grau angebrochen, der Himmel bedeckt, das Wetter unbeständig: Wird es regnen? Wird es nicht regnen? Die Kühle, die durch die Ritzen zwischen den Brettern des Schuppens hereinwehte, drang bis auf die Knochen. Sie kündigte den Herbst an. Ich grub mich tiefer ins Heu, zog die Decke höher und wickelte mich fest hinein, um mich in meiner Untätigkeit warm zu halten, ich dachte an nichts, ich träumte von nichts, lauschte nur friedlich dem Flüstern der Bäume, dem Rascheln des Windes im Dachstroh und den gewohnten Geräuschen. Irgendwo muhte eine Kuh, die alte Szyltek zankte sich im Hof mit ihrer Tochter, ein Huhn gackerte in der Scheune. Mein Geist war betäubt, eingeschlafen, meine Augen waren halb geschlossen.

Plötzlich brach ein Lärm los, ein Getümmel, Stimmen schrien durcheinander. Die Szyltek schickte erschrocken die Tochter ins Haus zurück. Der Alte kam in die Scheune gestürzt, er war außer sich und zog die Tür hinter sich zu, als wollte er sich verstecken. Nervös zerrte er unablässig an dem Strick, der seine Hose festhielt, und spähte durch die Ritzen in der Bretterwand.

Ich trat zu ihm und sah nun, in wenigen Metern Entfernung, sechs Soldaten nebeneinander über die Wiese marschieren, die Gewehre unterm Arm, Mündung schußbereit nach vorn. Im Koppel ihrer graugrünen Uniformen steckten Handgranaten, der Rand der Stahlhelme war vorne hochgebogen. Kein Zweifel, das war ein deutscher Spähtrupp.

Sie machten vor dem Nachbarhaus halt, brachten eine Zündholzschachtel zum Vorschein und lasen, was darauf geschrieben stand. Es war der Name eines Weilers, den sie gesucht hatten. Sie zogen sofort in der angegebenen Richtung ab. Die Bauern und Bäuerinnen kamen aus dem Staunen gar nicht mehr heraus: Man mußte sich wirklich in der Gegend auskennen, sein ganzes Leben hier verbracht haben, um den Namen dieses Nests am Waldrand zu kennen. Wie zum Teufel hatten sie ihn erfahren? Und er war noch dazu auf eine Zündholzschachtel geschrieben! Verflucht schlaue Kerle…!

An jenem Tag wurden keine weiteren Deutschen gesichtet. Aber der Geschützdonner nahm zu, er war ganz nah. Die Leute verbargen sich in den unterirdischen Schutzräumen. Bei Einbruch der Nacht sah man, wie der Himmel über dem Wald sich rötete. Helle Flammen schossen über die Bäume hoch, verblaßten und erloschen. Dann wurde alles wieder dunkel. Von irgendwoher hörte man aus der Nacht plötzlich Motorengeräusch. Die Juden, die mit mir im Unterstand waren, besprachen sich untereinander:

»Hörst du das?« sagte der eine.

»Dumme Frage!« sagte der andere.

»Kuriose Gäste haben wir zum Fest!«

»Die Pest soll sie holen!«

»Ich versteh nicht, wie sie mit Autos durch den Sand fahren können.«

»Sie haben besondere Fahrzeuge, mit Reifen wie Traktoren.«

»Was wird sein?«

»Was soll ich dazu sagen? Gott ist groß, soll er sich was ausdenken!«

Ein Neuankömmling betrat den Unterstand, ein Bauer aus der Nachbarschaft. Er kam von der Mühle von Kszywy, die von der polnischen Armee requiriert worden war. Der Bauer hatte ein paar Tage dort verbracht. Auf dem Heimweg war er Deutschen begegnet, dann, ganz nah bei Sendin, hatte er polnische Soldaten getroffen, die in Richtung auf das Dorf marschierten, wo sie nach Eßbarem suchen wollten. Die Front war in Bewegung.

Die Deutschen mußten sich auf den Pfaden verirrt haben,

denn alles war wieder still geworden. Dann jaulten die Motoren wieder auf. Der Wind trug uns aus dem Wald das Echo zu. Die Geschütze antworteten einander mit steigender Heftigkeit. Die Angst, die in unserem Unterstand herrschte, erstickte jedes Wort. Kinder, die auf den Knien ihrer Mütter eingeschlafen waren, begannen zu weinen.

Drei Nächte verbrachten wir in diesem Erdloch. Unsere steif gewordenen Beine hatten zu schmerzen begonnen. Ich beschloß, hinauszugehen und mich in der Scheune hinzulegen. Wenn eine Granate einschlüge, hätte ich eben Pech gehabt, sie würde mich töten! Aber das war mir egal, ich wollte schlafen, schlafen. Nichts als schlafen!

Die Geschütze donnerten die ganze Nacht. Die Scheune zitterte. Mit Tagesanbruch wuchs der Lärm noch an. Die Granaten pfiffen über das Dach, sie schlugen ganz in der Nähe am Waldrand ein, man hörte deutlich das Krachen von Bäumen und Ästen.

Ich hatte mich in den Kleidern hingelegt. Jetzt sprang ich von meinem Lager auf, kletterte über das Heu und lief hinaus. Über meinem Kopf pfiffen die Geschosse. Ich hatte kaum Zeit, wieder in den Schutzraum zu stürzen. Die Granate explodierte direkt davor, der Raum füllte sich mit beißendem Pulvergeruch, alles schwankte. Man hörte »Schema Israel!« und »Jesus Maria!« rufen. Aber was halfen die Stoßgebete?

Im Dorf gab es keine weiteren Detonationen. Lange nachdem es wieder ruhig geworden war, verließen wir unsere Höhle. Vor dem Ausgang gähnte ein runder Krater, dessen Ränder mit Metallsplittern übersät waren. Das Haus war beschädigt, die Fensterscheiben waren zerbrochen, zersplitterte Bäume bedeckten den Erdboden. Jemand kam mit der Meldung, daß im Hohlweg ein paar tote Soldaten lägen. Und daß überall im Wald Munition und Waffen verstreut seien. Die verstörten Menschen gingen zurück in ihre Häuser und schlossen sich ein.

Nach diesen Vorfällen wußten wir tagelang nicht, was in

der Welt vorging. Wir waren völlig isoliert. Ein Bauer erzählte, einer seiner Nachbarn habe mit einem deutschen Soldaten gesprochen und von ihm erfahren, die Truppen seines Landes stünden bereits vor Warschau. Die Leute fragten sich: War das möglich? War es eine Falschmeldung? Wo war denn die Front? Was ging im Westen vor? Was taten die Engländer, die Franzosen? Was sagte die Welt? Wenn man nur wüßte... Dutzende und Aberdutzende von Fragen harrten der Erklärung und der Antwort, aber Sendin war so abgelegen, so völlig isoliert.

Die Tage wurden kürzer und kühler. Bei Einbruch der Nacht hatten die Nachbarn sich in Szylteks großer Küche versammelt, die durch eine von der Decke hängende Petroleumlampe erhellt wurde. Im Herd knisterte das Feuer. Die Alte hatte gerade das Brot aus dem Backofen genommen. Sie streichelte die großen Laibe so liebevoll, als handelte es sich um etwas Lebendiges, dann reihte sie die Brote auf einem Brett auf. Ihre Tochter, ein junges Ding mit grünen Augen und üppigem Busen, machte sich ebenfalls am Backofen zu schaffen, ihre Pausbacken waren lebhaft gerötet. Sie schob ein Blech mit kleinen grünen Birnen hinein und zog es wieder heraus, als die Früchte braun, weich und schrumpelig waren wie die Haut einer alten Frau. Die Gäste verzehrten die noch warmen Birnen mit großem Appetit. So gestärkt, lauschten sie der Erzählung eines Bauern:

»Heute war ich in Gostynin, weil ich ein Stück Seife und ein bißchen Salz gebraucht habe. Ich hab ein paar Dutzend Eier zum Verkaufen mitgenommen. Ich komm zur Fahrstraße, nah beim Dorf, alles voller Deutscher! Kein einziges Pferd, aber Autos über Autos, manche mit Kanonen drauf. Der Marktplatz im Dorf ist schwarz vor lauter Leuten. Die neuen Herren haben alle Juden zusammengetrieben. Ich schau hin, und was seh ich? Die ganze Sippschaft liegt auf dem Boden, Gesicht nach unten. Ich hab nicht abwarten wollen, was sie mit ihnen anfangen. Ich hab mich wieder verzogen, mitsamt meinen Eiern. Wozu hätt ich sie verkaufen sollen? Es hat keine Seife gegeben, keinen Tabak! Sollen meine Kinder sie essen…«

Der alte Szyltek schlurfte düster und zornig in der Küche auf und ab. Er ließ die nackten Sohlen über den Boden schleifen und zerrte, wie immer, wenn er ärgerlich war, mechanisch an der Schnur um seinen Hosenbund. Unter dem dichten Schnauzbart brummelte er:

»Sie krächzen, sie krächzen wie Raben, die Unglück ankündigen.«

Er wollte damit seine Furcht bannen. Denn seine Gäste und die Nachbarn berichteten schreckliche Dinge:

»Ein Bauer wollte einen polnischen Soldaten begraben, der im Kampf gefallen war. Die Deutschen haben ihn dafür erschossen«, erzählte der eine.

»Der Pfarrer von Soczewka ist gezwungen worden, ein Grab zu schaufeln. Als er fertig war, ist er vor Erschöpfung ohnmächtig geworden und hat zum Lohn für seine Mühe eine Kugel gekriegt. Das Grab war für ihn gewesen…«, berichtete ein anderer.

Mehrere Bauern bestätigten diese Geschichte. Sie bekreuzigten sich und schworen bei allen Heiligen, sie hätten mit eigenen Augen einen Zipfel der Soutane aus dem Grab herausragen sehen…

Aber am meisten hatte der Mann von der Stadtverwaltung zu erzählen, der erst an jenem Tag nach Sendin gekommen war. Er hatte sich wie alle anderen mit seinem Gespann auf den Weg gemacht, sein Ziel war eigentlich Warschau gewesen. Aber er kam nur bis Sochaczew, denn die Deutschen verfolgten die Trecks, bombardierten die Straßen und schossen mit automatischen Waffen auf die Flüchtenden.

»Wer das nicht hat mitansehen müssen, lebt doppelt so lang!« seufzte er. »Die Straße ist von Leichen übersät. Alle umliegenden Gemeinden sind in Flammen aufgegangen, es ist nichts übriggeblieben. Gąbin, wo die größte Anzahl Juden Zuflucht gefunden hatte, ist ein riesiger Friedhof. Der Feind muß erfahren haben, daß sich dort ein Nest von Flüchtlingen befand, er hat sich wie wild auf den Ort gestürzt, ihn Tag und Nacht bombardiert. Am schlimmsten hat es die Menschen getroffen, die in den Kellern Schutz gesucht hatten: Sie wurden unter den eingestürzten Häusern begraben. Hunderte und Aberhunderte von Menschen sind in diesen neuartigen Familiengrüften umgekommen. Die Flugzeuge brummten über den Himmel, die Dörfer standen in Flammen. Aus den Häusern drangen erstickte Hilferufe. Aber da war nichts zu machen. Und als hätte Gǫbin noch nicht genug gelitten, haben es die Deutschen ein paar Tage, nachdem sie es eingenommen hatten, aufs neue in Brand gesteckt, zuerst die Synagoge und danach sämtliche Wohnviertel.«

»Was hat Euch bewogen, hierher nach Sendin zu kommen?« fragte ich ihn.

»Nach all dem, was ich gesehen hatte, habe ich für mich und meine Familie ein Mauseloch gesucht, wo wir uns verstecken könnten. Ich glaube, hier habe ich es gefunden, in diesem entlegenen Winkel inmitten der Wälder, hier ist es am sichersten...«

Was konnten wir tun? Selbst die Gojim waren von Angst vor den Deutschen erfüllt. Und erst die Juden! Was alle dachten, schrie Strach laut heraus:

»Lieber hier vor Hunger krepieren, als in die Stadt, in die Höhle des Löwen gehen!«

Es war also beschlossene Sache, wir würden auf dem Land bleiben!

Alle Birnen waren aufgegessen. Das lange Zuhören hatte uns müde gemacht, aber wir erhofften die Rückkehr des Boten, der uns Neuigkeiten aus der Stadt bringen sollte. Wir mußten nicht mehr lange warten. Der Bote kam, gefolgt von der Hälfte der Dorfbewohner, die sich in einem dichten Kreis um ihn drängten. Jeder hatte etwas zu fragen. Aber was er sagte, verschlug allen die Rede:

»Zuerst hat man die Kranken und Alten der Stadt festgenommen, um sie als Geiseln zu benutzen, dann kam der Befehl, alle Läden zu öffnen. Da der größte Teil der Bewohner geflüchtet war, wurden die Türen aufgebrochen und die Geschäfte geplündert. Die Menschen, die nach Gębin geflohen sind, haben eine Hölle durchlebt: Bombardierungen, Brände. Ganze Familien wurden unter den Trümmern begraben.«

»Mein Gott! Wer? Die Namen!« verlangten die Anwesenden.

»Das dürft ihr mich nicht fragen, die kann kein Mensch sich alle merken!«

Dennoch ergoß sich eine Sintflut von Namen über den Boten, die Namen von Freunden, von Verwandten, von Kindern.

»Mein Gott! Milman, sagt Ihr, sei tot! Welcher Milman?«

»Alle Milmans, die Mutter, die Söhne, die Töchter, die Schwiegersöhne, die Schwiegertöchter, die weitere Verwandtschaft, ein einziges Grab für die ganze Familie!«

»Wißt Ihr irgend etwas von den Szyberts?«

»Das Fräulein Szybert hat man noch nach Płock zurückbringen können, aber sie ist tot.«

»Wie das? Sie ist mit mir nach Sendin gegangen, dann hat sie es sich anders überlegt und ist wieder umgekehrt.«

»Ihre Reise ist zu Ende! Jetzt wollen alle wieder zurück, aber es wird niemand mehr über die Weichsel gelassen. Sämtliche Juden sind festgenommen und auf der beschädigten Brücke zusammengetrieben worden, niemand weiß, was mit ihnen geschehen wird. Seit gestern stehen sie unter Bewachung dort, ohne Essen oder Trinken. Man hat ihnen die Taschen geleert, sie bis auf die Unterwäsche ausgezogen. Sie wissen nicht, was sie erwartet. Die Gojim, die aus entfernteren Gegenden zurückgekommen sind, erzählen, daß die Deutschen jetzt mit den Juden aufräumen. An manchen Orten sind sie in die Synagogen gesperrt worden, und dann hat man Feuer gelegt. Wer versucht hat, durch die Fenster zu entkommen, ist erschossen worden. Anderswo haben die Deutschen sie eingefangen und irgendwohin verfrachtet. Niemand weiß, was aus ihnen geworden ist.«

»Kann denn nach alledem noch ein Mensch glauben, daß es einen Gott im Himmel gibt?« schrie Strach.

Der fromme Rabbi Mayer geriet darüber außer sich:

»Strach, für diese Worte verdient Ihr die Peitsche!«

Ein paar junge Männer mischten sich ein:

»Und wer soll ihn auspeitschen?« fragte einer.

»Der Allmächtige!«

»Der Allmächtige wird Strach auspeitschen? Ihn wirklich auspeitschen? Und wofür? Bisher ist noch kein einziger Jude durch Strachs Schuld umgekommen, hingegen läßt Er dort oben zu, daß Tausende von Unschuldigen ruiniert, ausgeplündert, ermordet werden!«

Das war Reb Mayer zuviel. Er hielt sich die Ohren zu, um diese gräßlichen Gotteslästerungen nicht hören zu müssen, und lief davon. Draußen hob er den Blick zum Sternenhimmel und seufzte fromm:

»Ewiger Gott, unser Herr, wenn Du die Juden nicht rechtzeitig rettest, bleiben Dir nur noch die Gojim übrig.«

Achtes Kapitel

Die Rückkehr

Was war geschehen? Noch tags zuvor hatten alle einstimmig und feierlich beschlossen, in Sendin zu bleiben und sich in diesem friedlichen Dorf versteckt zu halten. Und jetzt, kaum vierundzwanzig Stunden später, waren sie alle wieder zurück in Płock.

Und das kam so: Am frühen Morgen, es tagte gerade erst, kurz nach dem ersten Hahnenschrei, ging die Tür der Scheune auf. Ich glaubte zuerst, der Alte sei gekommen, um wie immer sein Tagewerk zu beginnen, und versuchte, wieder in die Wonnen des Schlafs zurückzusinken. Plötzlich hörte ich Strachs Stimme:

»Schlaft Ihr noch? Guten Morgen!«

»Guten Morgen! Ein gutes Neues Jahr! Wie spät ist es denn?«

»Noch recht früh. Habt Ihr nichts gehört?«

»Was gehört?«

»Das will ich Euch sagen, aber Ihr müßt versprechen, daß Ihr mich nicht auslacht. Mein Bruder kommt soeben aus der Stadt. Und wißt Ihr, was er berichtet? Die Bolschewiken sind im Anmarsch!«

»Welche Bolschewiken?«

»Na, die Russen. Sie kommen!«

»Strach! Habt Ihr so früh schon getrunken?«

»Ich schäme mich nicht, es stimmt. Ich habe schon einen Schluck getrunken.«

»Dann geht Ihr am besten wieder ins Bett!«

»Ihr glaubt wohl, ich fasle im Suff? Ich schwöre Euch, ich bin nicht betrunken. Mein Baruch ist eigens gekommen, um mich nach Hause zu holen. Die Russen werden an der Weichsel haltmachen. In der Stadt erzählt man sich folgendes: Das Ufer, auf dem Sendin liegt, wird in der Hand der Deutschen bleiben. Also, was sagt Ihr zu einer so ausgefallenen Geschichte? Ich kann es selber kaum glauben. Mein Baruch erzählt, die Stadt ist ganz durcheinander. Deutsches Geld wird nicht mehr angenommen. Baruch hat schon mit einem befreundeten Fischer ausgemacht, daß er uns über die Weichsel setzt.«

Nachdem Strach wieder gegangen war, sagte ich zu meiner Frau:

»Hast du diesen Gimpel gehört? Der schluckt einfach alles! Was mich nicht wundert, er ist ein leichtgläubiger Mensch.«

Hawa, die auf die Ellbogen gestützt im Bett saß, wirkte unsicher, ihre glänzenden Augen schweiften unruhig umher.

»Gestern«, sagte sie, »war ich mit mehreren Frauen in Sochaczew, um Brot zu kaufen. Wir haben lange vor der Bäckerei anstehen müssen. Ein paar Bauern redeten über Politik. Sie erzählten genau die gleiche Geschichte: Daß die Russen hierherkommen würden. Ich hab's natürlich nicht geglaubt. Ich dachte, man müßte schön dumm sein, um solchen Unsinn zu glauben. Aber jetzt, wo alle davon sprechen, frag ich mich, ob nicht doch etwas Wahres daran ist...«

»Das ist ganz normal«, erwiderte ich, »daß in Zeiten der Verfolgung solche Gerüchte umgehen. Zur Zeit Chmielnickis[1] zum Beispiel haben die Juden jeden Moment die Ankunft des Messias erwartet. Der menschliche Geist ist so beschaffen, er lebt von der Hoffnung.«

Aber Hawa blieb dabei:

»Ich glaube, diese Meldung muß einen wahren Kern haben. Kein Rauch ohne Feuer.«

Ein wenig später saß ich im Hof und beobachtete nachdenklich meinen Sprößling, der sich aus einem Stück Holz

1 Im Jahr 1648 erhoben sich die Kosaken der Ukraine unter ihrem Hetman Bogdan Chmelnizkij (polnisch: Chmielnicki) gegen die polnische Krone; während dieses Aufstands wurden Tausende von Juden massakriert.

und einer Schnur ein Gewehr bastelte. In der vorigen Nacht hatte ein Fuchs sämtlichen Hühnern des Waldhüters den Garaus gemacht. Der vierjährige Knirps war darüber zutiefst empört. Ich betrachtete ihn lange, ich beneidete ihn. Für ihn waren die Dinge einfach. Ein Verbrechen war begangen worden. Er konnte, durch das Spiel seiner Phantasie, mittels eines hölzernen Gewehrs seinem Zorn und seinen Rachegefühlen freien Lauf lassen. Er wußte noch nichts von jenem Gefühl völliger Ohnmacht, das uns erstickte. Blieb uns wirklich nichts anderes übrig, als uns wie das liebe Vieh widerstandslos zur Schlachtbank führen zu lassen?

Traszczyk kam schnellen Schrittes herbeigeeilt und riß mich aus meinen Gedanken. Sein Gesicht strahlte vor freudiger Erregung, die Augen blitzten. Schon von fern rief er mir zu:

»Gieß ein Glas ein, ich bring gute Nachrichten!«

Dann fuhr er atemlos vor Ungeduld fort:

»Wir sind gerettet, alter Freund. Gute Jahre werden uns bevorstehen...«

»Woher hast du das?«

»Ich hab's mit eignen Ohren gehört. Die deutschen Soldaten haben es selber erzählt. Hör dir das an: Jemand hat mir gesagt, in der Nähe der Weichsel liegt eine Kiste voll Zucker schon halb im Wasser, und die Deutschen tauschen den Zucker gegen Eier, also bin ich mit einem Korb voll Eier hingegangen. Die Deutschen haben gesagt, sie ziehen ab, und hierher kommen die Russen. Es sei ein Vertrag! Sie haben sogar die Städte genannt, wo die Russen bereits sind, aber ich hab die Namen vergessen. Nu, was sagst du jetzt? Wie es scheint, weigern sich die Leute in der Stadt, noch Reichsmark anzunehmen...«

Händereibend verließ mich Traszczyk, um die große Neuigkeit im ganzen Dorf zu verbreiten. Aber die Neuigkeit war schon keine mehr. Die Leute waren im Bilde und bereiteten ihre Heimkehr vor. Sie waren geneigt, die Sache für wahr zu halten, wollten aber doch noch abwarten, was sich in der Stadt, jenseits der Weichsel, tun würde.

Schließlich sind wir alle aufgebrochen. Unterwegs wurde lebhaft debattiert:

»Was sagt denn Ihr dazu?«

»Ich sage, die Geschichte ist zu schön, um wahr zu sein.«

»Warum sollte sie nicht wahr sein? Im Krieg können Wunder geschehen.«

»Euer Wort in Gottes Ohr!«

»Sukkot[1] wird ein schönes Fest, da wollen wir feiern, Ihr werdet schon sehen! Wir halten uns schadlos für Rosch Haschana!«

»Man soll das Fell des Bären nicht verteilen...«

Aber bald schon verschlug der Anblick der Zerstörungen allen die Sprache. Das Herbstgetreide war nicht geerntet worden, die abgebrannten, eingestürzten Häuser waren nur noch Ruinen. Der Straßenrand war gesäumt von schrottreifen Autos, von Karren und Tierkadavern. Pferde und tote polnische Soldaten lagen, bereits verwesend, im Straßengraben. Sie strömten einen entsetzlichen Geruch aus, aber es war streng verboten, sie zu begraben. Dieses ganze von den Deutschen eroberte Weichselufer, war in Brand gesteckt worden. Tausende und Abertausende von Menschen schleppten sich hinter Karren zwischen den Schutthaufen dahin, alle fest entschlossen, heimzukehren, auch wenn sie kein Heim mehr hatten. Aber die Fähren konnten nur einen winzigen Teil der zahlreichen Wagen an Bord nehmen, die Menge derer, die im verwüsteten Umland warten mußten, wuchs ständig. Man mußte sich tagelang gedulden, ehe man ein Gespann übersetzen konnte. Auf den Feldern, auf der Straße zur Weichsel bildeten sich kilometerlange Schlangen.

Bei Einbruch der Nacht wurde unter freiem Himmel Feuer gemacht, damit man eine karge Mahlzeit kochen und die steif gewordenen Glieder wärmen konnte. Die feuchte Herbstkälte drang bis auf die Knochen, Trauer und Angst bedrückten die Seelen, die Menschen blickten voll Besorgnis zum Him-

1 Laubhüttenfest

mel auf: Wenn es bloß nicht regnet! Die Mütter, deren Augen keine Tränen mehr hatten, wachten über die Kinder, die in Laken und Federbetten gehüllt waren.

In dieser düsteren Herbstnacht gingen jedem zahllose widersprüchliche Gedanken im Kopf herum und verscheuchten den Schlaf. Man dachte an alle, die auf der Straße geblieben waren, unter den Bomben, an die Söhne, die wer weiß wo an der Front standen, an die ungewisse, bedrohliche Zukunft. Es gab so viele Fragen ohne Antworten: Würde man noch ein Dach über dem Kopf haben? Hatte das Unheil die eigenen vier Wände verschont? War das Haus nicht abgebrannt? Die schweigenden Mütter drückten zärtlich ihre Kinder an die Brust, die Feuer schnitten rote Leuchten in die Nacht. Von jenseits der Weichsel hörte man das Brummen eines Militärflugzeugs. Von Zeit zu Zeit ließ jemand ein hohles und trokkenes Husten hören. Dann preßten die Mütter ihre Kinder noch fester an sich, um sie vor allen Unbilden zu schützen, um zu verhindern, daß jemand sie ihnen entrisse.

Die Politiker mögen noch so viel über die Schuld der Völker am Kriegsausbruch debattieren. Ich habe es gesehen, das Volk, in jener Herbstnacht an der Weichsel, in Masowien. Es flehte zu Gott und fluchte ihm. Wer wagt zu sagen, eine dieser Mütter habe den Krieg gewollt?

Neuntes Kapitel

Wenn der Berg nicht zum Propheten kommt…

»Die Russen rücken vor, die Russen kommen!«

Die Leute riefen einander die neuesten Meldungen zu:

»Sie sind schon in Lemberg!«

»Ich hab was von Słonim gehört.«

»Unsinn! Lemberg und Słonim? Das paßt doch nicht zusammen!«

»Und wie, bitte schön, sind sie dann nach Nowogród gekommen? Ich weiß nämlich mit Sicherheit, und da halt ich jede Wette, daß die Bolschewiken schon in Nowogród sind.«

»Also, nach dem, was ich gehört habe, sind sie sogar schon viel näher – in Brest-Litowsk und sogar in Międzyrzec.«

»Brest, Międzyrzec! Schnee von gestern! Man spricht schon von Łomża, von Ostrołęka…«

»Wie weit ist es von Ostrołęka bis zu uns?«

»Ein Katzensprung!«

»Allmächtiger! Wenn es doch stimmte!«

»Also, ich sage euch: macht euch bloß keine Illusionen!«

»Was soll das heißen?«

»Erzählt einander keine Geschichten, das wird euch später viele Enttäuschungen ersparen…«

»Warum sollten wir so mißtrauisch sein?«

»Weil es schon so lange heißt: sie kommen, sie kommen. Inzwischen müßten sie längst da sein…«

»Und Ihr…«

Der Rest des Satzes blieb unausgesprochen, denn die Menschen waren fluchtartig von der Straße in die Häuser gerannt, um sich zu verstecken. Es wurden wieder Zwangsarbeiter requiriert. Wir waren kaum in der Hauseinfahrt, wo wir uns sicher glaubten, ein wenig zu Atem gekommen, als ein Polizist erschien und die ganze Gesellschaft abschleppte. Ein paar Häuser weiter war bereits eine Gruppe Juden in der Mitte der Fahrbahn versammelt, junge und alte.[1] Die Polizei schleppte ständig weitere herbei. Als wir mehrere Dutzend waren, mußten wir uns barhäuptig in Zweierreihen aufstellen. Dann kam der Befehl:

»Vorwärts, marsch! Ein Lied!«

Marschieren, das ging ja noch, aber singen... Das konnten wir nicht!

»Ein Lied!« brüllte ein Polizist.

Die Furcht löste einigen die Zungen, und sie ließen ein Gemurmel hören, das entfernt einem Lied glich. Als die Knüppel auf die bloßen Köpfe niedersausten, wurde das Gebrumm lauter. Es war mehr ein Aufschrei als eine Melodie. Überdies stimmte jeder einen anderen Gesang an, was ihm eben gerade einfiel, der eine eine religiöse Weise, ein Arbeiter ein Revolutionslied... Das Ergebnis war eine gräßliche und grimmige Kakophonie. Diese lächerliche und demütigende Katzenmusik amüsierte die Polizisten eine Weile; bald aber hatten sie genug davon und befahlen, alle sollten gemeinsam ein »Judenlied« singen.

»Los jetzt, Juden! An die Arbeit! Alles Holz, das hier aufgeschichtet ist, muß gespalten und gesägt werden!«

Aber es war nur eine Axt und eine Säge für jeweils drei Männer vorhanden, die anderen, die nicht arbeiten konnten, standen mit hängenden Armen da. Ein Unteroffizier kam wütend herbeigestürzt:

»An die Arbeit, ihr faules Pack! Ihr Saujuden!«

Er fing an, mit der Reitpeitsche auf die Gesichter, die Nacken und die bloßen Köpfe einzuschlagen. Ein Mann erlitt eine schwere Verletzung, vermutlich von dem in Stahldraht gefaßten Ende der Lederpeitsche. Sein Gesicht war blutüber-

1 Nachdem Hitlers Verordnung vom 8. Oktober 1939 die Stadt Płock dem ostpreußischen Bezirk Ciechanów eingegliedert hatte, ging die Verwaltung von den Militärs an die Zivilbehörden (u.a. die Gestapo) über. Die Judenverfolgungen hatten begonnen.

strömt, unter dem Auge hatte sich ein großer blauer Fleck gebildet. Dennoch ließ die Bestie nicht von ihm ab:

»An die Arbeit! Was steht ihr hier herum und gafft, verdammte Judenbande!«

»Wir würden ja gern arbeiten, aber gebt uns etwas zu tun!« entgegnete der Unglückliche.

»Schnauze, lausiges Judengesindel! Und du, du hast die Frechheit, einem deutschen Soldaten zu sagen, was er zu tun hat. Los, komm sofort mit!«

Schäumend vor Wut, führte er den armen Mann ab. Wir standen da, starr vor Angst, mit pochendem Herzen, und ballten die Fäuste, mußten sie indes bald wieder öffnen, um uns das Blut von den Gesichtern und Kleidern zu wischen.

Am Nachmittag, nach der »Arbeit« wurden wir nach Hause geschickt, blutverschmiert, mit Beulen und Wunden bedeckt. Ein feiner und durchdringender Herbstregen hatte den Boden zu Schlamm aufgeweicht. Die polnische Bevölkerung hatte sich in einer Straße versammelt, wo deutsche Soldaten ein paar alte bärtige Juden festhielten. Wie hatten die Greise es fertiggebracht, ihre Bärte zu retten? Es war ein Wunder! Auf die Bärte hatten es die Deutschen doch ganz besonders abgesehen... Hier hatten sie einen guten Fang gemacht: Sie hatten diese vier oder fünf alten Männer gefunden, die ihre Gebetsmäntel und ihre T'fillin[1] trugen. Sie führten ihre Gefangenen durch die ganze Stadt, zwangen sie, Gebetsmäntel und T'fillin durch jede Wasserpfütze zu ziehen und mit Schlamm zu besudeln. Die Gesichter der Greise waren leichenblaß. Alles Leid des Exils sprach aus ihren Augen.

Unter ihnen erkannte ich den frommen Reb Mayer. Er hatte sich mehrere Tage lang in einem Speicher versteckt, das Gesicht mit einem Schal umwickelt, als hätte er Zahnschmerzen, um die Heiligkeit seines Barts zu beschützen. Und jetzt wurden die geheiligten Gebetsriemen geschändet, durch den

1 Phylakterien, auch Gebetsriemen oder Denkzettel (Matth. 23, 5)

Schlamm gezogen, der Gebetsmantel und seine Schaufäden verhöhnt! Es schmerzte ihn mehr, als wenn man ihn auf der Stelle in Stücke gehauen hätte. Er wirkte wie ein Toter, aber diejenigen, die neben ihm hergingen, konnten sehen, wie er die Lippen bewegte, und konnten ihn flüstern hören: »Gott, es sind Heiden in Dein Erbe gefallen; sie haben Deinen heiligen Tempel verunreinigt...«[1]

Die Nacht kam sehr schnell. Von nun an herrschte Ausgehverbot. Die Nachbarn versammelten sich bei mir, um die Lage zu erörtern. Sie seufzten:

»Wie soll man so etwas ertragen?« sagte einer.

»Ich gebe auf, ich kann nicht mehr«, sagte ein anderer.

Junge Männer mischten sich ein:

»Wir müssen aufhören zu jammern, wir dürfen den Mut nicht verlieren! Je tiefer man unsere Köpfe beugt, um so höher müssen wir sie tragen. Man darf vor dem Feind nicht schwach werden...«

»Hört ihn euch an, den stolzen Redner!« spottete ein älterer Mann. »Wie sollen wir überleben, wenn man unserer armen Gemeinde eine Abgabe von einer Million Złoty auferlegt und die Boten, die unser Geld, unser Gold, unseren Schmuck und alles, was wir besitzen, als Anzahlung überbringen, unterwegs buchstäblich abgeschlachtet werden? Wir wissen nicht einmal, ob die Geiseln im Gefängnis noch am Leben sind.«[2]

»Das Jammern führt zu nichts. Ein Soldat, der weinend in den Kampf zieht, kehrt niemals als Sieger zurück.«

»Aber wir sind die Schwächsten der Schwachen, wir haben keine Möglichkeit, uns zu wehren, ein Windhauch kann uns umblasen...«

»Das Schilfrohr widersteht dem Sturm besser als die Eiche.

1 79. Psalm, 1. Vers

2 Am 15. Oktober 1939 wurden 10 Notabeln aufgefordert, einen Tribut von 1 Million Złoty beizubringen. Drei von ihnen wurden als Geiseln behalten und geschlagen. Schließlich wurde die Hälfte der Summe aufgebracht, und die Geiseln kamen frei.

Die eine bricht, das andere beugt sich und richtet sich wieder auf, sobald das Unwetter vorbei ist...«

»Wirklich schöne Worte, um die Opfer zu trösten und den Unglücklichen einen Hoffnungsstrahl zu schenken. Glaubt Ihr wirklich an Eure Reden? Woher können wir auch nur die geringste Hilfe erwarten? Aus dem Osten vielleicht?«

Alle dachten an den Osten:

»In Lublin wurden Stalin an den Festtagen in allen Lernhäusern, in allen chassidischen Bethäusern Ovationen dargebracht«, sagte ein Mann.

»Wir würden den Boden küssen, über den die Soldaten der Roten Armee marschiert sind! Aber wann bekommen wir sie wohl zu sehen?« rief ein anderer.

Diejenigen, die so redeten, waren alles andere als Kommunisten; sie waren Händler, kleine Fabrikanten, fromme gläubige Menschen. Und sie beteten um den Sieg der Russen!

Der Mensch lebt von der Hoffnung: Stündlich kamen neue Gerüchte in Umlauf. Es hieß, die Deutschen würden aus der Stadt abziehen und sie den Russen überlassen. Jedes Gerücht war immer noch fabelhafter als die vorhergegangenen.

Ein Mann kam gerannt und stieß in einem einzigen Atemzug hervor, er schwöre bei seinem Leben und beim Leben seiner Kinder, daß er im Stadtgefängnis fünf Soldaten der Roten Armee gesehen habe. Er wurde gefragt:

»Wie waren sie gekleidet?«

»Schwarz. Lange schwarze Militärmäntel und rote Armbinden mit einer Art rotem Stern darauf.«

Aber wie sollte man wissen, ob die Rote Armee wirklich kam?

Ein anderer berichtete, einer seiner Nachbarn habe einen Brief aus...[1] erhalten: eine Vorhut der russischen Armee sei dort durchgekommen. Die Soldaten hätten die Stadt besichtigt und ehe sie wieder abzogen versprochen, daß ihre Truppen sie jeden Augenblick besetzen würden.

1 Der Name des Orts ist im Manuskript unleserlich.

Anderntags in aller Frühe sah ich einen Mann vor seine Tür treten und sich zuerst nach rechts, dann nach links umsehen. Ich trat zu ihm. Da er keinen Deutschen erblickt hatte, fragte er mich mit klopfendem Herzen:

»Junger Mann, ist es wahr, daß die Deutschen während der Nacht abgezogen sind?«

Ich hatte Lust, ihn zu beschimpfen, aber kann man einem Dummkopf böse sein?

An jenem Tag schien die Stadt auf die unmittelbar bevorstehende Ankunft des Messias zu warten. Man sah viele Lastwagen auf der Straße. Was hätte das bedeuten sollen, wenn nicht den Rückzug der Deutschen? Später, bei Einbruch der Nacht, wurden Plakate angeschlagen, des Inhalts, daß alle Volksdeutschen, die für den Zivilschutz rekrutiert waren, sich unverzüglich, vor zwanzig Uhr, bei der Kommandantur einzufinden hätten. Wer bisher noch gezweifelt hatte, mußte jetzt eines Besseren belehrt sein: Es gab keinen Zweifel mehr, sie würden noch in dieser Nacht die Stadt räumen! Hoffentlich gingen sie zum Teufel!

Triumph leuchtete aus den Blicken der Frauen, die ihnen wünschten, sie möchten die Verbrechen, die sie gegen das Volk Israel begangen hatten, bitter büßen müssen. Wer immer in der Nacht Motorengeräusch hörte, sprang aus dem Bett; Läden und Fenster wurden aufgerissen. Jeder wollte sehen, wollte endlich sehen, wie die Banditen die Flucht ergriffen.

Aber nach Ablauf einiger Tage hatte sich nichts geändert. Die Stromleitungen über die Weichsel wurden repariert, und in der Stadt gab es wieder elektrisches Licht. Man stürzte an die Radioapparate und erfuhr, daß die deutsch-russische Front entlang des Bug verlaufe. Unsere Köpfe blieben auf dem Henkersblock!

Ein junger Mann rief die alte Weisheit:

»Wenn der Berg nicht zum Propheten kommt, dann wird der Prophet zum Berge kommen!«

Zehntes Kapitel

Zur Heimat, nach Białystok

Fünf Uhr morgens. Es war noch sehr dunkel, aber auf der Straße herrschte schon reges Leben. Die Leute eilten zur Kommandantur. Vor der Tür hatte sich bereits eine lange Schlange gebildet, und die Menge der Wartenden wuchs unaufhörlich weiter, obwohl die Amtsräume erst gegen acht oder neun Uhr geöffnet wurden und nur die Leute, die nah am Eingang standen, eine Chance hatten, noch am selben Tag vorgelassen zu werden.

Der Wind drang bis auf die Knochen, und vom langen Stehen in der herbstlichen Kälte schwollen die Füße an, man schlug sie zum Aufwärmen gegeneinander und drückte sich schutzsuchend dicht an die Mauer. Um sich die Zeit zu vertreiben, schloß man Bekanntschaft:

»Wohin möchtet Ihr Euch einen Passierschein ausstellen lassen, nach Białystok?«

»Selbstverständlich! Wohin soll ich denn sonst gehen? Alle gehen nach Białystok.«

»Und wann wollt Ihr aufbrechen?«

»Ich weiß nicht einmal, ob ich überhaupt aufbrechen werde.«

»Warum verschwendet Ihr dann hier Eure Zeit?«

»Kein Mensch weiß, was morgen sein wird. Wenn Passierscheine ausgestellt werden, soll man sich einen besorgen. Vielleicht braucht man ihn.«

Als später die Tür geöffnet wurde und die ersten vier Personen eintreten durften, fanden sie sich vor vier Schreibtischen, hinter denen vier deutsche Angestellte saßen. Fragen und Antworten waren immer die gleichen:

»Reiseziel?«

»Zur Heimat.«

»Ort?«

»Białystok.«

Nach diesen ersten vier wurden weitere vier Personen eingelassen, dann wiederum vier und so fort. Und es war immer der gleiche Refrain: »Zur Heimat, nach Białystok.« Einer der Angestellten, der allmählich genug davon hatte, legte die Feder nieder und wandte sich an den Mann, der vor dem Nachbartisch stand:

»Mir scheint, ein ganzer Schwarm von Juden aus Białystok ist hier eingefallen! Stammt ihr alle von dort? Was hat euch hierher geführt?«

Aber ein anderer Deutscher mischte sich ein:

»Der Teufel soll sie holen! Meinetwegen können sie nach Honolulu fahren, nach Schanghai, Hauptsache, sie verduften! Und vor allem auf Nimmerwiedersehen!«

Als erste reisten die ledigen jungen Männer und Mädchen und die kinderlosen Ehepaare ab.[1] Die Bürger gaben sich den Anschein, sie zu beneiden:

»Die haben Glück«, seufzte der eine, »denn für sie ist die Sache einfach: sie schultern ihr Bündel Elend und hauen ab! Sobald sie die Grenze passiert haben, sind sie frei, gerettet. Aber für unsereins ist es viel schwieriger. Sollen wir vielleicht ein Geschäft, eine Werkstatt, eine Fabrik zurücklassen und uns aus dem Staub machen?«

»Gebe Gott, daß wir uns noch lange wegen unseres Besitzes Sorgen machen können«, seufzte ein anderer. »Damit dürfte es wohl bald vorbei sein.«

»Glaubst du wirklich, daß man unsere Betriebe konfiszieren wird?«

»Hast du denn die Plakate nicht gelesen, die heute angeschlagen worden sind? Darauf steht: ›Zum Zweck einer Be-

1 Zwischen Oktober und Dezember 1939 sollen 2000 junge Juden aus Płock nach Osten geflüchtet sein. Entnommen aus Jan Przedperski, *Märtyrertum und Heroismus der Juden von Płock während des Zweiten Weltkriegs*, 1989 (Dissertation in polnischer Sprache).

standsaufnahme ordnet der Chef der Zivilverwaltung an, daß alle jüdischen Geschäftsleute, Handwerker und Fabrikanten eine vollständige Liste ihrer Waren einreichen. Der Verkauf ist untersagt. Die Läden bleiben während der für die Inventur notwendigen acht Tage geschlossen.‹[1] Was sagst du nun?«

»Ich glaube nicht, daß die Läden in Bausch und Bogen konfisziert werden. Schlimmstenfalls kaufen sie die Waren zu einem lächerlichen Preis auf. Die Deutschen sind sehr ordnungsliebend, bei ihnen gibt es keinerlei Bolschewismus. Deutschland ist ein kapitalistisches Land, in einem kapitalistischen Regime ist das Privateigentum ein geheiligtes Recht.«

»Weil ihr gerade von Recht sprecht, muß ich euch etwas zeigen«, mischte ein dritter sich ein und zog eine deutsche Zeitung aus der Tasche. »Lest, wer das hier geschrieben hat.«

Alle beugten sich über die Zeitung.

»Doktor Frank!«

»Ja, der deutsche Justizminister.[2] Lest doch, wie er das Recht definiert. ›Recht ist alles, was dem deutschen Volk nützt. Alles, was nicht dem deutschen Volk dient, ist Unrecht.‹...«

»Pah! Ihr wißt doch, was die Zeitungen alles schreiben...«

Bald danach hatte die Debatte ein Ende gefunden. Als nach Ablauf der Woche die Geschäftsleute die Listen ihrer Bestände einreichten, wurde ihnen befohlen, auch die Schlüssel abzuliefern. Auf die Ladentüren wurde in plumpen, fetten Lettern geschrieben: JUDE – GESCHLOSSEN, und an den Hauswänden erschien folgende Kundmachung:

Die Juden sind Schmarotzer und Wucherer, ihre Vermögen sind durch Betrug und Diebstahl erworben. Daher hat die Behörde beschlossen, ihre Geschäfte zu beschlagnahmen und

1 Erfassung jüdischen Besitzes, 20. Oktober 1939

2 Hans Frank, Reichsminister der Justiz und Generalgouverneur in Polen

ihnen die Ausübung aller freien Berufe zu verbieten. Der Besitz von Arbeitsgeräten wird strengstens bestraft.

Vor den Plakaten standen Gojim und äußersten ihren Beifall:

»Ein Hoch auf den Deutschen! Unsere polnische Regierung hat es nie geschafft, die jüdische Konkurrenz auszuschalten. Er, als wahrer Führer, regelt die Sache im Handumdrehen!«

Sie wußten noch nicht, daß ihnen ein paar Wochen später ein ähnliches Schicksal widerfahren sollte.

Die Warteschlangen der Menschen, die sich Passierscheine besorgen wollten, wurden immer länger. Jeder zweite Passierschein lautete auf Białystok. Wenn zwei Juden einander begegneten, spielte sich meist folgender Dialog ab:

»Wann reist Ihr ab?«

»Am liebsten würde ich sofort abreisen, aber das geht nicht so schnell, nicht einfach so! Man hat mir mein Geschäft weggenommen. Nur die Einrichtung ist mir geblieben. Ich kann die Sachen nicht einfach zurücklassen. Glücklich der Arbeiter, der nichts zu verlieren hat: Er nimmt seinen Wanderstab, seine dreieinhalb Hemden, macht sich zu Fuß auf zur Grenze, und damit hat sich's... Heutzutage ist er der Glückspilz...«

»Da habt Ihr wohl recht! Nicht umsonst heißt es: ›Allzu viel ist ungesund‹.«

Der »rettende Engel« zögerte nicht, die Juden von all diesen kleinlichen Sorgen zu entbinden... und zwar mitten in der Nacht. Sämtliche Türklingeln begannen auf einen Schlag zu läuten. Die Menschen sprangen aus ihren Betten, preßten die glühende Stirn an die kühlen Fensterscheiben und versuchten, die Dunkelheit mit den Blicken zu durchdringen. Geheimnisvolle Schatten bewegten sich durch die Straßen. Dann hörte man das metallische Geräusch von Schlüsseln, die in Türschlössern stocherten, und das Knarzen der Treppenstufen unter schweren Stiefeln. Das Unheil näherte sich unerbittlich, wie eine Schlange ihrer Beute. Die Kehlen waren wie zugeschnürt und brachten nur mühsam diese drei Wörter hervor:

»Wer ist da?«

»Aufmachen, ihr Saujuden!«

Auf den Türschwellen erschienen SS-Offiziere in schwarzen Uniformen, begleitet von Zivilisten, Besatzern aus den umliegenden Dörfern. Sie befahlen, alle Schränke, Kommoden und Truhen zu öffnen.

Die Beute wurde in Säcke gestopft. Die Juden waren zwar angeblich krätzig, verlaust, verbreiteten Pest und Typhus, aber vor jüdischer Wäsche, jüdischen Kleidern und jüdischem Hausrat empfanden die Plünderer keinen Ekel. Sie verschmähten nichts, rafften alles zusammen, was sie zu fassen bekamen, und füllten damit ihre Säcke, die sie dann hinuntertrugen und in ihre Autos luden.

Sie hatten bereits alle Wertgegenstände geraubt, Schmuck, Silberzeug, Geschirr, und nun forderten sie Geld! Sie tätschelten ihre Stiefel mit den geflochtenen Reitpeitschen, fuchtelten mit den metallisch glänzenden Pistolen vor den Augen ihrer Opfer herum und brüllten:

»Geld her, oder ich mach dich kalt! Geld, Złotys!«

Die Juden gaben ihnen Geld, um ihr Leben zu retten. Aber es war niemals genug.

»Du hast noch mehr! Du hast es versteckt!« brüllten sie.

Während sie dann die Betten, Matratzen und Strohsäcke durchwühlten, erblickte einer der Deutschen eine Frau, die, zitternd vor Kälte und Furcht, ihr Nachthemd über der Brust zusammenhielt.

»Du hast noch irgendwas zurückbehalten? Was hältst du da versteckt?« schrie er sie an.

»Meine Nacktheit, sonst nichts«, antwortete die Frau.

»Du lügst, du Schlampe!«

Bei diesen Worten streckte er die Hand nach der Frau aus, die, um sich zu schützen, die Arme noch fester über der Brust kreuzte. Er fing an, auf sie einzuschlagen, während sie noch immer verzweifelt versuchte, ihr Schamgefühl zu verteidigen, obwohl die Peitschenhiebe ihre geschwollenen Hände malträtierten. Nun sauste die Peitsche unbarmherzig auf ihren Kopf nieder, Blut rann ihr über das feuerrote Gesicht. Schwarze Kreise drehten sich vor ihren Augen. Ihre Knie gaben nach, sie sank zu Boden. Es war, als wolle der Offizier sie zu Tode peitschen. Doch plötzlich ließ er von seinem Opfer ab und stürzte sich in der Küche auf ein kleines Mädchen.

»Was hast du da in der Hand, du Göre?«

Die Kleine hatte keine Zeit mehr, ihren Schatz zu verbergen. Er packte sie am Arm. Sie wehrte sich:

»Das gehört mir. Ich habe das Beutelchen selbst genäht, die siebzig Pfennige sind mein eigenes Geld, ich habe sie gespart, um mir ein Spielzeug zu kaufen.«

Er entriß ihr den Geldbeutel, den sie in der Faust hielt, und gab ihn ihr dann leer zurück. Er hatte das deutsche Volk um siebzig Pfennige reicher gemacht...

Am folgenden Tag herrschte in der Stadt dennoch eine freudige Stimmung, denn alle, die im Zuge der Plünderung festgenommen worden waren, hatte man wieder freigelassen. Vorher hatten sie in einem geschlossenen Hof warten müssen. Die dort wohnenden Polen hatten ihnen heißen Tee, Milchkaffee und Kuchen gebracht. Die Juden wollten ihren Augen nicht trauen. Ein Teil der Bevölkerung hatte sich also doch nicht von dem antisemitischen Gift anstecken lassen, das seit so vielen Jahren das Land verseuchte!

Trotzdem gab es in Płock für die Juden nichts mehr zu hoffen. Nachdem sie all ihrer Habe beraubt worden waren, blieb ihnen nur noch der Aufbruch nach Białystok... Einige konnten sich noch immer nicht dazu entschließen. Sie zögerten, ihre Wohnstatt zu verlassen, ihre letzten Habseligkeiten: Sie hatten noch ein bißchen Geld versteckt, vor den Blicken der Feinde vergraben, Geld, das ihre ganze Vergangenheit repräsentierte, jahrelanges Mühen, Fahrten zu fernen Jahrmärkten, Kummer und Sorgen, Pleiten, Entbehrungen aller Art, endlose Tage und schlaflose Nächte – aber auch den Traum von einem friedlichen Alter, einer Zukunft für die

Kinder, ein Dach für ihre alten Tage. Das alles mußten sie nun fluchtartig verlassen.

Doch dieses Geld verschwand rascher als erwartet. Eines Montags erhielten einige Geschäftsleute folgende Aufforderung: Sie hatten innerhalb von achtundvierzig Stunden bei der deutschen Bank alle früher ausgestellten Wechsel zu honorieren. Einerseits mußten sie also bezahlen, andererseits konnten sie bei ihren alten Kunden und Schuldnern kein Geld eintreiben, da diese nun ihre Schulden bei den neuen Besitzern der Betriebe und Geschäfte zu begleichen hatten. Jede Zahlungsverweigerung wurde gerichtlich geahndet und von der deutschen Polizei und der Gestapo als Hochverrat betrachtet.

Am Mittwoch, als alle Wechsel bezahlt waren, erging eine neue Aufforderung. Beim Bevollmächtigten der deutschen Finanzbehörde waren folgende noch ausstehende Abgaben zu entrichten:

1) Steuernachlaß für das Jahr 1939;

2) die letzte Rate des »Zehnten« vom Jahr 1929;

3) die im Jahr 1929 aufgehobene Vermögens- und Einkommensteuer.

Wenn die Deutschen nun polnische Steuern eintrieben, so hätten sie auch die polnischen Steuergesetze respektieren müssen: Was aufgehoben worden war, mußte aufgehoben, was verjährt war, mußte verjährt bleiben. Das war logisch. Aber ehe man diese logischen Schlußfolgerungen vorbringen konnte, hatte man schon zwei Zähne verloren... Wenn das keine Chuzpe war! Diese Leute wagten es doch wahrhaftig, einen deutschen Befehl in Frage zu stellen, und nicht genug damit, sie besaßen sogar die Unverschämtheit, von einem Deutschen zu verlangen, daß er sich an die Gesetze dieser »polnischen Wirtschaft« halte...

Nach den Wechseln und den Steuern konnte man hoffen, es sei nun genug. Weit gefehlt. Ein paar Tage später kamen neue Forderungen: Diesmal mußte man, wiederum binnen achtundvierzig Stunden, avalierte und von den Kunden unbezahlt gelassene Wechsel mit den entsprechenden Summen einlösen. Zweihundert Złoty der eine, dreihundert Złoty ein anderer, vierhundert Złoty ein Dritter...

Die Unglücklichen, die solche Aufforderungen erhalten hatten, stürzten zur Bank und verlangten eine Erklärung. Schließlich hatten sie ihre eigenen Schulden beglichen, was wollte man noch von ihnen? Warum sollten sie für alle Sünden Israels aufkommen? Wenn ihre Kunden die unterschriebenen Wechsel nicht honoriert hatten, nun ja, da konnte man nichts anderes machen, als auf das Geld zu verzichten. Aber warum sollten sie auch noch deren Schulden bezahlen, nachdem die Ware geliefert worden war?

Der deutsche Bankangestellte war nicht aus der Fassung zu bringen. Er war ein ruhiger, höflicher Mensch. Er betrachtete eingehend seine Hände mit den gepflegten Fingernägeln und erklärte in langsamen, wohlüberlegten Worten:

»Wer diese Wechsel ausgestellt hat und zu wessen Gunsten, interessiert die Bank nicht. Wir haben die jüdischen Bankguthaben beschlagnahmt, und dabei haben sich Wechsel gefunden, die Ihr Aval tragen. Es ist für uns einfacher, Sie hier an Ort und Stelle zu belangen, als in Kriegszeiten irgendwo im Ausland einen Schwarz oder Stein oder sonst wen zu suchen. Ist das klar?«

Es wurde in der Tat immer klarer, daß alle Juden fliehen müßten. Einige Leute zögerten indes noch immer und entmutigten auch die anderen:

»Fliehen? Wohin? Hier habe ich noch immer ein Dach über dem Kopf und vier Wände, um mich vor der Kälte zu schützen, auch wenn mein Haus mir nicht mehr gehört. Ob ich in der Fremde einen Winkel finde, wo ich mich vor dem nahenden Winter verkriechen kann, ist nicht sicher«, sagten sie.

Wer hätte damals gedacht, daß die Stadt schon bald unvermittelt von einer Horde Deutscher überfallen werden und es neue Befehle regnen würde, neue Mitteilungen, des Inhalts:

»Der Jude Soundso hat unverzüglich seine Wohnung zu verlassen und sich in der Mostowa-Straße Nr. 9 einzufinden, wo ihm der Bescheid über seine Ausweisung innerhalb von vierundzwanzig Stunden ausgehändigt wird.«

Elftes Kapitel
Die Flucht

Qualvolle Nächte, Nächte voller Angst. Sie schenkten keine Erholung von den Schrecknissen des Tages. Früher hatte das Leben aus dem normalen Tagewerk bestanden. Die Abende waren dem Vergnügen vorbehalten, der Muße, der Geselligkeit. Man besuchte Konzerte, Theater, Kinos, politische Versammlungen, kulturelle Vorträge. Auch die Bibliothek war bis spätabends geöffnet. Oder man spazierte durch die Alleen des Stadtparks. Dort traf man Freunde, vertrieb sich die Zeit aufs angenehmste mit Gesprächen. Die Liebespaare gaben sich ein Stelldichein. Es war schön, jung zu sein.

Jetzt gehörten sie der Vergangenheit an, diese Abende von einst, sie waren verloren, entschwunden, zunichte geworden. Geblieben waren nur die täglichen Greuel und die Leiden der Nacht. Nach Sonnenuntergang war es finster in den menschenleeren Straßen. Es herrschte Ausgangssperre. Man löschte das Licht, man legte sich früh zu Bett. Doch alsbald erschienen in langem Zug die Schreckensbilder der letzten Tage. Die Nächte wurden von bösartigen Gespenstern heimgesucht, von Alpträumen durchzogen. Die Ruhe und der erquickende Schlaf von einst waren verschwunden, ohne Hoffnung auf Wiederkehr. Die Furcht zeugte Schlaflosigkeit, die Furcht vor jenem wilden Tier, das die Stadt beherrschte und dem niemand entrinnen konnte, denn es verfügte in diesem neuen Dschungel über schreckliche technische Waffen. Welche Ironie! Die modernsten Entdeckungen und die jüngsten Erfindungen wurden aufgeboten für den Rückfall in die Barbarei!

Wieder einmal lag ich in einer dieser Nächte wach und lauschte. Plötzlich hörte ich draußen ein Geräusch wie ein

Kratzen, ein Scharren. Die Krallen der Bestie? Es war nur blinder Alarm: Der Wind rüttelte an der Wohnungstür. Es wurde wieder still. Dann begann der Regen heftiger an die Fensterscheiben zu trommeln, der Wind rumorte im Schornstein, heulte vor dem Fenster, traurig wie ein ausgesperrter Hund. Die entfesselten Elemente raubten mir vollends den Schlaf.

Huh! Huh! Huh! Huh! Trauer des Windes, Tränen des Regens. Ich starrte in die Dunkelheit, als wollte ich mit den Blicken meine umherirrenden Brüder erreichen. Wer beschützte sie dort drüben, an der Grenze, auf den Feldern, unter fremden Himmeln, auf der trostlosen Erde, wo sie vogelfrei waren wie Geächtete? Hatten sie vielleicht doch einen Menschen gefunden, der ihnen eine hilfreiche Hand entgegenstreckte, sie mit einem brüderlichen Wort tröstete? Hatten sie irgendwo eine vorübergehende Bleibe gefunden? Ich stellte mir vor, daß ich zu ihnen sagte:

»Brüder! Meine Brüder! Meine Arme recken sich, bis ich euch umfangen, euch liebevoll an meine Brust drücken kann. Für euch alle ist Platz in meinem Herzen, in meiner Seele. Ich habe eure Fehler vergessen. Was schlecht war, ist ausgelöscht, getilgt in der Hölle eures Alltags. Ich liebe eure schwarzen Augen, die fiebrig glänzen, wenn die Furcht euch würgt, eure bleichen Gesichter, aus denen eure Leiden sprechen. Ich liebe euch, wie eine Mutter ihr schwerkrankes Kind liebt. Ich verspreche euch, daß ich die Worte des Trostes finden werde. Ich werde einen Hoffnungsstrahl aussenden. Ich will auch ein Wiegenlied singen, das Lied von den besseren Zeiten, die kommen werden. Ich kann euch nicht alleinlassen in dieser eisigen Finsternis, in der ihr umkommen könntet!«

Fensterglas splitterte, ein ohrenbetäubender Schuß hatte die nächtliche Stille zerrissen. Wieder die Furcht. Betrunkene torkelten singend durch die verlassenen Straßen. Die Bestie schlief nicht, sie durchstreifte das Dunkel auf der Suche nach einer Beute. Meine Frau war aufgewacht:

»Oi, was ist passiert?«

»Nichts, schlaf weiter.«

»Hab ich geträumt?«

»Wahrscheinlich ein Alptraum, schlaf nur! Schlaf!«

»Und du?«

»Ich will noch nicht gleich ins Bett, ich werde noch ein wenig aufbleiben.«

Ich fühlte, daß ihr Blick mich in der Dunkelheit suchte.

»Du mußt dich entschließen«, sagte sie. »Du mußt fort, über die Grenze.«

»Hast du dir das gut überlegt?«

»Es ist die einzige Möglichkeit.«

»Aber du und der Kleine?«

»Wenn ich kein Kind hätte, würde ich mit dir gehen. Wenn es Frühling wäre, würden wir alle drei weggehen. Aber es ist Herbst, der Winter kommt bald. Ein Kind kann sich so leicht erkälten, ernstlich krank werden, sogar sterben. Du mußt allein gehen. Fliehe! Rette dich!«

»Aber wovon sollt ihr dann leben? Und was soll aus dem armen Jankl werden? Kommt nicht in Frage! Ich bleibe hier, um euch zu beschützen.«

Sie lächelte bitter.

»Er will hierbleiben, um uns zu beschützen! Du bist doch von uns allen am meisten in Gefahr, siehst du denn nicht das Schwert über deinem Kopf? Du kannst uns nur ins Unglück stürzen. Bist du denn blind? Die polnischen Spitzel von der Bürgerwehr haben sich in den Dienst der deutschen Polizei gestellt. Es genügt, daß einer von ihnen dich auf der Straße erkennt, dann wird er dich auf der Stelle denunzieren. Sie haben dich schon früher verfolgt und sogar verhaftet.«

Sie hatte recht. In dieser Nacht wurde der Entschluß gefaßt: Ich würde über die Grenze gehen, zu meinen Brüdern im Osten.

Man konnte die zweihundert Kilometer, die uns von der Grenze trennten, mit der Bahn fahren, aber nur, wenn man ein Goi war. Man konnte sie auch im Pferdewagen zurücklegen, aber nur, wenn man Geld hatte. Diese beiden Beförderungsmittel kamen also für mich nicht in Betracht, ich entschied mich für das Fahrrad.

Da ich mich nicht allein auf den Weg machen, aber auch nicht einer zu zahlreichen Gruppe anschließen wollte, die Verdacht erwecken und beim geringsten Zwischenfall in Verzug geraten würde, beschloß ich, mit zwei anderen Männern aufzubrechen. Alles war genauestens für die Fahrt vorbereitet, bis auf eine Kleinigkeit, die schwerwiegende Folgen haben sollte: Wir hatten vergessen, einen Treffpunkt auszumachen für den Fall, daß wir unterwegs getrennt werden sollten.

Es hatte die ganze Nacht geregnet, und als wir frühmorgens aufbrachen, goß es in Strömen. Ich fuhr voraus. Als ich mich an der ersten Kreuzung umschaute, war von meinen beiden Freunden nichts zu sehen. Sie waren vermutlich zunächst geradeaus gefahren und wollten später abbiegen. Gewiß würden wir uns drunten am Ufer der Weichsel wieder treffen. Ich benutzte also eine Abkürzung, um schneller den Hügel hinunterzukommen. Aber der Pfad war so schlammig, daß ich absteigen mußte und sogar fast einen meiner Gummistiefel verloren hätte. Ich schob das schwerbeladene Rad, das in dem glitschigen Schlamm immer wieder abzurutschen drohte, neben mir her. Ich war wirklich vom Pech verfolgt. Denn als ich unten ankam, entdeckte ich, daß die Fahrstraße unpassierbar war: Man hatte in ihrer Mitte einen Graben gezogen, um das Vorrücken des Feindes aufzuhalten, und der Graben war voll Wasser.

Verflixt! Ich war schon beinah am Ufer der Weichsel, und nun mußte ich durch Schlamm und Pfützen wieder hinauf bis in die Stadt und dort die Fahrstraße einschlagen, die wieder hinunter zum Fluß führte. Ich war völlig durchnäßt, achtete jedoch nicht darauf; was mir Sorgen bereitete, war die verlorene Zeit. Würden meine Gefährten ahnen, was mir zugestoßen war, und auf mich warten? Würden sie mich nicht vielmehr auf dem jenseitigen Ufer suchen?

Nach mehr als einstündiger Quälerei kam ich endlich zur Anlegestelle der Fähre und rief nach dem Fährmann. Er war gerade von einer Überfahrt zurückgekommen. Ich mußte warten, bis sein Boot wieder voll war, ehe ich übersetzen konnte. Als ich am jenseitigen Ufer landete, war wiederum viel Zeit vergangen. Ich trat energisch in die Pedale, Regen und Schlamm spritzten rings um mich hoch. Meine Gefährten mußten gute fünf bis sechs Kilometer Vorsprung haben.

Wie mir zum Trotz begann die völlig aufgeweichte Straße anzusteigen, und meine Bemühungen, die verlorene Zeit aufzuholen, waren vergeblich. Endlich erreichte ich die Hauptstraße! Meine Beine arbeiteten wie die Kolben einer Lokomotive, mein Atem ging keuchend, die Zunge war trocken, das Gesicht schweißnaß, die Mütze lag tonnenschwer auf meinem Kopf, doch das Fahrrad kam kaum voran: Die Achse des Hinterrads war beschädigt. Es blieb mir nichts anderes übrig, als die zehn Kilometer, die mich noch von Gąbin, dem nächsten Marktflecken, trennten, zu Fuß zurückzulegen. Im Regen schob ich mein Fahrrad neben mir her, und meine Unruhe wuchs. Warum nur waren wir losgefahren, ohne die Strecke in Etappen einzuteilen? Überdies hatte ich die gesamte Verpflegung aufgeladen, und auf den Rädern der beiden anderen waren alle unsere Kleidungsstücke!

In Gąbin ging ich in ein kleines Lokal, um mir eine Tasse Kaffee und eine Semmel zu bestellen. Der Wirt, ein junger Jude, der hinter der Theke stand, verlangte gerade dreißig Groschen von einem anderen Gast, der gegen diesen Preis protestierte:

»Gestern habe ich für das gleiche zwanzig bezahlt!«

»Gestern war gestern!« erwiderte der Wirt. »Das Leben ist kurz, und Krieg ist Krieg…«

»Sind die zehn Groschen der Aufpreis für Eure Krämerphilosophie?«

»Bezahlt und geht in Frieden! Ihr werdet noch froh sein, wenn ich Euch für vierzig Groschen etwas gebe.«

Ich selber mußte vier Złoty, fast ein Viertel meiner Barschaft, für mein armseliges Frühstück bezahlen.

»Ihr seid ein Dieb!« entrüstete ich mich.

»Niemand hat Euch gerufen! Und niemand zwingt Euch, wiederzukommen! Wir haben Krieg, falls Ihr das nicht wissen solltet«, antwortete er.

Nicht alle Einwohner von Gąbin waren wie er, davon konnte ich mich kurz darauf überzeugen. Ich hatte mein Fahrrad in einer kleinen Werkstatt mit der Aufschrift »Adess – Reparaturen« gelassen. Als ich wiederkam, war die Reparatur gemacht, und der Handwerker entschuldigte sich:

»Wenn Ihr nicht so in Eile wärt, hätte ich eine neue Achse angefertigt, aber in dieser kurzen Zeit konnte ich nur das Achslager mit neuen Bolzen zurechtbasteln und das ganze mit doppelten Schrauben befestigen.«

Als ich zahlen wollte, wehrte er ab:

»Gott möge Euren Weg beschützen. Nur das will ich als Lohn«, sagte er.

Ich bestand darauf, zu zahlen, aber er wollte davon nichts hören.

»Macht Euch keine Sorgen. Ich bin hier in meinem Haus, während Ihr auf der Flucht seid. Die Zeiten haben sich geändert. Wir haben Krieg...«

Zwei Juden, die gleiche Feststellung, zweierlei Auslegung...

Bis Warschau waren es einhundertzwanzig Kilometer. Der Regen wurde bald stärker, bald schwächer, ohne jemals ganz aufzuhören. Ich begriff, was die Leute meinten, wenn sie sagten: Wer die Straße von Gąbin nach Sochaczew nicht kennt, der weiß nicht wirklich, was Krieg ist. Die an dieser Strecke gelegenen Städte und Dörfer waren nur noch verkohlte Ruinen. Nur vereinzelte geschwärzte Mauerreste hoben sich vom Himmel ab. Die schöne asphaltierte Straße war verwüstet, zerpflügt, die Bomben hatten riesige Krater hineingeschlagen. Zerbrochene Wagen, an Pferdeskelette gespannt, lagen in den Straßengräben. Umgestürzte Automobile, Feldküchen, Munition, Lafetten, Ambulanzen, Tanks, Panzerwagen, Motorräder, Fahrräder, Limousinen waren zurückgelassen worden, und inmitten dieses toten Materials lagen Leichen.

Die Autoreifen, das Leder, Fahrzeugteile, sogar ganze Motoren waren abmontiert, nichts war mehr zu gebrauchen. An Stelle der Scheinwerfer blieben nur noch blinde Löcher. Der unaufhörliche Regen machte den Anblick noch bejammernswerter. Hier und dort ragte einsam ein Holzkreuz, darauf eine Feldmütze oder ein Stahlhelm. Der Würgeengel hatte ganze Arbeit geleistet.

Es wurde schon Nacht, als ich Sochaczew erreichte. Die Straße führte durch die ganze Stadt, vorbei am jüdischen Markt. Dort standen ein paar Frauen vor den dunklen Eingängen ausgebrannter Häuser und unterhielten sich laut, während die Kinder im Regen herumplanschten. Ich sprach die Frauen an und erkundigte mich nach einem Ort, wo man ein Glas Tee und etwas zu essen bekommen könnte. Sie sahen mich an wie einen Irren, ein bitteres Lächeln auf den Lippen.

»Ihr sucht eine Teestube? Hier, in Sochaczew?«

Es gab nur noch Ruinen. Auf dem Hügel über der Stadt, am Giebel eines Gebäudes, schimmerte eine einzelne Laterne. Dort war das tausend Jahre alte Schloß gestanden, das jetzt in Schutt und Asche lag, und die Laterne am dunklen Himmel wirkte wie eine Kerze auf dem Grab der toten Stadt. Die Frauen hatten junge Leute auf Rädern in Richtung Błonie fahren sehen, auf der Straße nach Warschau. Bis Błonie waren es noch etwa dreißig Kilometer. Ich wollte noch in dieser Nacht nach Błonie, denn ich war überzeugt, daß es meine Freunde gewesen waren und daß sie dort übernachten würden. Wenn ich morgens bei Tagesanbruch an der Straße nach Warschau Posten bezöge, hätte ich eine Chance, sie wiederzufinden. Die letzte, denn in der Hauptstadt wäre es aussichtslos.

Ich strampelte also weiter in die Dunkelheit. Von Zeit zu Zeit erhellte ein Blitz den Himmel, ein Scheinwerferbündel warf sekundenlang seinen Strahl auf Bäume und Telegrafenmasten. Zuweilen überflutete auch ein milchiges Licht die Straße. Dann konnte ich, durch den Regenvorhang hindurch, die feurigen Augen eines Ungeheuers erblicken, das sich mir von hinten näherte, mich lärmend überholte und von einem zweiten und noch weiteren gefolgt wurde. Dutzende von Fahrzeugen zogen so an mir vorbei. Dann wieder Stille und Dunkelheit. Ich hörte nur noch das Geräusch meiner Fahrradreifen, die durch den Schlamm platschten, bis hinter mir neue Lichter auftauchten.

Sooft eine motorisierte Kolonne mich überholte, mußte ich absteigen und mich auf die Böschung flüchten, um von den Rädern des Konvois nicht über und über mit Schlamm bespritzt zu werden. Und diese Konvois folgten immer dichter aufeinander, so daß ich, eine Stunde nach meinem Aufbruch von Sochaczew, gerade etwa zehn Kilometer geschafft hatte und völlig erschöpft war.

Noch waren es zwanzig bis Błonie. Unmöglich, vor Ende der Ausgangssperre dort anzukommen, warum also mich noch weiter schinden? Ich beschloß, bei der nächsten Hütte anzuhalten und den Bauern um Quartier zu bitten. Wohl ausgeruht, würde ich am nächsten Morgen den Rest der Strecke mühelos hinter mich bringen... Doch kein Lichtschein drang aus den Fenstern der Katen am Rand dieser lärmenden Straße, auf der die Militärkonvois dahinbrausten. Und in einen Feldweg abzubiegen stellte sich als unmöglich heraus: Das Fahrrad versank sofort in der aufgeweichten Erde...

Endlich erspähte ich ein erleuchtetes Fenster und klopfte schüchtern an die Scheibe, die von einem Vorhang verhüllt war. Sofort erlosch das Licht, alles wurde still. Ich klopfte stärker, bis eine Frauenstimme fragte:

»Wer ist da?«

»Keine Angst«, antwortete ich, »macht mir auf. Ich bin nur ein Reisender, ein friedlicher Bürger!«

Die Tür blieb geschlossen. Drinnen waren nur Frauen, und sie hatten Angst. Ich konnte sagen, was ich wollte, sie hörten nicht darauf. Ich versuchte es ein letztes Mal.

»Habt keine Angst! Ich will mich nur ein wenig ausruhen. Mehr verlange ich nicht. Ich habe zu essen bei mir, Lebensmittel und Brot.«

Ich hatte das »Sesam, öffne dich« gesprochen, die magische Formel: Das Wort »Brot« hatte wie durch Zauberei jeden Widerstand gebrochen. Das Fenster wurde wieder hell, ich hörte schlurfende Schritte, das Geräusch von Riegeln und Ketten, die Tür ging auf.

Gesegnet sei, wer dem müden Reisenden Ruhe gönnt! Obwohl das Haus bescheiden war, bot es doch genügend Platz, um meine Kleidung aufzuhängen und zu trocknen. Ich konnte mich an den kleinen Ofen setzen und die erstarrten Glieder wärmen. Ich öffnete mein Bündel, holte einen großen Laib Brot heraus, Zucker und Süßigkeiten für das Kind, das in der Stube war. Die Augen der Frauen begannen zu leuchten:

»Magda, schau, richtiges Brot! Wie lange hast du schon keines mehr gesehen?« rief eine von ihnen.

»Seit mehr als einem Monat. Am liebsten würde ich gleich hineinbeißen!«

Ich lud sie zum Zugreifen ein. Ihre Hände zitterten, ihre Augen glänzten vor Gier, während sie dieses vom Regen durchweichte Brot schnitten, es mit den Blicken verschlangen und doch noch nicht wagten, es zum Mund zu führen.

»Wir sollten es lieber bis morgen aufheben, für das Kind«, sagte Magda.

Die Tränen stiegen mir in die Augen.

»Ihr könnt es nicht verstehen«, fuhr sie fort. »Ihr kommt aus einer Gegend, wo es noch etwas zu essen gibt. Wenn Ihr erst in Warschau seid, werdet Ihr erfahren, was Hunger ist.«

Ein Topf heißes Wasser, mit Milch gemischt, stand auf dem Herd. Ich schüttete Kaffee hinein, legte Butter und Wurst auf den Tisch. In der kleinen Stube zog festliche Stimmung ein. Das Kind kletterte auf meine Knie. Wir fingen an zu erzählen.

Die Hausfrau jammerte: Alles, was sie besessen habe, die Früchte ihrer Arbeit auf den Feldern, sei vor ihren Augen von ausgehungerten Menschen geplündert worden. Was hätte sie ganz allein – ihr Mann war eingezogen worden – dagegen tun können?

Sie habe diese beiden Frauen, nahe Verwandte, bei sich aufgenommen, um die Einsamkeit erträglicher zu machen. Nun gingen sie gemeinsam dem Hungertod entgegen.

Ich war auf das Stroh gesunken, das man für mich auf dem Boden ausgebreitet hatte, ich war so müde, daß ich nur mit Mühe die Augen offenhalten konnte. Die Frauen blieben noch lange um den glühenden Ofen sitzen und erzählten allerlei Geschichten. Aus Höflichkeit wollte ich zeigen, daß ich ihnen zuhörte, indem ich von Zeit zu Zeit ein Wort ins Gespräch warf. Aber in meinem Kopf verwirrte sich alles, ich vermochte ihren Reden nicht mehr zu folgen. Der Ofen strahlte eine wohlige Wärme aus, die mich betäubte, die Augen fielen mir zu.

Ich erwachte lange vor Tagesanbruch und machte mich trotz des Regens sogleich reisefertig, um vor den Toren Błonies anzukommen, ehe es hell wurde. Wenn ich vor fünf Uhr dort sein würde, könnte ich meine beiden Gefährten doch noch wiederfinden. Es war meine letzte Hoffnung. Andernfalls würden unsere Pläne scheitern. Wir hatten nämlich verabredet, alles miteinander zu teilen: Wenn einer von uns Arbeit oder Unterkunft fände, so sollte er die anderen unterstützen und beherbergen, wir würden uns gegenseitig helfen. Einer für alle und alle für einen!

Es war kaum zwei Uhr morgens, als ich mich von meinen Gastgeberinnen verabschiedete, um mich wieder auf den Weg zu machen. Ich fuhr langsam, ich hatte genügend Zeit und konnte in der stockdunklen Nacht kaum einen Meter weit sehen. Dennoch fühlte ich mich sehr bald erschöpft, entkräftet. Irgend etwas war nicht in Ordnung, die Kette meines Fahrrads war zwar nicht herausgesprungen, aber es wollte nicht mehr laufen, und ich konnte den Grund in der Finsternis nicht ausmachen. Es wollte sich nicht einmal mehr schieben lassen: das Hinterrad blockierte, glitt im Schlamm aus und sank unter dem Gewicht meine Gepäcks tief ein. Ich war mutterseelenallein, ich kam nicht mehr von der Stelle, ich war ein Häufchen Elend. Nach fünfhundert Metern blieb ich erschöpft, schweißüberströmt stehen, meine Brust keuchte wie ein Blasebalg. Ich nahm die Mütze ab und steckte sie in die Tasche. Der Regen kühlte meinen glühenden Kopf, ich konnte wieder freier atmen. Ich schulterte meine Last und marschierte weiter, um schon bald wieder stehenzubleiben. Noch neunzehn Kilometer, die Zeit verflog, es war bereits halb drei. Ich hätte ein Vermögen gegeben, um einem Mann, einer Frau, irgendeinem lebenden Wesen zu begegnen. Doch ach, nur das Plätschern des Regens durchbrach die tödliche Stille, die ringsum herrschte. Die Angst schnürte mir das Herz ab; ich würde niemals rechtzeitig nach Błonie kommen. Aus der Traum!

Ich war verzweifelt, am Boden zerstört. Es war schon drei Uhr vorbei, als ich zu meiner Rechten ein erleuchtetes Fenster erblickte, auf das ich über einen schlammigen Feldweg zusteuerte. War es eine Halluzination? Als ich näher kam, konnte ich das rhythmische Geräusch einer Maschine hören. Ich befand mich in der Nähe einer Fabrik oder einer Mühle, die bei Nacht arbeitete. Die Hoffnung kehrte zurück. Ich beeilte mich.

Als ich bei dem großen Glühofen angelangt war, versuchte ich, mit meinem einzigen Schraubenschlüssel mein Hinterrad zu lockern, und bat höflich einen Mechaniker, er möge mir eine Zange leihen. Da erhob sich ein Mann von einer Bank, auf der er gelegen hatte, und schrie:

»Was? Du willst einem Juden Werkzeug leihen? Bist du verrückt? Prügel kann er haben, sonst nichts!«

Es war ein junger Mann mit gehässigen Zügen, einem struppigen blonden Haarschopf, und er machte bereits Anstalten, mein Gepäck zu durchsuchen. Ich hatte gerade noch Zeit zu fliehen. Trotzdem war es ihm gelungen, mir meinen Schraubenschlüssel zu stehlen…

Aufs neue stand ich mitten in der Nacht im Regen auf der Straße, neben einem Fahrrad, das nicht fuhr, sondern mit meinem Gepäck auf der Erde lag. Wozu sollte ich es weiter mit mir herumschleppen? Wozu mich selber weiterschleppen? Ich würde niemals rechtzeitig in Błonie ankommen! Hilfe war zum Greifen nahe gewesen, sie hätte mich retten können, aber ich hatte die Rechnung ohne die Grausamkeit der Menschen gemacht…

Entmutigt, verloren, in der Dunkelheit auf dieser unbekannten Straße, fern von daheim, dachte ich an meine Lieben: an meine Frau, meinen Sohn, meinen kranken Bruder. Lagen sie in diesem Augenblick in friedlichem Schlummer? Machten sie sich Sorgen um mich? Ich hätte sie niemals verlassen dürfen! Das Schuldgefühl, daß ich sie zurückgelassen hatte, ohne einen Menschen, der sie beschützen könnte, steigerte noch meine Pein. Ich brach in Tränen aus. Die Müdigkeit, die Jagd nach meinen Gefährten, das Mißgeschick, die Verzweiflung hatten die Schleusen geöffnet. Ich blieb an einen Baum gelehnt stehen, meine Schläfen hämmerten, von meinem Kopf troff der Regen. Das Leid, die Bitterkeit, die Verzweiflung, nach allem, was ich in diesen letzten Wochen durchgemacht hatte, überwältigten mich.

Meine Tränen flossen, doch das Maß der Leiden war noch lange nicht voll!

Zwölftes Kapitel
Im zerstörten Warschau

Seit drei Tagen suchte ich nun schon in Warschau nach meinen Gefährten. Vergebliche Mühe! Ich hatte nicht mehr die geringste Spur: Alle meine Freunde oder Bekannten aus den Arbeiterkreisen und der linken Intelligenzija waren bereits über die Grenze gegangen.

Und ich, warum blieb ich hier, anstatt meine Suche weiter östlich fortzusetzen? Ich überlegte hin und her, ich konnte mich nicht entschließen, wegzugehen. Schon mehrmals hatte ich mich von meiner Mutter verabschiedet, aber sooft ich ihre magere und müde Hand in die meine nahm, ihre feuchten Augen sah, ihr elendes Aussehen, das stumme Leid in ihrem zarten Gesicht, wußte ich, daß ich mir selbst etwas vormachte, daß ich nicht weggehen konnte.

Als ich in Warschau angekommen und der Katastrophe gewahr geworden war, hatte mein erster Gedanke meinen Eltern gegolten. Die Stadt war zur Hälfte zerstört. Ziegel, Mörtelbrocken und Schutt türmten sich auf den Straßen. Der Regen, der auch hier seit drei oder vier Tagen pausenlos gefallen war, hatte alles durchtränkt. Man bewegte sich in der Mitte der Fahrbahnen, auf den nutzlos gewordenen Straßenbahngleisen, in einem zähen Schlamm, denn die Gehsteige waren durch Warnschilder mit der Aufschrift EINSTURZGEFAHR gesperrt.

Hier ein Mauerrest, dort die Ruine eines Hauses, ein eiserner Balkon, der zwischen Himmel und Erde hing, Verwüstung, wohin man blickte. Unter den Ruinen schwelte noch der Brand. Ein leichter Rauch stieg aus den Trümmern auf. »Hier ruht Halinka Dąbrowska aus Łuków, getötet während der Schreckenstage von Warschau im Alter von fünfzehn Jahren.« »Hier ruht Chaim Margolis, getötet im Alter von vierzig Jahren...« Alle Plätze der Stadt waren zu Friedhöfen geworden. Man schätzte die Zahl der Toten auf mehr als fünfzigtausend.

Mit meinem kaputten Fahrrad und meinem Gepäck folgte ich dem Menschenstrom. Die Leute hasteten, rannten, regten sich auf, denn die Nacht nahte und es gab keine Straßenbeleuchtung. Sie mußten mehrere Kilometer zurücklegen, um Wasser aus der Weichsel zu holen, stundenlang umherirren, um ein wenig Nahrung aufzutreiben, es fehlte an allem.

Mich quälte nur ein Gedanke: die Sorge um meine Eltern. Tausende von Opfern, hieß es, aber ich dachte nur an diese beiden. Hatten sie überlebt?

Als ich endlich in der Bonifraterska-Straße ankam, atmete ich auf, die Häuser waren fast unbeschädigt, den Bewohnern dürfte nichts geschehen sein. Ich würde also meine Mutter wiedersehen, mich bei ihr von all der angestauten Müdigkeit ausruhen.

Dieses Glück auf ihren Zügen, als sie mich sah! Diese Freudentränen, als ich ihr sagte, daß alle am Leben seien, die Söhne, die Schwiegertöchter, die Töchter, die Enkel!

»Gott der Gerechte! Wie kann ich Dir danken?« sagte sie.

Ihre Freude wurde immer größer, mein Herz immer schwerer. War das wirklich meine Mutter? Kaum zwei Monate waren vergangen, seit ich sie zuletzt gesehen hatte. Nun war sie abgemagert, verschrumpelt, das Gesicht düster, die Augen erloschen, und zu alledem war sie fast taub. Sie war nur noch der Schatten ihrer selbst.

»Mama, was ist geschehen?«

Sie hörte mehr mit den Augen als mit den Ohren. Mit einer Handbewegung wies sie auf die Unordnung im Zimmer. Es gab kein Fleckchen mehr, wo ich mein Gepäck abstellen konnte. Das Regenwasser bildete Pfützen auf dem Fußboden.

»Wie du siehst«, sagte sie, »wurden die Fensterscheiben durch Bretter ersetzt, das ist in ganz Warschau so. Und dort, wo ein Stück Mauer fehlt, hat die Bombe eingeschlagen. Fünf Menschen wurden getötet. Wir sind durch ein Wunder davongekommen, aber ich bin taub geworden.«

Sie berichtete, ohne zu jammern, sie hielt sich für die glücklichste Frau der Welt, weil sie jetzt wußte, daß es ihrer Familie gutging. Sie hatte schlaflose Nächte hinter sich, Nächte voller Angst und Sorgen um ihre Lieben, die Kinder, die Enkel. Sie rief die Nachbarn herbei, sie sollten es auch erfahren, sollten sich mit ihr freuen, als hätte die ganze Welt nur auf diese Nachricht gewartet und sollte sie jetzt feiern.

»Mama«, sagte ich, »gib mir einen Stuhl, ich falle um vor Müdigkeit.«

»Du willst einen Stuhl? Einen Thron sollst du haben, mein Kind. Aber sag mir die Wahrheit«, ihre Augen verrieten Beunruhigung, »– du belügst mich doch nicht etwa? Verheimlichst du mir nicht die schlechten Nachrichten? Sind sie wirklich alle am Leben und bei guter Gesundheit?«

Meine Ernsthaftigkeit beruhigte sie. Ich war triefnaß, als wäre ich durch den Fluß geschwommen, aber womit hätte ich mich abtrocknen sollen? Alles im Haus war durchnäßt, das Bettzeug, die Kissen, die Matratzen. Durch die stark beschädigte Decke lief das Wasser und tropfte in Schüsseln und Eimer, die auf dem Boden standen. Nun war ich mit meinen Fragen an der Reihe.

»Ich fühle kaum noch den Mut zu leben«, sagte meine Mutter. »Aber ich muß für deinen Vater sorgen.«

Konnte ich unter diesen Umständen meine Eltern verlassen und zur Grenze fliehen? Zunächst mußte ich schleunigst eine Bleibe für die Nacht finden. Nach dem, was meine Mutter mir erzählt hatte, waren alle unsere Freunde aus der Hauptstadt fortgegangen. Wie zerschlagen irrte ich in der Dunkelheit des verwüsteten Warschau umher, gleich einem herrenlosen Hund oder einem verwundeten Tier.

Wie war es mir schließlich doch gelungen, die müden Glieder auf einem Bett auszustrecken? Als ich mit bleischwerem Kopf erwachte, konnte ich mich an nichts mehr erinnern. Ich befand mich in der Wohnung eines meiner früheren Freunde, der Tag brach an, und jemand klopfte an die Tür. Leute kamen und gingen, es herrschte große Unruhe. Ich begriff, daß es sich um Flüchtlinge handelte, die von der Grenze zurückkamen. Mit halbgeschlossenen Augen blieb ich liegen und hörte zu. Ich hatte Mühe, den Einzelheiten der Gespräche zu folgen, aber den Sinn erfaßte ich sofort: Die Grenze war geschlossen. Man konnte nicht mehr hinüber!

Ich hörte jemanden verwundert fragen: »Warum bleiben sie dann dort? Warum kommen sie nicht zurück?«

Eine andere Stimme antwortete ihm:

»Einige kommen zurück, aber die meisten, Zehntausende von Menschen, Kinder, Frauen, manche mit Säuglingen im Arm, stauen sich an der Grenze, in Kälte und Regen. Sie warten, warten seit drei Tagen. Denn es heißt, die Grenze werde noch einmal für kurze Zeit geöffnet. Diesen Moment wollen sie nicht verpassen. Und außerdem bleibt ihnen ja nichts anderes übrig. Sie haben alle Brücken hinter sich abgebrochen, eine Rückkehr gibt es für sie nicht mehr.«

»Und die Deutschen?«

»Die berauben diese Unglücklichen ihrer letzten Habe, stehlen die armselige Wegzehrung dieser Menschen, die nur eines wollen: ihr Leben retten.«

Als ich von den Meinen weggegangen war, hatte ich davon geträumt, uns drüben ein Heim zu schaffen, ein Häuschen, eine Wohnung zu finden, wo wir unterkommen könnten. Diesen Traum hatte ich insgeheim gehegt und ausgesponnen. Nun, da die Grenze geschlossen war, hatte er sich in Luft aufgelöst, war geplatzt wie eine Seifenblase. Ich mußte froh sein, wenn es mir gelänge, mein Leben und das meiner Angehörigen zu retten.

Ich beschloß also, meinen Vater, der sich hartnäckig weigerte wegzugehen, bei einem Verwandten unterzubringen. Er fürchtete das Regime, das dort drüben im Osten herrschte, und mehr als alles andere fürchtete er, daß man ihm den Bart abschneiden würde... Meine Mutter wollte ich in ihre Heimatstadt, nach Płock, zurückbringen. Sie war darüber zu Tränen gerührt.

Wir bestiegen den Weichsel-Dampfer. Er durchfurchte das aufgewühlte Wasser, und der Gischt spritzte unter den Schaufelrädern hoch; vor uns stieß eine weiße Möwe blitzschnell herab und packte mit ihrem spitzen Schnabel einen Fisch. Die Kälte der Luft kündete vom Nahen des Winters. Zwei Stunden lang harrte ich im Wind völlig durchfroren auf Deck aus. Es war immer noch besser als im überfüllten, verräucherten und schmutzigen Zwischendeck.

Endlich beschloß ich, das Deck der zweiten Klasse aufzusuchen, das den besseren Herrschaften vorbehalten war. Dort hielt sich eine Gruppe Studenten auf, die krakeelten und lärmten und einander Witze erzählten. Die Frauen in ihrer Begleitung lachten wohlgefällig aus voller Kehle. Alle diese Geschichten waren nach dem gleichen Muster gestrickt: ein Deutscher zerrt einen verstörten Juden zur Erschießung. Der Jude zittert, und seine Schläfenlocken sträuben sich. Ein Deutscher verfolgt einen Juden, der zu fliehen versucht. Der Deutsche holt den Juden ein und schneidet ihm den Bart ab. Der Jude lamentiert, fleht zu Gott, zu seiner Mutter und seinem Vater.

Wie sie lachten! Es war widerlich, zum Speien. Ist das also die zukünftige polnische Intelligenzija, die Creme der Bourgeoisie? Kein Wunder, daß Polen in diese Niederlage getrieben worden war. Die jungen Leute erstickten fast vor Lachen. Ein Student führte eine komische Pantomime vor: Ein Deutscher, Reitpeitsche in der Hand, befiehlt einem Juden, zu tanzen. Der Jude stemmt die Hände in die Hüften und versucht ungeschickt ein paar Schritte, während der Deutsche auf seine Beine einschlägt... Alle brüllten vor Lachen, bis ihnen der Atem ausging.

Plötzlich, ohne zu überlegen, ergriff ich das Wort:

»Ich habe euch etwas zu erzählen!«

Der Tonfall muß sie befremdet haben, sie schwiegen.

»Die Juden, über die ihr euch lustig macht, besaßen einst

ein Land. Sie haben es vor langer Zeit verloren, vor Tausenden von Jahren. Seitdem ist viel Wasser unter den Brücken hindurchgeflossen, Ströme haben ihren Lauf verändert, Völker wurden geboren und sind verschwunden, aber das Volk der Juden lebt noch immer und kann seine verlorene Souveränität nicht vergessen. Noch heute trauern sie am Jahrestag der Zerstörung Jerusalems auf ihre ganz besondere Weise. Die Lampen in den Häusern werden verdunkelt, man geht barfuß und darf vierundzwanzig Stunden lang weder Speise noch Trank zu sich nehmen. Die Leute sitzen auf dem blanken Boden, lamentieren und psalmodieren, singen die für diesen Anlaß vorgeschriebenen Gesänge. Die Hauptstadt der Juden ist vor mehr als zweitausend Jahren zerstört worden, die Ruinen der euren rauchen noch, eure Angehörigen liegen erschlagen unter den Trümmern, eure Toten sind noch nicht begraben, und ihr lacht. Die Untaten eurer Mörder ergötzen euch, wenn sie nicht euch selbst gelten. Ihr tut unrecht. Es ist nicht schwer zu begreifen, daß man gegen den gemeinsamen Feind gemeinsame Sache machen muß.«

Plötzlich packte mich ein kräftiger Arm, und ehe ich wußte, wie mir geschah, lag ich draußen. Welche Überraschung! Es war ein jüdischer Arm gewesen.

»Beruhigt Euch, junger Mann, und dankt mir«, sagte der Jude, der mich so rauh hinausbefördert hatte. »Ich habe Euch aus einer Gefahr gerettet. Diese Leute werden niemals auf Euch hören. Ihre Intelligenz steckt in den Fäusten, ihr Hirn in einem Knüppel!«

Ich wußte selbst nicht, wie ich darauf kam, aber ich dachte: »Genau so müssen die Römer vor ihrem Untergang gewesen sein.«

Dreizehntes Kapitel

Die Bildung des Judenrats in Płock[1]

Erst bei meiner Heimkehr erfuhr ich, was meinen Freunden zugestoßen war: Sie waren ein Stück hinter mir gefahren, als plötzlich der Befehl erscholl:

»Halt!«

Ich hatte nichts gehört, denn ich war bereits an einer Kreuzung abgebogen und arglos weitergefahren. Die beiden waren von der Polizei verhaftet und zusammen mit anderen Gefangenen in einen Hof gesperrt worden. Erst am späten Nachmittag wurden sie wieder freigelassen, und da sie mich zu ihrem Erstaunen nicht vorfanden, hatten sie beschlossen, auf ein Lebenszeichen von mir zu warten. Als sie nach drei Tagen noch immer nichts von mir gehört hatten, machten sie sich auf nach Warschau, um mich dort zu suchen. Sie trafen in Warschau ein, als ich bereits wieder zu Hause war.

In Płock waren die Straßen fast menschenleer. Man begegnete nur Frauen und ein paar Kindern. Wo waren die Männer? Verwundert sah ich mich nach allen Seiten um, als eine Matrone mir zurief:

»Was steht Ihr hier und guckt Löcher in die Luft? Bleibt nicht auf der Straße, geht sofort nach Hause!«

»Aber warum denn?« fragte ich erstaunt.

Sie schien ihren Ohren nicht zu trauen.

»Warum? Ich sehe schon, Ihr seid nicht von hier. Also wißt Ihr wohl auch nicht, daß die SS schon in der Stadt ist?«

»Na und?«

1 Der Judenrat (eine Einrichtung der deutschen Machthaber) von Płock wurde im Dezember 1939 gebildet.

»Und? Das ist ja nicht zu glauben! Ihr seid wirklich ein komischer Vogel!«

Sie musterte mich von Kopf bis Fuß, dann machte sie eine resignierte Handbewegung. Bestimmt hielt sie mich für verrückt. Inzwischen hatte ein Mann ängstlich den Kopf aus der Nebentür gesteckt und fragte die Frau:

»Mütterchen, kann ich hinausgehen?«

»Muß es wirklich sein?« erkundigte sich die Matrone.

»Andernfalls würde ich nicht fragen, ich will nicht zum Tanzboden«, erwiderte der Mann.

»Wollt Ihr weit weg?«

»Nein, nur ins Haus schräg gegenüber.«

Die Frau hielt vorsichtig nach allen Seiten Ausschau:

»Die Straße ist leer, lauft schnell hinüber!«

Kaum hatte sie das gesagt, als ich etwas wie einen Hammerschlag auf meine Schläfe niedersausen spürte. Ich hatte gerade noch Zeit, mich umzudrehen und zu sehen, wie eine mächtige Faust zu einem zweiten Schlag auf meinen Kopf ausholte. Instinktiv duckte ich mich, und die Faust hieb ins Leere, was den Zorn des SS-Manns, der mich aufs Korn genommen hatte, noch verdoppelte. Ich sah seinen Stiernacken und den stählernen Glanz in seinen grauen Augen. Ein weiterer Schlag, und ich wäre erledigt. Aber plötzlich ließ er von mir ab und stürzte zu dem Hauseingang, wo er die Gestalt des Mannes erspäht hatte, der gerade darin verschwunden war. Er nahm dessen Verfolgung auf.

Seit auf der Straße die Gewalt wütete, schlossen die Männer sich in den Häusern ein, schlichen durch die Hinterhöfe, kletterten über Trennmauern und Hecken, um einander heimlich zu treffen. Dann sprachen sie von ihren Kümmernissen, von neuen Willkürakten, deren Opfer sie geworden waren: Eines Tages waren sämtliche Möbel aus den Häusern geholt worden, die Bettstätten, die Tische, die Schränke; später kam das Bettzeug an die Reihe, die Kissen, die Decken. Man erfuhr, daß in einer Nacht alle Juden aus Dobrzyn und Rypin verjagt worden waren. Ein neues SS-Regiment war eingetroffen. Es hieß, das seien die schlimmsten von allen, Gestapo-Leute. Der lange dürre Hurwitz, der immer alles wußte, berichtete, die SS habe es bereits fertiggebracht, die Vertreter der jüdischen Gemeinde zusammenzurufen.

»Wozu denn? Und woher kennen sie unsere Leute?« wunderte sich einer der Anwesenden.

»Wozu? Was für eine Frage! Gewiß nicht, um Geschenke zu verteilen. Sie haben Doktor Bromberger ausgewählt, weil er Arzt ist, sämtliche ehemaligen jüdischen Gemeindeangestellten, ihrer früheren Tätigkeit wegen, und noch andere. Bestimmt sollen sie als Geiseln festgehalten werden, und wir alle müssen wieder einmal Lösegeld zahlen«, prophezeite Hurwitz...

»Ich glaube eher, daß man zu ihnen sagen wird: ›Sammelt eure Schäflein um euch und haut ab‹...«, sagte der Mann.

»Wie kommst du darauf?« wollte nun Reb Schmuel wissen.

»Nu, das leuchtet doch jedem ein! Die aus Dobrzyn, aus Sierpc, aus allen Städten ringsum sind vertrieben worden. Glaubst du, Płock würde verschont und sie würden dir nichts tun, weil du Reb Schmuel bist? Was meint Ihr dazu, Hurwitz?«

Diesmal verschlug es sogar Hurwitz die Sprache. Sein Mund stand offen. Ein untrügliches Zeichen dafür, daß er nichts zu sagen hatte. Anders als die meisten Menschen preßte er nämlich die Lippen zusammen, ehe er zu sprechen begann, und öffnete sie nur einen Spalt breit, um einen wahren Sturzbach von Wörtern herauszulassen. Er wußte die kleinste Neuigkeit immer als erster, er verstand es, zwischen den Zeilen der Zeitung zu lesen, was sonst niemand entdeckt hatte. Dafür stand er in hohem Ansehen.

»Hurwitz, gibt es etwas Neues?« wurde er oft gefragt.

»Ja«, sagte er. »Etwas sehr Wichtiges.«

Dann spitzten alle die Ohren.

Endlich ergriff er dann doch das Wort:

»Erstens«, verkündete er mit fast geschlossenen Lippen, »verlangt die Gestapo, daß wir Abgeordnete aufstellen. Sie will eine Art jüdisches Komitee bilden. Das nennen sie ›Judenrat‹. Dieses Komitee, eine Art Wohlfahrts-Einrichtung, soll als Vermittler zwischen den deutschen Behörden und uns dienen. Man hat ihm bereits die Räumlichkeiten der Kehilla[1] zur Verfügung gestellt und den Ratsmitgliedern versprochen, daß weder ihre Wohnungen noch ihr Mobiliar beschlagnahmt werden.«

»Das klingt zu schön, das gefällt mir nicht!« sagte ich beunruhigt.

»Wem könnte das schon gefallen?« gab Hurwitz zurück. »Falls jemand in der Stadt den geringsten Verstoß begeht, werden die Mitglieder mit ihrem Leben bezahlen, und wenn ich sage, Verstoß… Eine erfundene Geschichte, eine Verleumdung wird genügen, damit sie ins Gras beißen müssen. Alle, die von der Gestapo zur Bildung des Judenrats bestimmt wurden, zittern vor Angst, das könnt Ihr Euch denken! Jeder hat versucht, sich zu drücken, sich hinter einem anderen zu verstecken, irgendeinen Vorwand zu finden, um sich aus der Affäre zu ziehen. Als einziger hat Sachtman den Finger gehoben, wie ein Schuljunge: ›Ich melde mich freiwillig, meine Herren!‹ Schade, daß es in der Stadt nicht mehrere Sachtmans gibt, dann hätten wir eine Sorge weniger! Der schwächliche Szperling hat versucht, sich herauszuwinden: ›Meine Herren, ich bin ein kranker Mann.‹ Woraufhin der wütende Gestapomann mit der Reitpeitsche so heftig auf den Tisch schlug, daß das Echo des Peitschenschlags in unser aller Herzen widerhallte. Dann hat er die Pistolentasche geöffnet und gebrüllt: ›Ich werde dich auf der Stelle erschießen, du Drecksjud! Halt's Maul und tu, was man dir befiehlt!‹ So, meine Freunde, ist das zugegangen!«

Hurwitz riß den Mund weit auf, das Zeichen, daß er mit seinem Bericht zu Ende war. Nun fragte ich ihn, wer sich schließlich als Mitglied des Judenrats zur Verfügung gestellt habe.

1 Jüdische Gemeindeorganisation

»Das weiß man nicht genau. Viele sind kurz zuvor nach Warschau geflohen, verschwunden! Die findet kein Mensch! Aber Doktor Bromberger ist bestimmt hiergeblieben, als Obmann, und der dicke Szatan als sein Stellvertreter.«

Vierzehntes Kapitel

Der Preis einer Kugel

Finstere Zeiten, unselige Zeiten, die Gesichter waren grau und die Blicke erloschen, eine drückende Atmosphäre lastete auf den dunklen Wohnungen, niederschmetternde Nachrichten folgten einander auf dem Fuß, fielen wie Hammerschläge, wie Dolchstöße.

Die Juden aus Żuromin und Dobrzyn sind angekommen. Innerhalb weniger Minuten hatten sie ihr Zuhause verlassen müssen. Es waren ausschließlich Frauen und Kinder, kein einziger Mann. Ihre Handkarren, beladen mit Gepäck und Bettzeug, standen mitten auf der Straße.

»Wo sind die Männer?« fragten die Leute. »Eure Väter, eure Brüder, eure Ehemänner, eure Söhne?«

»Alle deportiert!«

Nach den Juden aus Dobrzyn kamen die aus Raciąż. Sie hatten überhaupt nichts mehr und liefen mit düsteren Mienen und zusammengepreßten Lippen herum. Sie wollten nicht berichten. Es gab keine Worte für das, was sie erlebt hatten, und kein Gehirn hätte das Entsetzliche erfassen oder sich auch nur entfernt vorstellen können, was den vor der Vertreibung in der Synagoge eingeschlossenen Frauen zugestoßen war.

Man hatte sie alle, junge und alte, dorthin gebracht und sie dann gezwungen, nackt im Tempel zu tanzen. Sechzehn- oder siebzehnjährige Nazis, Hitlerjungen, hatten in den Haaren und an den intimsten Körperstellen der Frauen nach Gold, Brillanten und Geld gesucht. Einige Frauen waren irrsinnig geworden, andere hatten Herzanfälle erlitten, mehrere Selbstmord begangen.

Dann kamen die Jüdinnen von Rypin, Sierpc und aus einigen Dutzend anderer Schtetl, und jede hatte ihr Teil an grausigen Geschichten und Metzeleien mitgebracht. Was mag uns bevorstehen? fragten sich die Leute von Płock. Auch von uns wird keiner hier übrigbleiben. Heute sind sie an der Reihe, morgen wir...

Wer Geld und die Möglichkeit zur Flucht gehabt hatte, war beizeiten nach Warschau gegangen. Die anderen nähten Säcke zusammen, packten das Notwendigste hinein und warteten. Viel hatten sie allerdings nicht mehr einzupacken. Die Möbel waren bereits beschlagnahmt. In der Mitte der Stube stand ein improvisierter Tisch, an der Wand ein wakkeliges Eisenbett oder ein fauliger Strohsack, ein Kopfkissen, das man absichtlich beschmutzt hatte, um es behalten zu dürfen; die Fenster waren ihrer Vorhänge beraubt, die Wände ihrer Bilder, die Deckenbeleuchtung abgerissen. Dafür war ein neuer Gegenstand auf der Bildfläche erschienen: der Rucksack.

Niemand wußte wirklich, wann die Vertreibung stattfinden würde. Dennoch behaupteten ein paar Frauen, das Datum zu kennen: Sie nannten den Ersten des Monats, dann, nachdem der Erste vorüber war, den 15. und danach den 20., den 25.... Woher stammten diese Voraussagen? Rätselhaft! Die eine kannte eine Deutsche, die einen Schreiberling kannte, der jemand in der Verwaltung kannte, der den Erlaß gesehen hatte, mit eigenen Augen gesehen... Die andere kannte eine Schneiderin, die für die Gattin des Vorsitzenden arbeitete, die ihren Gatten, den Vorsitzenden, hatte sagen hören, daß... Man sprach von nichts anderem mehr. Neben mir diskutierten zwei Männer:

»Der Schneider Grobman ist keine Schwatzbase, nicht wahr?«

»Ja, das stimmt!«

»Also, dann geht zu ihm hinauf und fragt ihn selbst. Ein paar Deutsche haben Anzüge bei ihm bestellt. Alle sind am selben Tag gekommen, um sie abzuholen.«

»Das ist kein Beweis!«

»Meint Ihr? Wenn der Bart brennt, wird der Hals schön warm.«

»Hört doch auf! Es heißt, der Judenrat weiß etwas, aber er darf es nicht sagen.«

»Wenn sie nichts sagen können, dann werde ich Mittel und Wege finden, ihnen die Würmer aus der Nase zu ziehen. Wer geht mit?«

Wir fanden uns im Warteraum des Judenrats ein. Jemand flüsterte uns zu, wir sollten nicht hineingehen, ein SS-Offizier sei drinnen, ein Oberst, wie es schien. Was tat er dort? Ein Blick durch die Glastür verriet es uns. Er war ein hochgewachsener Mann. Er schrie und wetterte. Dann fing er an, die Juden im Büro zu ohrfeigen.

»Könnt ihr mir sagen«, brüllte er und schob seinen Ehrendolch auf dem Tisch herum, »warum der Abfallhaufen im Hof der SS noch immer nicht beseitigt ist?«

»Es ist alles hartgefroren. Man muß warten, bis es ein wenig wärmer wird«, erklärte einer der Anwesenden.

»Keine Ausreden! Ich gebe euch drei Tage Zeit. Der Judenrat ist mir verantwortlich. Ich werde es persönlich nachprüfen, verstanden?«

»Verstanden!«

Alle glaubten, er habe sich endlich beruhigt und werde weggehen. Weit gefehlt! Jetzt wollte er wissen, wer der Obmann des Rats sei, und die Liste sämtlicher Mitglieder sehen. Man gab sie ihm. Während er sie durchlas, wurde er plötzlich feuerrot vor Zorn, schlug wie wild mit dem Dolch auf den Tisch und begann aufs neue zu toben:

»Wo ist er, dieser Hund?«

Die ganze Versammlung schlotterte vor Angst.

»Wo ist er, der Hund? Ich bringe ihn auf der Stelle um!« brüllte er noch lauter.

Ein Mann wagte die leise Frage:

»Welcher Hund?«

»Der Scheißjude, der Sperling! Er muß sofort gesucht und zu mir gebracht werden! Damit ich ihn sofort umlege!«

Die Sache war sehr ernst. Der Offizier spaßte nicht, er war wirklich entschlossen, den Mann zu töten. Vor allem durfte Szperling nichts davon erfahren, womöglich hätte das Herz dieses zarten Menschen versagt. Niemand begriff, warum er der Gegenstand einer derartigen Erbitterung war, warum der Deutsche sich seinetwegen so leidenschaftlich erregte.

Sonnenberg, ein ruhiger Mann, geflüchteter deutscher Jude und Ratsmitglied, riskierte sein Leben:

»Herr Oberst, bitte verzeihen Sie ihm!«

»Kommt nicht in Frage! Dieses Schwein, dieser Hund von einem Juden, der es wagt, die Ehre meines Namens zu schänden!«

»Herr Oberst, das kann nur ein Irrtum sein«, erwiderte Sonnenberg beherzt.

»Quatsch! Das ist kein Irrtum, dieser Hund von einem Juden erfrecht sich, Sperling zu heißen wie ich.«

Das also war es! Wütend warf er Sonnenberg die Liste ins Gesicht.

»Lies doch, du Schwachkopf! Mein ehrlicher Name ist besudelt. Wie kann dieser Jude es wagen, ihn zu führen? Ich will dieser Sache augenblicklich ein Ende setzen. Ihr werdet alle beide sofort erschossen.«

Gesegnet sei der tapfere Sonnenberg! Er setzte sein Leben aufs Spiel, ohne jede Aussicht, sich aus der Affäre zu ziehen. Diese ganze Szene hatte etwas Unwirkliches an sich. Aber sie war leider keine Farce, Sonnenberg mußte sich beeilen, wenn er den unglücklichen Szperling und sich selbst retten wollte. Er hob die Liste auf, die zu Boden gefallen war, brachte sie dem Oberst und redete leise auf ihn ein. Niemand hatte etwas verstanden, aber es war klar, daß er den Offizier hatte überzeugen können: Der sehr ehrenwerte und sehr angesehene Name Sperling hatte nichts mit dem des Juden Szperling zu tun. Der Zorn des SS-Mannes war beschwichtigt, er sagte in ruhigerem Ton:

»Ja, ja, Sie haben recht. Es erschien mir ganz unbegreiflich. Meine hohe Abkunft... Ja, Szperling, das ist etwas anderes.«

Er grüßte und ging. Gott sei gedankt, der Deutsche wußte nicht, daß das polnische Sz dem deutschen S entspricht. Ein Wunder war geschehen!

Man hatte noch kaum Zeit gehabt aufzuatmen, als ein weiterer SS-Mann im Büro des Judenrats erschien. Diesmal ein Unteroffizier. Er fragte nach dem Obmann. Er erhielt die Antwort, der Obmann sei im Augenblick nicht anwesend.

»Dann müßt eben ihr die Sache in Ordnung bringen«, sagte er.

»Aber gewiß. Worum handelt es sich?«

»Ich habe gerade auf der Straße einen Juden erschossen.«

Alle erstarrten: Was war passiert? Der Mann fuhr in völlig ruhigem Ton fort, wie die SS ihn gewöhnlich nicht gebrauchte:

»Ich habe ihn getötet, weil er ein Dieb ist wie alle Itzigs. Ihr müßt die Leiche fortschaffen! Ihn begraben. Ihr versteht doch deutsch, oder?«

Er scherzte nicht!

»Und außerdem heißt es zahlen, Herrschaften«, fuhr er grinsend fort.

»Zahlen?«

»Die Kugeln sind teuer, kapiert?«

Als er das Geld für die verschossene Kugel erhalten und das Büro verlassen hatte, blieb die Gruppe fassungslos zurück.

»War das nun eine üble Posse, oder ist es wahr?«

Es war für den SS-Mann ein köstlicher Schwank und für eine kinderreiche Familie ein Drama. Der Erschossene, ein armer Arbeiter, lag mit zerschmettertem Kopf in einer Blutlache auf der Straße, um ihn standen seine weinenden und jammernden Kinder.

»Warum gerade ihn, warum unseren Vater, warum dieser Schicksalsschlag?«

Das sollte ihnen einer erklären! Das Schicksal ist blind.

Fünfzehntes Kapitel

Der gelbe Stern

Plakate, grüne, blaue, rote, weiße; Warnungen, Weisungen, Anordnungen des Staatsrats, des Gemeinderats, des Referats für jüdische Angelegenheiten, des Gesundheitsamts, der Gemeindeverwaltung, der Stadtverwaltung, des Judenrats, der Steuerbehörde und Dutzender weiterer Dienststellen. Es regnete Befehle, allerlei Polizeiorgane wachten über deren pünktliche Befolgung: die Kriminalpolizei, die Miliz, die Reservepolizisten, die Hilfspolizisten, die SS, die SA, das Dreizehnte Bataillon, die Sonderpolizei, die Geheimpolizei, die Stadtpolizei, die Anti-Terror-Brigaden, ganz zu schweigen von den verschiedenen Formen von Gendarmerie. Es waren ihrer fast so viele wie Sterne am Himmel! Und alle hatten ihre eigenen Uniformen, grüne, hellblaue, dunkelblaue, graue, schwarze, eine ganze Palette.

Alle hatten sie es auf uns abgesehen! Wie sollte man unter einem solchen Druck leben? Es war unerträglich. Aber das jüdische Volk kannte das uralte Mittel, das ihm geholfen hatte, dutzendemal das Exil, Dutzende von Verfolgungen zu überstehen: das Lösegeld.

Der Faschismus, der im Menschen die niedrigsten Instinkte weckt, Plünderern, Banditen, Raubgesindel freie Hand läßt, hatte bei den Nazis, vom kleinsten Angestellten bis zu den Spitzen der Macht, die Raffgier und eine Leidenschaft für Bestechungsgeschenke zur Blüte gebracht. Die Summen waren abgestuft, je nach der Rangstufe des Empfängers. Mit einem Geschenk, einem Scheck, einem Goldstück konnte man einen Angestellten dazu bringen, ein Auge zuzudrücken, konnte man die schlimmsten Schikanen abwenden und sich unter dem Joch weiterschleppen. Doch kaum hatte man gezahlt, um ein Unglück zu bannen, da tauchte auch schon das nächste auf: neue Plakate, neue Erlasse.

Die Juden kamen allen Befehlen pünktlich nach; mit diesem Feuer durfte man nicht spielen. Pflichtgemäß lieferten sie zuerst die Radioapparate ab, dann die Pässe und so weiter. Auf einen einzigen Befehl traf das nicht zu. Niemand beeilte sich, ihm nachzukommen, obwohl er mit keiner körperlichen Anstrengung und keiner Geldforderung verbunden war: Es ging nur darum, daß man ein Stück gelben Stoff nehmen, daraus ein Dreieck von fünfzehn Zentimetern Höhe und fünf Zentimetern Breite ausschneiden und mit der Spitze nach oben auf den Rücken der Kleidungsstücke nähen mußte. Ein kleineres gelbes Dreieck war links auf der Vorderseite anzubringen.[1] Die Menschen konnten den Gedanken nicht ertragen, daß sie dem Gespött preisgegeben waren, wenn sie mit diesem gelben Dreieck auf der Kleidung herumliefen. Aber sie konnten auch nicht die ganze Zeit zu Hause bleiben.

Strach, der Fischer, machte sich in aller Öffentlichkeit über diese zartbesaiteten Gemüter lustig, die einen so unangebrachten Stolz an den Tag legten:

»Ich werde als erster dieses gelbe Dreieck tragen! Und auch noch stolz darauf sein. Warum sich schämen? Wenn mich ein Bandit überfällt, mir meine Kleider stiehlt und mich so nackt zurückläßt, wie meine Mutter mich geboren hat, muß ich mich dann schämen? Warum ich? Er ist derjenige, der sich schämen sollte.«

Gewiß, er hatte recht. Aber niemand konnte sich entschließen. Bald war die Frist abgelaufen, die Straßen leerten sich. Jeder wartete, daß der andere anfangen würde. Mochte man sich Strachs Worte noch so oft ins Gedächtnis rufen, allen graute davor, wie »Purim-Schpiler«[2] herumzulaufen. Es war eine Frage der persönlichen Würde, der Selbstachtung.

1 Die Verordnung des Oberpräsidenten von Ostpreußen vom 20. November 1939 wurde in Płock im Dezember 1939 in Kraft gesetzt.

2 Karnevalistische Figuren aus der volkstümlichen Aufführung der Geschichte von Esther und Haman, die am Purim-Fest stattzufinden pflegte.

Am ersten Tag, von dem an das Tragen des gelben Dreiecks obligatorisch war, blieben alle Betroffenen in ihren vier Wänden. Die Leute klebten an den Fensterscheiben, um zu sehen, was sich draußen tat. Die Straßen waren fast menschenleer. Nur Altman der Narr saß vor der einstigen Synagoge, einen Blechnapf aus der Volksküche zu seinen Füßen; vor einem Kreis von Gaffern und Kindern psalmodierte er leiernd wie bei der Lesung der Megilla[1]:

»Und Mardochai ist fortgezogen, gestern ließ er sich Moritz nennen, er hatte sich angepaßt, sich mitsamt seinen Kindern bekehrt; um das Judenviertel mit seinem Zwiebelgeruch zu vermeiden, machte er einen Umweg von einem Kilometer. Heute sagt der Deutsche: ›Komm zurück, Mardochai!‹ Es gibt keinen Moritz mehr, es gibt Mardochai, einen Juden wie alle anderen. Vorne Jude, hinten Jude.«

Während er deklamierte, wies er auf das leuchtendgelbe Dreieck an seinem Gewand. Er schien von seinem Appell selbst ganz hingerissen zu sein.

Die Gaffer lächelten und wiederholten seine Worte:

»Mardochai, komm zurück. Vorne Jude, hinten Jude!«

»Der ist schon eine Nummer, dieser Meschuggene!« sagte einer von ihnen.

»Wer ist hier meschugge? Ich vielleicht? Woher wißt ihr das?« rief Altman. »Das habt ihr bestimmt von meinem Weib, dieser Geißel Gottes, dieser Hexe, die hat es euch gesagt. Wißt ihr, daß sie es sogar meinem Untermieter eingeredet und zu ihm gesagt hat, er darf mich schlagen? Hört ihr? Wer ist nun meschugge, ich oder mein Untermieter? Er zahlt mir Miete, aber er traut sich den ganzen Tag nicht ins Haus, weil er mir nicht begegnen will, und bei Nacht schläft er nicht! Er hat keinen Frieden, weder bei Tag noch bei Nacht, und trotzdem zahlt er. Er spinnt doch, oder?«

Plötzlich packte er seinen Blechnapf und rannte weg. Da-

1 Handgeschriebene Pergamentrolle, die an Purim vorgelesen wird, gemeinhin als die Rolle des Buches Esther bezeichnet.

bei sang er weiter: »Mardochai kommt zurück! Mardochai kommt zurück!« und zeigte den wenigen Passanten sein gelbes Dreieck. In diesem Augenblick hatte ich wirklich den Eindruck, wir wären alle gleich und die Welt wäre meschugge.

Wir hatten uns kaum an das gelbe Dreieck gewöhnt, als ein neuer Befehl erging. Die Drucker machten sich ans Werk, die Plakate wurden angeschlagen: Die Polizei war in höchster Alarmbereitschaft. Man hätte meinen können, das zwanzigste Jahrhundert sei in Gefahr und der Sieg der Deutschen stehe auf dem Spiel. Das alte gelbe Dreieck war nicht mehr zulässig.[1] Vielleicht, dachte ich, weil es an die Form der Purim-Kuchen erinnert, Symbole des Festes, an dem Hamans Niederlage gefeiert wird... Wer weiß? Es mußte also ein neues Stück Stoff zugeschnitten werden, diesmal rund, größer und mit einem sechszackigen Stern versehen. Die Menschen fanden noch die Kraft, sich darüber lustig zu machen:

»Eine Goldmedaille zweiter Klasse!«

Der fromme Mayer, der stets ein Gebetbuch unterm Arm trug, erklärte hingegen:

»Die Juden hat man schon immer an ihrer Kleidung erkannt, weil es Kleider waren, die nur von ihnen getragen wurden. Heutzutage haben sie diesen Brauch aufgegeben und kleiden sich wie die Gojim. Wen wundert's, daß der Herr im Himmel ihnen ein Kennzeichen verordnet, ein gelbes Mal. Das war vorauszusehen!«

»Aber warum, Reb Mayer«, sagte ich zu ihm, »haben unsere Vorfahren im Mittelalter eine gelbe Scheibe auf ihren Kleidern getragen, an denen man sie ohnehin erkannt hätte?«

»Gewiß waren sie Sünder.«

»Aber zur Zeit Chmielnickis sind doch alle fromm gewesen. Weswegen dann diese Pogrome?«

»Ihrer Sünden wegen.«

1 Eine neue Verordnung vom 15. Februar 1940 schrieb ein rundes Stück Stoff von zehn Zentimetern Durchmesser vor.

»Und die Vertreibung aus Spanien?«

»Die Sünden, immer wieder die Sünden!«

»Und die Zerstörung des Tempels?«

»Zu jener Zeit waren die Sünden noch abscheulicher...«

»Und in Ägypten, unter den Pharaonen?«

»In jenen Tagen besaßen die Juden kein Land.«

»Sind die Gojim allesamt besser als wir? Sind wir denn die größten Sünder, die größten Frevler? Ihr sprecht, Reb Mayer, mit Verlaub gesagt, wie Hitler, verflucht sei sein Name!«

»Das nenn ich einen Vergleich! Die Gojim! Wer schert sich um die Gojim?«

»Vielleicht wäre es nur gerecht, wenn man sich im Himmel auch ein wenig um uns kümmern würde.«

»Ihr Ungläubigen! Und die Tora? Was wäret ihr ohne die Tora?«

»Man muß sie einpacken und per Expreß auf den Berg Sinai schicken. Per Expreß! Zu Händen von Herrn Moses!« spottete jemand.

Reb Mayer blickte ihn erzürnt an:

»Da habt ihr ihn, den Grund für all unser Unglück. Deshalb diese neue gelbe Scheibe. Und wer weiß, was ihr uns noch alles einbrocken werdet.«

Sechzehntes Kapitel

Der schwarze Freitag

Erst lange danach bekam dieser Tag den Namen »Der schwarze Freitag«, und die Frauen setzten fromm hinzu:

»Gott der Gerechte, dieser Tag hätte all unseren Leiden ein Ende setzen sollen.«

Frühmorgens hatte die Frau, die den Kunden das Brot ins Haus brachte, etwas von schlechten Nachrichten erwähnt, ohne Genaueres sagen zu wollen. Dann hatte sie die Haustür hinter sich zugeschlagen und war weitergegangen. Ich kleidete mich hastig an und ging hinaus. Die Straße bot ein trauriges Bild, die Passanten machten ellenlange Gesichter. Ich fragte den Nächstbesten, was vorgehe.

»Was vorgeht? Nichts Gutes! Höchste Zeit, daß der Schofar[1] die Ankunft des Messias verkündet«, antwortete der Mann.

Ich wollte mehr wissen:

»Was ist passiert? Warum sind alle Leute so verstört?«

»Hört euch das an! Er fragt mich, warum die Leute so verstört sind! Man wird uns erwürgen, uns alle!«

»Erwürgen?«

»Sagen wir, erschießen.«

»Woher wißt Ihr das?«

»Genau das ist das Problem. Daß nämlich niemand etwas weiß. Aber im Grund ist es egal. Man stirbt nur einmal.«

»Wenn man nichts weiß, warum sich dann so aufregen?«

»Wegen der Anschläge an den Mauern. Sie besagen, daß alle Männer unter sechzig Jahren sich morgen, samstag-

1 Das Widderhorn, das am Neujahrsfest geblasen wird, an Jom Kippur und in dem Monat, der den im Herbst stattfindenden Festen vorangeht.

früh, in der Hauptstraße versammeln müssen, zwecks Erfassung.«

Die Meldung hatte eingeschlagen wie ein Blitz, die Menschen waren gelähmt vor Angst. ERFASSUNG DER JUDEN! Bei uns, in Płock, war dergleichen noch nie geschehen, aber man hatte schon davon gehört. Die Flüchtlinge hatten entsetzliche Geschichten erzählt. In vielen Schtetln waren die Juden auf dem Marktplatz zusammengetrieben und dann auf Lastwagen verladen worden. Innerhalb weniger Minuten war der Ort »judenrein« gewesen. Bettler, Überlebende aus Modlin, berichteten, bei ihnen sei es genauso gewesen. Niemand wisse, was aus den Männern geworden sei, die von den Deutschen abtransportiert wurden. Andere schilderten Dinge, die das Blut in den Adern stocken ließ. In einem Schtetl hatte man die Juden in die Synagoge gesperrt und dann Feuer an das Gebäude gelegt. Alle diese Männer, Familienväter, waren bei lebendigem Leib verbrannt.

Jetzt wurde unser Boot in Brand gesteckt. ERFASSUNG DER JUDEN! Die fetten Buchstaben schienen es von den Hauswänden zu schreien. Gewöhnlich wurde am Freitag alles für den Schabbes vorbereitet, aber an jenem Freitag blieben die Kochtöpfe leer und kalt in einer Ecke des erloschenen Herds stehen. Die Häuser waren düster, die Herzen schwer wie Stein. Die Mütter betrachteten mit feuchten Augen ihre Kinder, als seien sie bereits Waisen, und flehten zu Gott.

Aber wo war Gott? Die Deutschen hatten ihn aus der Synagoge verjagt und benutzten den Tempel als Pferdestall. Was also sollten wir tun? »Büßen«, spottete einer. »Schießen«, sagte ein anderer... Selbst im Schatten des Todes wollten sie nicht auf ihr Lieblingsspiel, das Wortspiel, verzichten.

Wer Verwandte oder Freunde in einem benachbarten Dorf hatte, verließ unverzüglich Frau und Kinder, um sich dort zu verstecken. Falls es noch einmal gutginge, würde er sofort wieder heimkehren, ginge die Sache hingegen schlecht aus, so hätte er sein Leben gerettet... Denn die Flüchtlinge erzählten alle die gleiche Geschichte: Sie waren ihrem Schicksal nur durch Zufall entronnen, der eine, weil er gerade nicht in der Stadt gewesen war, der andere, weil er an jenem Tag einen Arzt aufgesucht hatte...

Was aber konnten diejenigen tun, die nicht wußten, wohin? Sollten sie weglaufen, ohne ein Ziel zu haben, auf die Gefahr hin, für immer von ihren Familien getrennt zu sein? Sei's drum, man war überall in Gottes Hand. Die meisten Männer blieben in der Stadt. In banger Erwartung harrten sie der Dinge, die da kommen würden, schickten sich in ihr Los; das Los des Volkes Israel würde auch das ihre sein. Vergessen waren die Politik, die kleinen Sorgen des Alltags, alle Gedanken kreisten nur um das Morgen.

Die Häuser glichen Gräbern an jenem Abend. Leer, dunkel, unwirtlich, kein Tisch für den Schabbes gedeckt. Es wurde kaum ein Wort gesprochen, so groß waren Nervosität und Angst. Morgen würde der Tag des Jüngsten Gerichts sein! Unmöglich, an etwas anderes zu denken.

Spät in der Nacht, während die Männer schliefen, machten die Frauen sich im Haus zu schaffen, allein mit ihrer Betrübnis, flickten sie und schnürten sie Bündel mit Nahrungsmitteln und Kleidern. Am Morgen waren die jüdischen Einwohner als erste auf den Beinen.

Eingemummt in drei Garnituren Unterwäsche strömten sie auf die Straße. Die Frauen marschierten nebenher, sie trugen Beutel voll Brot für den Fall, daß man ihre Männer abtransportieren würde. Die Straßen waren schwarz von Menschen, die gelben Scheiben auf den Kleidern deutlich sichtbar. Wir, die Männer, marschierten in der Mitte der Straße. Plötzlich lief etwas wie eine Welle des Mutes durch unsere Reihen, ein Aufbäumen, als wollten wir gemeinsam sagen: »Ihr könnt uns foltern, uns töten, aber unsere Seelen werdet ihr nicht besiegen!« Wir weigerten uns, die verängstigte Herde zu sein, die sich zertreten läßt wie Gewürm. Wir wollten unser menschliches Gesicht wahren, unsere Furcht verdrängen, unsere Angst tief in unseren Herzen verbergen. Wir trugen unsere Würde vor uns her wie die Parole auf einem Spruchband!

Die Frauen weinten, die klaren Augen der Kinder glänzten vor Fieber und Furcht, wir aber zogen unbeirrt, festen Schrittes dahin. Wir wollten ihnen nicht den Gefallen tun, uns als menschliche Wracks, als Schemen in den Tod führen zu lassen. Wir waren Soldaten, völlig wehrlose, waffenlose Rekruten, die sie antreten lassen konnten, abzählen wie Schlachtvieh, in Altersgruppen einteilen, und die dennoch nicht vor Angst zitterten. So schritten wir voran, schwach, aber entschlossen, als wir Szatan erblickten, den stellvertretenden Obmann des Judenrats, der mit den Händen deutete und rief:

»Die Tischler nach rechts, die Schlosser nach links, die Schneider nach vorn! Die Friseure...«

Große Überraschung! Warum nach Berufen?

»Glaubt mir«, vertraute ein Mitglied des Judenrats mir freudig an, »es läuft auf eine Zusammenstellung von Arbeitsgruppen hinaus, danach können alle wieder nach Hause gehen.«

Es war in der Tat nichts weiter. Der Berg hatte gekreißt und eine Maus geboren... Die Erleichterung war ungeheuer, aber die Gesichter der Männer ließen noch immer nichts davon erkennen. Das Lächeln erstirbt im Schatten des Galgens, wer ihm noch einmal entronnen ist, der weiß es.

Die Gesichter der Frauen jedoch strahlten. Sie konnten ihre Freude nicht verbergen und wandten sich wieder ihren häuslichen Problemen zu:

»Schade«, sagten sie, »daß wir nichts für den Schabbes vorbereitet haben. Hätten wir einen Tscholent[1] zubereitet, dann könnten wir dieses Glück gebührend feiern, nach so viel Kummer.«

1 Traditionelle Sabbatspeise aus Fleisch, Roggen und verschiedenen Gemüsen. Sie muß schon am Freitag zubereitet und im Backofen warmgehalten werden.

Siebzehntes Kapitel

Die Zwangsarbeiten

Das Büro des Judenrats war überfüllt. Die Fensterläden waren geschlossen, die Lampen angezündet, der Ofen bullerte. Draußen war es schon hell, und es fror Stein und Bein. In dem verräucherten Raum wurde die Luft immer dicker. Alle redeten gleichzeitig, man verstand sein eigenes Wort nicht mehr. Der junge Sachtman, der Angestellte des Judenrats, der hinter der Schranke stand, hatte die Wartenden bereits mehrmals zur Ordnung gerufen.

»Ein bißchen mehr Ruhe, oder ich schicke alle hinaus!« rief er immer wieder.

Als der Lärm endlich ein wenig nachließ, begann er die Namen aufzurufen. Er mußte schreien, um sich Gehör zu verschaffen:

»Goldberg, Chaim, ist er hier?«

»Hier!«

»Steinberg, Leib?«

»Hier!«

»Margolis, Mardochai?«

»Hier!«

»Gamula, Kiwe?«

Schweigen. Diesmal kam keine Antwort. Schließlich rief jemand:

»Hier, hier! Er steht dort in einer Ecke.«

»Warum antwortet er nicht, dieser Dummkopf?«

Die Liste der Männer, die für diesen Tag zur Zwangsarbeit eingeteilt waren, hatte Sachtman aufgestellt. Bald würden die offiziellen Dienststellen jemanden herschicken, der die Leute abholen würde.

»Gamula«, fuhr Sachtman fort, »Ihr kommt zur SS. Dort

wird man Euch beibringen, unverzüglich zu antworten, wenn Euer Name aufgerufen wird, und Euch nicht erst lange bitten müssen...«

Gamula blickte stumpf vor sich hin.

Ein Arbeiter, mager, in Lumpen gekleidet, trat an die Schranke und meldete sich zu Wort. Seine Nase war aufgeschlagen und blutverkrustet, die Wange unter dem verschwollenen Auge blau verfärbt:

»Herr Sachtman, ich arbeite seit fünf Tagen bei der SS im Seminar[1]. Schickt mich nicht wieder dorthin! Zur Wehrmacht, zur Polizei, egal wohin, nur nicht mehr zu denen. Seht her, wie sie mich zugerichtet haben. Schaut Euch meine Nase an, mein Auge, es ist so gut wie blind.«

Bei diesen Worten wandte er den Kopf, um eine blutige, kaum verbundene Wunde zu zeigen.

»Wie heißt Ihr?«

»Kleiman, Itzhak.«

Sachtman sah in einem Verzeichnis nach und fuhr den Mann an:

»Ihr lügt. In dieser Woche wart ihr nur für drei Tage eingeteilt.«

»Nein, ich lüge nicht. Es gibt Zeugen dafür, daß ich fünf Tage dort war. Ich habe noch zwei Tage länger gearbeitet, als Ersatzmann für jemand anderen. Ich habe sogar zwei Mark dafür bekommen.«

»Was kann ich dafür, wenn Ihr als Ersatzmann arbeitet? Außerdem ist das verboten. Damit Ihr's Euch merkt, geht Ihr heute wieder zur SS.«

»Und verhungern ist erlaubt, wie? Glaubt Ihr, ich arbeite zum Vergnügen? Wenn ich's nicht so bitter nötig hätte, würde ich mich nicht für hundert Mark so zusammenschlagen lassen und meine Haut riskieren. Aber was soll ich machen? Meine Kinder zu Hause betteln um Brot...«

Sachtman blieb hart:

1 Gebäude des Priesterseminars

»Keine Ausnahme! Unmöglich! Was verboten ist, ist verboten.«

»Aber wer es sich leisten kann, gibt Euch Geld, um von der Zwangsarbeit befreit zu werden und einen Ersatzmann zu bezahlen. Und wen schickt Ihr an seiner Stelle? Arme Teufel wie mich!«

»Itzhak Kleiman, Ihr habt mich gehört! Ihr werdet im Seminar arbeiten, und wenn Ihr aufmuckt, teile ich Euch für die Małachowianka ein.«

Diese Drohung wirkte: Kleiman schwieg und zog sich zurück. Die Małachowianka war der Schrecken der Stadt. Dort waren wie im Seminar SS-Leute des 15. Regiments einquartiert, aber von noch üblerer Sorte. Eine einzige handverlesene Kompanie, bestehend aus den blutrünstigsten und sadistischsten Bestien. Es grenzte an ein Wunder, wenn jemand von dort mit ganzen Knochen und heiler Haut zurückkam.

Ein junger bärtiger Mann, offensichtlich ein Chassid, trat nun an die Schranke. Er war ein Flüchtling, der Schochet eines kleinen Schtetls. Er hustete mehrmals, schien etwas sagen zu wollen, brachte aber kein Wort heraus. Die Szene, deren Zeuge er soeben gewesen war, hatte ihm allen Mut genommen. Er stand einfach da und blickte unverwandt auf Sachtman, ohne das Wort an ihn zu richten.

»Was schaut Ihr mich so an?« brüllte Sachtman.

»Ich bin schwach und krank«, antwortete der Mann ruhig und wies mit der Hand auf seinen orthopädischen Gürtel.

»Habt Ihr Euch einen Bruch gehoben?« fragte Sachtman spöttisch.

Ein paar junge Taugenichtse lachten schallend, um zu zeigen, daß sie den Witz zu schätzen wußten. Aber im Hintergrund des Raums, neben der Tür, erscholl eine kräftige Stimme, die Stimme Strachs:

»Lacht nicht! Sachtman kann sich das erlauben, denn er ist eine wichtige Persönlichkeit. Und er hat Grund zum Lachen:

Es ist noch keine achtundvierzig Stunden her, da hat er sich von einem Deutschen ohrfeigen lassen...«

Sachtman sagte wütend:

»Strach, werdet nicht ausfallend, wenn ich bitten darf. Wir sind hier nicht auf dem Fischmarkt! Haltet den Mund!«

Aber Strach hatte sich bereits durch die Wartenden in die vorderste Reihe vorgearbeitet und schrie noch lauter:

»Ich soll den Mund halten! Du schickst einen halbtoten Mann zur SS, damit er vollends totgeschlagen wird, und du willst, daß ich die Klappe halte? Du verspottest einen kranken, gebrochenen Menschen und hast die Chuzpe, mir zu befehlen, ich soll den Mund halten!«

»Beruhigt Euch, Strach! Und haltet mich nicht von meiner Arbeit ab.«

»Oh, ich störe dich nicht. Schon eine ganze Weile schaue ich dir stillschweigend bei deiner Arbeit zu. Du hast deine Zeit beim Billard verbracht, und jetzt glaubst du, du kannst auf dem hohen Roß sitzen, weil man dir Litzen an deinen Rock genäht hat. Du wirst wieder herunterfallen, glaub mir! Und merk dir eins: So wahr ich Jakov Strach heiße, du wirst lernen, dich zu ducken, trotz deiner Litzen!«

Die Zuhörer waren begeistert. Stimmen erhoben sich:

»Bravo, Strach! Gib's ihm! Keine Angst!«

Mit noch lauterer Stimme und bebend vor Entrüstung, fuhr Strach fort:

»Angst? Es gibt schon genug Leute, die uns terrorisieren und uns das Leben zur Hölle machen, da braucht nicht auch noch der Judenrat das Seine dazuzutun. Müssen wir uns jetzt auch vor ihm fürchten? Sachtman! Du bestrafst einen Mann, weil er Unrecht getan hat? Von wegen Unrecht! Er hat als Ersatzmann gearbeitet. Warum fragst du ihn nicht, du Ausbund aller Tugenden, ob er noch ein Stück Brot und ein wenig heißes Wasser für seine Kleinen hat? Weil du es lieber nicht wissen willst!«

Es lief wie eine Woge durch den Raum, die Zungen lösten sich. Jeder wollte sich Gehör verschaffen:

»Ich habe seit acht Wochen nicht einen Pfennig verdient!«

»Meine Kinder frieren sich zu Tode, ich habe kein Scheit Holz mehr!«

»Ich möchte wohl ein bißchen Geld verdienen, aber es ist unmöglich, fünf Tage in der Woche werde ich zur Zwangsarbeit geschickt. Wie soll ich da zurechtkommen?«

»Die Herrschaftssöhnchen werden nicht abgestellt!«

»Die sind doch nicht verrückt und lassen sich im Seminar das Fell gerben! Also zahlen sie und bleiben ungeschoren!«

»Sollen sie zahlen! Aber das ist kein Grund, daß man mich Tag für Tag an ihrer Stelle prügelt. Schließlich muß ich eine Familie ernähren!«

»Es heißt, der Judenrat kriegt Geld für alle, die bei deutschen Zivilisten arbeiten. Wo kommt das Geld hin?«

»Sie mästen sich daran!«

»Szatans Bauch ist so dick geworden, daß er kaum noch laufen kann. So gut ist es ihm noch nie gegangen. Er sagt zu seiner Frau, sie soll alles kaufen, was sie kann, solange wir noch Krieg haben...«

Ein dröhnender Baß übertönte das Durcheinander, die Stimme Strachs:

»Nebbich. Der Krieg wird nicht ewig dauern. Eines Tages werden die Bäume wieder grünen, an denen sie hängen sollen! Hör zu, Sachtman! Hier klagt die Armut. Du spielst hier nicht mit Billardkugeln, sondern mit Menschenleben...«

Er konnte seine Anklage nicht beenden. Im Korridor erscholl ein Kommando:

»Achtung!«

Schlagartig wurde es still. Ein Soldat holte seine Arbeiter ab. Sie verließen den Raum, gefolgt von neidischen Blicken, denn in dieser Einheit wurde nur bis mittags gearbeitet. Zwar gab es keine Bezahlung, aber man setzte dort nicht seine Gesundheit aufs Spiel, mußte keine Schläge einstecken und bekam sogar ein Frühstück: eine Scheibe Brot mit Marmelade.

Nun kamen die Gruppen an die Reihe, die bei der Gemeinde, beim Arbeitsdienst und bei der Polizei eingesetzt wurden.

Auch ein halbes Dutzend SS-Leute kamen und holten ein paar Arbeiter für das Seminar. Sie trugen geflochtene Peitschen, in ihren gedunsenen Gesichtern funkelten Wolfsaugen. Über den Schilden ihrer schwarzen Mützen leuchtete der Totenkopf.

Nach dem Abmarsch des letzten Kontingents war der Raum leer. Die Angestellten und die Mitglieder des Judenrats kamen ein wenig später, ihnen auf dem Fuß folgten die Bittsteller. Die Tür stand nicht still. Der eine brachte eine Klage vor, der andere war mit der Polizei in Konflikt geraten, ein Dritter beschwerte sich über die Post. Der Rat war ein richtiger kleiner Staat, eine Miniaturausgabe nur, aber er hatte mehr als jeder andere Staat das Recht, über Leben und Tod seiner Untertanen zu entscheiden. Gegen seine Richtersprüche war keine Berufung möglich. Seine Gesetze waren bis ins kleinste zu befolgen, seine Entscheidungen endgültig. Er war absoluter Herrscher über Gut und Leben des armen Juden.

Eines Tages beschloß ich, die »Ratsherren« aufzusuchen und ihnen die Szenen zu schildern, die sich allmorgendlich, vor ihrem Eintreffen, bei der Lieferung der Zwangsarbeiter abspielten. Konnten sie so etwas dulden? Nach meinem Bericht war der zarte Szperling noch blasser als gewöhnlich. Andere senkten verwirrt die Köpfe. Die Brillengläser Zeligmans, des Sekretärs, funkelten, als er aufblickte und als erster das Wort ergriff:

»Da erzählt Ihr uns nichts Neues. Wir kennen die Situation sehr wohl, aber wir sind machtlos. Wir haben jeden Tag mit Dutzenden deutscher Dienststellen zu tun. Sie beschimpfen uns, sie schlagen uns, sie lassen uns stundenlang in den Korridoren warten. Sie behandeln uns wie Vieh, zwingen uns, zu kriechen und zu kuschen wie Hunde, und obendrein noch die Hand zu lecken, die uns schlägt. Könntet Ihr das tun? Nein! Wir auch nicht! Nur ein einziger bringt das fertig: Szatan, unterstützt von seinem Gehilfen Sachtman. Daher ist er unentbehrlich, unersetzlich. Würdet Ihr mit den Deutschen ins

Bleistiftzeichnung, die der zehnjährige Jakov nach Kriegsende angefertigt hat. Er hat sie, wie die beiden folgenden (S. 199 und S. 219), vierzig Jahre später durch Zufall im Jüdischen Historischen Institut in Warschau wiedergefunden.

Wirtshaus gehen und Euch mit ihnen betrinken? Man muß sich bei ihnen anbiedern, ihnen kleine Geschenke zustecken, sie schmieren. Das Geld kann nur durch Szatans Hände gehen.«

Ich konnte mir den Spott nicht verkneifen:

»Szatan und die Geheimfonds...«

»Ja«, erwiderte Zeligman bitter. »Wir sind von hier, wir kennen ihn. Wir wissen sehr wohl, daß drei Viertel der Fonds in seine Taschen wandern, aber wißt Ihr einen Ausweg?«

»Es ist trotzdem schwer zu schlucken. Für dieses Geld haben Unglückliche bluten müssen!«

»Ja, so ist es«, sagte Zeligman.

»Die Armut schreit zum Himmel, und Szatan schwimmt im Überfluß! Und was Sachtman betrifft, seinen bösen Geist, der tut, was er will, und euch schiebt er die Verantwortung zu.«

»Leider! Ja, das ist die bittere Wahrheit.«

Szperling, der während des ganzen Gesprächs unaufhörlich mit den Fingern auf den Tisch getrommelt hatte, richtete sich plötzlich auf und sagte:

»Ich bin kein armer Mann und kann mich satt essen, aber seht her, was aus mir geworden ist.«

Er schob den Ärmel zurück und zeigte einen knochendürren Arm. Sein Gesicht war mager, die eingefallenen Wangen waren fleckig.

»Ich bin nur noch der Schatten meiner selbst, ein Nervenbündel, das Unglück der unsrigen läßt mir keine Ruhe. Die Besoldung, die ich vom Rat beziehe, wandert nicht in meine Tasche, ich gebe alles der Suppenküche. Und trotzdem bekomme ich zu hören: ›Die kriegen Geld, die mästen sich...‹ Ständig werden wir geschmäht von denen, für die wir uns opfern. Wohlgemerkt, ich kann diese Leute verstehen und nehme es ihnen nicht übel. Sie werden gequält, sie sind am Verhungern, wem sollen sie die Schuld geben? Wenn ein Mensch hungert, glaubt er, die ganze Welt habe sich gegen ihn verschworen. Einige sind überzeugt, daß wir etwas für sie tun können, andere aber bezichtigen uns des Verrats oder der Feigheit. Ich bitte Euch also, nehmt Platz und bleibt hier bei uns. Dann werdet Ihr einen Tag lang selber sehen können, wie unsere Arbeit hier abläuft. Wenn Ihr nicht den Verstand verliert, verdient Ihr den Nobelpreis!«

Ich beschloß, das Angebot anzunehmen, um mit eigenen Augen zu sehen, was vorging.

Achtzehntes Kapitel

Eine Stunde im Judenrat

Als an jenem Morgen nach dem Abzug der Arbeiter die Amtsräume geöffnet wurden, sah ich eine Schar Frauen anrücken, alle mit zerrauftem Haar und verstörten Mienen. Unter Tränen flehten sie unaufhörlich:

»Rettet uns! Um Gottes willen, rettet uns!«

Aber niemand nahm Notiz von ihnen, niemand kümmerte sich um ihr Wehgeschrei. Man war zu sehr an solche Szenen gewöhnt.

Eine der Frauen lamentierte mit schreckgeweiteten Augen noch lauter als die übrigen, riß sich Haarbüschel aus und stieß den Kopf gegen die Mauer.

»Räuber! Mörder! Keine Spur von Judentum ist mehr in euch! Wie könnt ihr ungerührt all die Leiden eurer Brüder mitansehen!«

Eine zweite Frau fiel ein:

»Natürlich, wenn's um ihre Verwandten ginge, würden sie sich anders ins Zeug legen!«

Reb Zeligman versuchte, die Frauen zu beruhigen:

»Hört zu und glaubt mir: Euer Kummer und eure Leiden sind auch die meinen. Wollt ihr von mir hören, daß wir alles tun, was wir können? Dann müßte ich lügen, denn in Wahrheit können wir gar nichts für euch tun, wozu euch also Hoffnungen machen? Das Schicksal eurer Familien liegt in den Händen der Gestapo. Wir haben da nichts mitzureden. Wir sind machtlos. Das haben wir euch schon gestern und vorgestern gesagt und können es heute nur wiederholen.«

Diese Worte verzehnfachten nur das Jammern der Frauen. Ich wußte, was diese Frauen hierher geführt hatte: Am vergangenen Sabbat war ein Polizist beim Judenrat erschienen und hatte die Liste mit Namen und Adressen der unheilbar Kranken verlangt. Diese Liste hatte den Deutschen aber nicht genügt, sie waren selbst tätig geworden. Ihr erster Besuch galt Altman. Als sie kamen, wollte Altman gerade das Haus verlassen. Die Polizisten fragten ihn:

»Weißt du, wo der verrückte Altman wohnt?«

»Der Verrückte? Sie meinen bestimmt den blöden Altman?«

»Ja, ja, ein Blöder, ein Verrückter!«

»Er wohnt hier, zweiter Stock, erste Tür links.«

Dann drückte Altman den Hut tief in die Stirn, machte kehrt und suchte Zuflucht bei Verwandten außerhalb der Stadt, wo er sich verstecken wollte, bis der Sturm sich gelegt hatte. Die Polizei war den ganzen Tag in der Stadt unterwegs. Nachdem sie die paar Schwachsinnigen, die sie aufstöbern konnte, abtransportiert hatte, begann am Nachmittag die Jagd nach den Alten. Ein Lastwagen fuhr am Altersheim vor und verlud alle Insassen, Frauen und Männer.[1] Bis spätabends fuhren Wagen durch die Straßen, und jeder, der wie ein alter Mensch aussah, wurde aufgegriffen. Über das Los dieser Leute gab es keinen Zweifel. Seither zogen die Frauen jeden Tag weinend und flehend vor den Judenrat. Sie konnten sich nicht mit dem Gedanken abfinden, daß keine Hilfe möglich sei. Am vergangenen Sabbat hatte der Großvater am Tisch gesessen und mit den Enkeln gespielt, und seitdem – nichts mehr, verschwunden. Die Frauen schworen, sie würden sich nicht von der Stelle rühren und so den Judenrat zum Handeln zwingen.

»Es geht um lebendige Menschen, um jüdische Seelen«, sagten sie.

Die rasende Frau fuhr fort, sich Haare auszureißen und mit dem Kopf gegen die Wand zu rennen.

»Rumms! Rumms! Es ist leichter, ein Loch in die Mauer zu stoßen, als einen Toten wieder lebendig zu machen!« heulte

1 Der Abtransport der zweiundvierzig Insassen des Heims fand am 10. September 1940 statt.

sie. Sie hätte noch lange so weitergemacht, doch da hörte sie den Tritt genagelter Stiefel und eine arrogante deutsche Stimme. Es waren zwei neu in die Stadt gekommene höhere Polizisten, und laut Vorschrift hatten sie unverzüglich dem Judenrat einen Besuch abzustatten.

Nachdem sie wieder weg waren, jammerte Safran, dessen Gesicht blutüberströmt war:

»Die Zähne, die könnte der Zahnarzt reparieren, aber die Brillengläser, die sie mir zerschlagen haben, sind um keinen Preis wiederzubeschaffen, und ohne Brille bin ich geliefert!«

Dann kam der dicke Szatan atemlos hereingestürzt und ließ sich auf einen Stuhl plumpsen. Alle Blicke wandten sich ihm neugierig zu. Man wußte, daß er beim Landrat gewesen war, und achtete gespannt auf die kleinste seiner Bewegungen.

Nach einer ganzen Weile verkündete er mit weintrunkener Stimme, die Deutschen würden zwei Kilometer von Płock entfernt ein Straflager errichten. Sie forderten ein Kontingent von Gefangenen an.

Bleierne Stille legte sich über die Versammlung. Alle hielten den Atem an. Man hätte eine Fliege summen hören. Endlich wagte jemand zu fragen:

»Wie viele Opfer brauchen sie?«

»Fünfzig!... Sie wollen die Arbeitsscheuen, alle, die zu spät zur Arbeit kommen, schlampig arbeiten oder einem Befehl nicht schnell genug gehorchen«, sagte Szatan und fügte hinzu, er habe, wie üblich, dafür bürgen müssen, daß der Judenrat diesen Befehl ausführe.

Nun setzte eine lebhafte Diskussion ein. Man müsse erwidern, daß es in Płock keine Verweigerer gebe, daß alle, ohne Ausnahme, pflichtgetreu jede ihnen auferlegte Arbeit verrichteten.

»Dummes Zeug!« rief Szatan. »Dann würden sie sagen, der Judenrat verhalte sich nicht loyal gegenüber der Besatzung und boykottiere die Befehle. Wenn wir den Blutzoll nicht entrichten wollen, bedienen sie sich eben selbst. Sie werden die Männer von der Straße wegholen, und weit mehr als fünfzig, als Strafmaßnahme...«

»Verflucht seien diese Wölfe! Mögen sie tun, was sie wollen! Aber unsere Hände müssen rein bleiben, wir müssen vor dem Gewissen der ganzen Welt beschwören können, daß wir unschuldig sind an diesem Blut!«

»Und wenn sie sich die Kranken holen, die Familienväter, glaubt ihr, das wäre dann besser?« hielt Szatan dagegen.

Schon seit einer Weile rutschte Zeligman unruhig auf seinem Stuhl hin und her, er war sichtlich verlegen, öffnete den Mund und schloß ihn wieder wie ein Fisch. Schließlich ergriff er das Wort:

»Da gibt es nichts zu überlegen! Keine einzige Hand darf sich regen, um eine solche Liste für die Henker aufzustellen. Wenn Ihr beschließt, das zu tun, Szatan, werden Euch Zorn und Wut der Bevölkerung treffen und vom Angesicht der Erde tilgen.«

Die Erregung war allgemein geworden, die Diskussionen und Streitereien wurden hitziger. Szatan gelang es, sich Gehör zu verschaffen. Er schlug vor, den Referenten für jüdische Angelegenheiten, der einen Persianermantel für seine Frau haben wollte, zu bestechen.

»Wir müssen alles irgend mögliche versuchen«, stimmte Sachtman ihm zu.

Der kleine Szenwitz machte praktische Vorschläge:

»Die Bevölkerung darf von diesen neuen Forderungen nichts erfahren. Das würde noch größere Unruhe stiften. Auch sollen alle möglichst zu Hause bleiben. Der Anblick eines Juden, der müßig herumspaziert, wirkt auf die Deutschen wie ein rotes Tuch. Folglich muß den Leuten strengstens untersagt werden, ohne zwingenden Grund auszugehen. Unsere Polizei soll alle Zuwiderhandelnden energisch verwarnen. Rückfällige sollen eingesperrt werden. Dann wird die Gefahr von Razzien geringer.«

Jetzt redeten alle wirr durcheinander. Es war unmöglich, in der allgemeinen Erregung und bei dem ständigen Kommen und Gehen zu einer Entscheidung zu gelangen. Vor den Schranken warteten ein Dutzend Bittsteller.

Man beauftragte Szatan, ein schönes Geschenk für den Referenten für jüdische Angelegenheiten zu besorgen, dann wurde die Sache bis zur Mittagssitzung verschoben. Der Raum füllte sich immer mehr. Jeder drängte sich an die Schranke, um seinen Fall, sein Mißgeschick vorzutragen. Die einen weinten, andere schrien. Eine schrille Frauenstimme übertönte alle anderen.

»Was führt Euch hierher?« fragte ein Ratsmitglied.

»Habt ihr das gehört? Seit mehr als vier Wochen stell ich mich jeden Tag hier an, und jetzt fragt man mich, was mich hierher führt! Na, ratet mal! Ich will eine Wohnung! Alle anderen, die von zu Hause vertrieben worden sind, haben schon eine neue Unterkunft. Aber ich wohne noch immer unter freiem Himmel.«

»Man hat Euch doch längst ein Quartier zugewiesen.«

»Und kaum war ich eingezogen, da ist das Haus abgebrochen worden, wie alle Häuser in dieser Straße!«

»Und die Wohnung in Nummer 30?«

»Habt Ihr gesagt: Wohnung?« Sie wandte sich den Leuten jenseits der Schranke zu und zeterte mit ihrer durchdringenden Stimme: »Man hat mich in ein Zimmer eingewiesen, das ein Christ bewohnt, und der will nicht raus!«

»Er muß aber raus. Er hat vom Bürgermeisteramt den Räumungsbefehl erhalten.«[1]

»Und wenn er trotzdem nicht auszieht, was wollt Ihr dann tun? Die Stadtverwaltung wird ihn nicht einem Juden zuliebe rauswerfen! Ihr könnt ihn höchstens zum Teufel wünschen und Euch bei Gott dem Gerechten beschweren!«

Die Stimme der Frau überschlug sich. Sie brach in Tränen aus.

»Warum soll ich bei fremden Leuten auf einem Tisch schla-

1 Das Getto – auf ein Geviert von vier Straßen beschränkt – wurde vom 13. September 1940 an eingerichtet.

fen? Mein Kind hat sich im Freien erkältet, es ist krank; mein Mann, der Schuster ist, verdient keinen roten Heller, er findet keine Arbeit. Ich weiß nicht mehr ein noch aus.«

In der Nähe des Eingangs erhob sich Lärm, und die Tür wurde heftig aufgerissen. Herein drängte eine Schar Kinder, gefolgt von einem Arbeiter, dessen Kleidung und Gesicht blutverschmiert waren. Ein Arm hing kraftlos herab. Der Mann ächzte, als jemand ihn anfaßte.

»Wo kommt Ihr her?« fragte ich ihn.

Die Kinder antworteten an seiner Stelle:

»Von der Zwangsarbeit.«

»Wo hat man Euch so zugerichtet?«

»In der Małachowianka«, gaben wiederum die Kinder Auskunft.

»Warum habt ihr den Mann hierhergebracht?« sagte Zeligman erzürnt, »das hier ist keine Schaubude! Führt ihn sofort ins Krankenhaus!«

Die Kinder gerieten durch Zeligmans Gebrüll völlig außer Fassung.

Auch ich hätte am liebsten losgebrüllt, so laut, daß der Himmel mich gehört hätte, daß die Erde geborsten und zu Staub zerfallen wäre.

Neunzehntes Kapitel
Drei Geschichten

Er stand vor uns, aus dem Boden gewachsen. Wir hatten ihn nicht kommen hören. In der Stadt waren so viele SS-Leute stationiert, daß es ohnehin unmöglich geworden war, ihnen aus dem Weg zu gehen. Immer tauchte einer auf und brüllte einem ins Gesicht:

»Halt dich gerade!«

Denn sie duldeten nicht, daß man versuchte, das Gesicht zu verbergen, daß man sich das Blut abwischte, wenn man geschlagen wurde.

Dieser Mann wollte indessen keine Schläge austeilen, er war auf der Suche nach Arbeitskräften. Wir waren zu viert. Er packte zwei bei den Ohren, die zwei anderen trieb er vor sich her. Wir glaubten, er würde uns ins Seminar oder zur Małachowianka bringen, aber er führte uns zur alten Kathedrale und in den Hof des ehemaligen bischöflichen Palais. Dort befahl er, wir sollten uns nicht von der Stelle bewegen, und verschwand.

Da standen wir nun. Außer uns war kein Mensch in Sicht, und so wagte sich ein älterer Mann, auf dem Kopf eine Wollmütze, wie die Bauern sie tragen, mit einer Frage hervor:

»Was soll werden? Ich habe vier Hunderter bei mir! Ist das nicht gefährlich?«

»Niemand wird Euch durchsuchen«, erwiderte ein junger Bursche, dessen eine Hand verbunden war. »Versteckt die Scheine gut!«

»Das Sprichwort sagt: ›Unter ehrlichen Leuten braucht man kein Türschloß, und vor einem Dieb kann es nicht schützen‹«, meinte der Mann mit der Wollmütze.

»Wenn Ihr solche Angst habt, dann gebt mir die Scheine, damit ich sie verstecke«, spottete der junge Mann.

»Wo ist da der Unterschied? Glaubt Ihr, bei Euch wird sie keiner suchen?«

»Seid unbesorgt! Gegen drei Prozent will ich sie Euch sicher verwahren.«

»Moment mal, drei Prozent, das macht wieviel?« Er schob die Mütze aus der Stirn, kratzte sich hinterm Ohr, blinzelte. Was wie ein Scherz begonnen hatte, entwickelte sich zu einer ernsthaften Transaktion.

»Ich biete Euch ein Prozent – drei, das ist ein bißchen viel!«

Sie diskutierten, feilschten. Der Bursche mit der verbundenen Hand gab ein wenig nach, der Mann mit der Wollmütze ebenfalls, und der Handel wurde abgeschlossen. Heißt es nicht, den Juden liege das Handeln im Blut?

Wir warteten also im Schatten der tausendjährigen Kathedrale wie die Opfer einer Piratenbande. Vom höchsten der Türme flatterte die schwarze Fahne der SS. Und unter den Fenstern der Nazis, in der Höhle des Löwen, handelten ein paar Juden ein Geschäft aus, das auf Sand gebaut war. Schade, daß Großvater Mendele[1] das nicht hat miterleben können.

Endlich kam der SS-Mann zurück. Er befahl, wir sollten uns auf die Stufen setzen und warten. Wir sollten Kohlen abladen, die erst gegen sechs Uhr abends eintreffen würden. Es war kaum Mittag...

»Warum sind wir dann schon so früh hergebracht worden?« sagte der Mann mit der Wollmütze.

»Frag ihn doch! Oder seid ihr broges?« erwiderte der Jüngere.

»Spaß beiseite, das bedeutet fünf oder sechs Stunden bei diesen Banditen verwarten, reine Schikane.«

Der Hof war leer, die Temperatur war milde, kein Regen, kein Frost. Es war ein schöner und klarer Tag. Wir saßen da, faßten uns in Geduld, dösten vor uns hin. Der Mann mit der

1 Familiäre Bezeichnung für Mendele Mojcher-Sforim (Mendele, der Bücherhändler), Begründer der modernen jiddischen Literatur (1837–1917).

Mütze lehnte an einer Mauer und schlief fest, als ein SS-Mann, anscheinend ein Unteroffizier, auftauchte.

»Juden! Was treibt ihr hier?«

»Wir sollen Kohlen abladen.«

»Warum hat der da sich's so bequem gemacht?« fragte er und deutete auf den Schlafenden.

»Er ist müde, er ist kein kräftiger Mensch.«

»Wenn er müde ist, soll er sich da drinnen ausruhen.«

Er hob den schweren Deckel der Abfallgrube und zwang den Unglücklichen, hinunterzusteigen, dann schlug er den Deckel wieder zu. Wir waren nur noch drei. Lange verharrten wir stumm und nachdenklich. Der junge Mann mit der verbundenen Hand brach schließlich das Schweigen:

»Ob wir's riskieren können, den Deckel aufzumachen?«

Aber er sah, daß der SS-Mann droben am Fenster Wache hielt. Er gab den Plan auf, blieb sitzen wie wir anderen und begann, uns seine Geschichte zu erzählen:

»Ich bin zusammen mit einem Kameraden von der Zwangsarbeit heimgegangen. Es war halb fünf und bitter kalt. Als wir schon fast zu Hause waren, hat uns ein SS-Mann angehalten und jedem von uns zwei Päckchen zu tragen gegeben. Diese Päckchen waren nicht schwer, in jedem war nur ein Pfund Butter. Warum brauchte er wohl zwei Leute zum Tragen? Das werdet ihr gleich erfahren! Wir mußten sie nämlich auf eine ganz besondere Art tragen, mit ausgestreckten Armen, Handteller nach oben und die Päckchen auf den flachen Fingern. Er ging auf dem Trottoir, wir trabten neben ihm hintereinander im Rinnstein. Zunächst haben wir die Kälte an den Fingerspitzen nicht gespürt, aber bald wurden unsere Hände klamm, die Finger krümmten sich, und unsere Arme begannen zu erlahmen. Sobald wir von der befohlenen Haltung abwichen, sauste die Peitsche nieder.

Er führte uns zum Seminar. An der letzten Kreuzung, fünf Minuten vor dem Ziel, waren wir mit unserer Kraft am Ende. Der Frost biß uns in die Finger, der Schmerz bohrte in den Ellbogen, im nächsten Moment würden unsere Arme herabsinken. Doch ein Aufbäumen unseres Willens trieb uns, durchzuhalten, nur noch eine Minute, dann noch eine, und wir wären gerettet. Ich fühlte mich wie der Schwimmer, der nahe dem Ufer ertrinkt. Endlich waren wir am Ziel. Doch da beschloß der SS-Mann, mit uns eine Prozession rund um die Kathedrale und quer durch die Stadt zu veranstalten...!

So hat er uns eineinhalb Stunden lang durch die Straßen laufen lassen! Noch heute graut mir, wenn ich daran denke. Unsere Hände waren erfroren, ihr könnt's ja sehen. Ich weiß noch immer nicht, wie wir diese Qual ausgehalten haben. Unsere zerschlagenen Gesichter waren eine einzige Wunde, die Hände völlig taub. Wir hatten den Eindruck, an den Ellbogen Zentnergewichte hängen zu haben, die uns die Arme zur Erde zogen.

Endlich kamen wir, mehr tot als lebendig, wieder im Seminar an. Der Deutsche hat uns die Päckchen abgenommen und gesagt, wir sollten heimgehen. Doch wir hatten kaum ein paar Schritte getan, als seine wütende Stimme uns anhielt. ›Halt! Hierher! Wie spät ist es?‹ Wir waren sprachlos. ›Schaut her!‹ brüllte er und hielt uns seine Uhr unter die Nase. Es war ein paar Minuten nach sechs. Er fuhr fort zu brüllen: ›Ihr wißt wohl nicht, daß ab sechs Uhr Ausgangssperre ist? Wieso treibt ihr euch jetzt noch draußen herum?‹

Hat man da noch Worte! Er fragt uns, was wir noch außer Haus zu suchen hätten. Für ihn zählte nur, daß wir uns nicht an die Ausgangssperre gehalten hatten... Er führte uns in das Gebäude. Wir waren halbtot vor Angst. Aber er hatte es nicht eilig, ging hinaus, kam wieder, spazierte herum, schnallte sein Koppel ab. Endlich machte er sich daran, uns die fällige Lektion zu erteilen: Er erklärte uns, die Juden seien Scheiße, Schweine, Dreck, Diebe, Betrüger... Nach jedem Schimpfwort folgte ein: ›Stimmt's etwa nicht?‹ Dann mußten wir die Schmähung bestätigen, indem wir laut riefen: ›Es stimmt!‹

Plötzlich befand er, daß mein Kamerad nicht laut genug

geantwortet habe, ja, noch schlimmer, daß er gegrinst habe. Das war natürlich falsch, wir hatten nicht den geringsten Anlaß zu grinsen. Aber hier zählte nur seine Meinung. Er wollte sich indes nicht an einem Judenschwein die Hände schmutzig machen, und so mußte ich meinen Freund ohrfeigen. Die Schläge, die ich ihm gab, waren eher ein Streicheln, und die Augen des SS-Mannes sprühten Feuer. ›Du wagst es, dich über einen deutschen SS-Mann lustig zu machen? Gut, dann soll der andere eben dich schlagen!‹

Als er sah, daß der andere auch nicht williger war als ich, schäumte er vor Wut. ›Ich werde euch zeigen, wie man das macht!‹ Schon die erste Ohrfeige schleuderte mich gegen die Wand. Meinem Kameraden floß Blut aus der Nase. Nun gab der Mann mit scheinheiliger Miene vor, uns seine Milde beweisen zu wollen:

Nach seinem Gesetz verdiene jeder, der nach Beginn der Ausgangssperre noch außer Haus sei, fünfundzwanzig Peitschenhiebe; wenn wir jedoch bereit wären, uns gegenseitig mit gehörigem Eifer und mit aller Kraft auszupeitschen, wolle er diese Strafe auf je zehn Hiebe ermäßigen. ›Los, zieht die Hosen aus und legt euch hier auf den Tisch‹, befahl er.«

An dieser Stelle brach der junge Mann ab und richtete den Verband an seiner erfrorenen Hand.

Der Kopf des SS-Mannes, der uns vom Fenster aus beobachtet hatte, war verschwunden. Unter dem Deckel der Abfallgrube hörte man leises Klopfen. Wir haben den Deckel angehoben und rasch einen kleinen Stein darunter geklemmt, damit ein wenig Luft in die Grube dringen konnte. Dann nahmen wir schleunigst unsere Plätze wieder ein.

Nun begann auch ich eine ähnliche Geschichte zu erzählen, die mir zugestoßen war:

»Es war noch eine gute Viertelstunde bis zum Beginn der Ausgangssperre. Als ich schon fast meine Haustür erreicht hatte, kam mir ein SS-Trupp entgegen. Es war unmöglich, noch auszuweichen. Ich ging also weiter. Sie haben mich angehalten und gefragt, ob ich deutsch verstünde, und als ich ›ja‹ sagte, befahlen sie mir, ihnen zu folgen. Ich gehorchte, ich hatte keine Wahl. Ich marschierte neben dem Mann her, der mich angehalten hatte, ohne zu wissen, wohin wir gingen. Er zog ständig seine Uhr und sah nach der Zeit, als erwartete er jemanden. Als die Turmuhr sechs schlug, beschleunigte er den Schritt, und ich mußte mithalten.

Auf dem anderen Gehsteig kam ein junger Pole des Wegs. ›Halt! Halt!‹ schrie der SS-Mann und winkte ihn herbei. Dann fragte er den Polen in strengem Ton auf deutsch, wie spät es sei. Der Pole zuckte die Achseln, zum Zeichen, daß er nicht verstanden habe. Nachdem ich die Frage übersetzt hatte, antwortete der Pole, es sei sechs Uhr. Sofort bekam er eine saftige Ohrfeige. Er war ganz benommen und begriff nicht, was los war. Der SS-Mann befahl ihm, mitzukommen, und versetzte ihm nach ein paar Schritten mit seinen schweren Stiefeln einen gewaltigen Tritt in den Hintern, wobei er brüllte: ›Hände aus den Taschen!‹ Ich übersetzte unverzüglich, konnte jedoch dem Polen eine weitere Ohrfeige nicht ersparen. ›Los! Vorwärts! Schneller!‹ schrie der Deutsche.

Nach einer Weile begegneten wir einem älteren Mann, gleichfalls einem Christen. Die gleiche Szene: Der SS-Mann hält ihn an, und ich muß den Passanten nach der Zeit fragen. Der Mann sagt, es sei sechs Uhr. Der SS-Mann will wissen, wieso er noch unterwegs sei. Der Mann antwortet, er habe sich verspätet, und ich übersetze, er sei in der Apotheke gewesen, um ein dringend benötigtes Medikament zu besorgen. Nun will der SS-Mann wissen, wer bei ihm zu Hause krank sei. Der Mann versteht natürlich nichts. Ich improvisiere, der kleine Enkel dieses Mannes sei schwer erkrankt. Der Deutsche läßt ihn laufen.

Diesen einen hatte ich retten können, nicht aber die Folgenden; sie wurden geschlagen und mitgenommen. Wir gelangten auf einen Platz. Hier sammelten die SS-Leute ihre Gefangenen. Ein Lastwagen donnerte heran. Der große, magere Offizier namens Sperling nahm den Rapport entgegen.

Ich wollte ihm erklären, daß man mich als Dolmetscher mitgenommen hatte, als ich gerade ins Haus wollte. Noch ehe ich meinen Satz beenden konnte, knallte er mir seine Faust in die Zähne.

Schließlich mußte ich mit den anderen mühsam auf den Lastwagen klettern. Wir waren etwa zwanzig Leute, zwei davon Juden, alle eng zusammengepfercht und ohne unser Ziel zu kennen. Ich war sehr besorgt, denn ich hatte fünf geschmuggelte neue Hemden unter meiner Jacke versteckt. Sie trugen noch die Firmenetiketten. Wenn die Deutschen sie entdeckten, war mein Leben verwirkt. Sie würden alles tun, um zu erfahren, woher ich die Hemden hatte und was ich mit ihnen machen wollte... Und es kam nicht in Frage, die Leute, die mir die Hemden verschafft hatten, zu verraten. Lieber würde ich mich in Stücke schneiden und totprügeln lassen! Aber ich hatte Angst. Ich sagte mir, sie würden meinen Widerstand mit allen Mitteln zu brechen versuchen, der Kampf würde sehr hart werden...

Diese Gedanken gingen mir im Kopf herum, als der Lastwagen in den Hof des Seminars einfuhr. Wir mußten zu dem zweihundert Meter entfernten Badehaus marschieren, durch ein Spalier von SS-Leuten, die mit Reitpeitschen, Stöcken und Eisenstangen bewaffnet waren. Als wir endlich, mehr tot als lebendig, ins Badehaus kamen, erwartete uns dort Sperling. Wir mußten uns mit dem Gesicht zur Wand aufstellen, an der die schwache Glühbirne der Deckenbeleuchtung unsere Schatten tanzen ließ. Minute um Minute verging, unser Leben hing nur noch an einem Faden. Hinter uns hörten wir das Klicken der Revolver, die durchgeladen wurden.

Dann erscholl das Kommando: ›Umdrehen!‹ Dutzende von SS-Leuten mit ihren Totenkopf-Abzeichen musterten uns voll Behagen. Ein höherer Dienstgrad befahl unter dem Gejohle der Meute, wir sollten uns ausziehen. Wer ein bißchen trödelte, mußte teuer dafür bezahlen. Peitschenhiebe, Tritte von genagelten Stiefeln, Stahlruten rissen ihm die Haut auf.

Ausziehen bedeutete nichts Gutes, schon gar nicht für mich. Wo sollte ich die ›schwarze‹ Ware verstecken? Ich hatte keine Zeit zum Überlegen. Unter meinem Hemd? Kaum. Die Chance stand eins zu einer Million. Und die Peitschen blieben nicht müßig!

›Ausziehen!‹ brüllte einer der Banditen auf deutsch einen Polen an, der den Befehl nicht verstanden hatte. Mit schreckgeweiteten Augen wischte der Pole das Blut ab, das ihm von der Stirn rann, und blickte seinen Peiniger ratlos an.

Die Schmerzensschreie, die Jesus Maria Rufe, das Gebrüll vermischten sich mit dem dumpfen Klatschen der Schläge, die von allen Seiten niederprasselten. Schreie, die einem das Blut in den Adern gefrieren ließen, sich ins Gehirn bohrten, unmenschliche, entsetzliche, grauenhafte Schmerzensschreie. Als würden hier Menschen aufs Rad geflochten, gevierteilt, bei lebendigem Leib gehäutet, als reiße man ihnen die Zunge heraus. Das mußte so schnell wie möglich ein Ende haben, egal welches, denn dieses Geheul war nicht länger zu ertragen.

Plötzlich trat mir ein schwerer Stiefel mit aller Wucht in den Rücken, und ich wurde in eine Badezelle geschleudert. Der Schmerz fuhr mir in heißen Wellen durchs Gehirn, ein schwarzer Schleier hing vor meinen Augen, der Boden schien unter meinen Füßen wegzurutschen. Dann riß eine kräftige Faust mich hoch und warf mich auf einen Tisch. Meine Hände und Füße wurden mit Stahlschellen gefesselt. Mir war, als leckten Feuerzungen meinen Körper, als pflügten Stahlruten mein Fleisch. Ich war fast ohnmächtig, bewahrte jedoch noch einen Funken Bewußtsein, so sehr fürchtete ich, die an meinem Bauch versteckten Hemden könnten herausrutschen.

Endlich wurde ich erlöst, um einem neuen Opfer Platz zu machen, und fand mich bei den anderen im Vorraum wieder. ›Anziehen!‹ befahl ein SS-Mann. Wir zogen die Hälfte unserer Kleidungsstücke an; mit den übrigen bedeckten wir die Köpfe, um uns vor den Schlägen zu schützen, die es auch weiterhin hagelte. Das wenige, was ich von meinen Leidensgefährten sehen konnte, war schrecklich: blutige Lippen, verschwollene Gesichter, gebrochene Nasen...

Danach wurden wir, noch immer unter Schlägen, zum Lastwagen getrieben. Wir hatten nicht mehr die Kraft, uns allein hinaufzuziehen. Wir wurden wie Säcke auf die Ladefläche geworfen. Der Wagen startete in die Nacht hinaus, hielt aber alsbald wieder an. Draußen erschollen Befehle, aber keiner von uns konnte sie verstehen. Endlich ging die Fahrt weiter. Wohin? Wir wußten es nicht. Durch einen Spalt in der Plane konnten wir das Licht der Scheinwerfer eines Autos sehen, das uns nachfuhr. Die Schergen folgten uns! Vor Angst und Kälte klapperten mir die Zähne. Was wollten sie noch von uns? Wir waren ohnehin schon halbtot.

Der Lastwagen verließ die Stadt. Drinnen stellte man sich quälende Fragen: Offenbar fuhren wir auf der Straße nach Bielsk, aber warum dorthin? Sollten wir auf freiem Feld abgesetzt und dort erledigt werden? Oder in ein Lager kommen? Die erste Möglichkeit wäre die bessere: Wir hätten schneller ausgelitten...

Wir hatten gute zehn Kilometer zurückgelegt, als der Lastwagen hielt und uns der Befehl zum Aussteigen erteilt wurde. Aber wie sollten wir in unserem Zustand über die hohe Rückwand abspringen? Das Gebrüll unserer Peiniger dröhnte: ›Runter mit euch!‹ Sie hatten sich im Halbkreis aufgestellt, die Gewehrmündungen wiesen auf den Lastwagen. In Sekundenschnelle waren wir alle unten!

Der Mensch ist stärker als Stahl. Der Selbsterhaltungstrieb gebot uns, um keinen Preis zu stürzen. Es gelang den Schergen, uns in einer Reihe aufzustellen, dann hieß es: ›Laufen!‹ Kaum hatten wir ein paar Schritte getan, als Gewehrschüsse knallten. Gesegnet sei die Nacht, die Dunkelheit dieser Nacht, sie war unsere beste Verbündete.

Einige Zeit irrte ich im lautlosen Dunkel umher. Auf den Feldern lag Schnee. Die Wagen waren längst verschwunden. Rufe lockten ein paar Menschen aus der Dunkelheit. Dreizehn meiner Gefährten lagen auf dem Erdboden hingestreckt, sieben hielten sich noch auf den Beinen. Wir schleiften die Verwundeten bis zu einem nahen Gehöft und ließen sie bei den Bauersleuten. Dann machten wir uns unverzüglich auf den Heimweg. Wir wußten, sobald der Schmerz wieder einsetzte, würden wir es nicht mehr schaffen.

Es fror Stein und Bein, die Nacht war schwarz, nur der Schnee strahlte eine bleiche Helle aus. Wir faßten einander bei den Händen und marschierten zügig. Nach Mitternacht war ich zu Hause. Seltsamerweise verspürte ich noch immer keine Schmerzen. Aber am nächsten Morgen – unmöglich, aufzustehen. Vier Wochen lang mußte ich auf dem Bauch liegen, und während der folgenden vier Wochen konnte ich nicht sitzen. Ich aß im Stehen, ich schrieb im Liegen.«

Der Deckel der Abfallgrube bewegte sich ein wenig; dem Gefangenen schien die Luft knapp zu werden. Der junge Mann mit der erfrorenen Hand und ich wandten uns nun an den Dritten:

»Jetzt ist die Reihe an Euch, erzählt uns, wie Ihr dafür habt büßen müssen, daß Ihr Jude seid.«

Er antwortete nicht. Langsam, wortlos knöpfte er sein Hemd auf. Seine nackte Brust trug eine Narbe mit blaurot verfärbten Wülsten, in Form eines Hakenkreuzes.

Wir schwiegen; es bedurfte keiner Worte, wir hatten begriffen. Der Mann war einer der zehn Märtyrer. Wir alle kannten ihre Geschichte. Respektvoll nahm ich meine Kopfbedeckung ab und stand vor ihm auf. Seine Wunde sagte alles…

Zwanzigstes Kapitel
Die zehn Märtyrer

Verfluchter Tag!

Ich verkaufte meine Seele dem Teufel. Ich wollte Schluß machen, ich wollte sterben! Doch Mephisto selber schien hinter meinem Rücken zu lachen. Ich mußte leben, so qualvoll dies auch sein würde, den Kelch bis zur bitteren Neige leeren, bis zum Wahnsinn…

An jenem Morgen hätte ich zur Zwangsarbeit gehen sollen, aber ich hatte mir um den Preis einer Mark einen Ersatzmann besorgt. Für meine Verhältnisse war eine Mark nicht viel, aber sie bedeutete sehr viel für einen armen Schlucker: Brot mit einer braunen, glänzenden Kruste, trocken, aber doch Brot, und ein bißchen Milch für die hungrigen Kinder; auch die Miete für eine Dachkammer.

Um den Preis einer Mark also war dieser Mann mit den anderen fortgegangen, alles junge und kräftige Menschen. Ihrer zehn mußten zu den Schergen in die Małachowianka, zehn Männer, die zu Fuß abmarschiert waren und auf Bahren zurückgebracht wurden, zehn Märtyrer, zehn Brüder. Die Banditen feierten ein Fest, das große Fest des Nationalsozialismus, und zur Feier dieses Tages hatten sie sich auf Kosten jener Unglücklichen einen besonderen Spaß geleistet.

Ehe man die Opfer ins Spital einlieferte, waren sie in die Krankenstube des Judenrats gebracht worden. Bleiche weinende Menschen hatten die Straßen gesäumt, um den Zug zu sehen. Damals haben Gläubige ihren Glauben verloren.

Als man den ersten entkleidete, kam ein schwarzer, mit Striemen gezeichneter Körper zum Vorschein. Und genauso sahen die anderen aus, alle zehn. Einer von ihnen blutete heftig aus einer Halswunde. Vier SS-Leute hatten ihn kopfüber in eine Truhe gestopft und den Deckel niedergedrückt, während die übrigen ihn auspeitschten.

Bei einem waren mehrere Rippen und Rückenwirbel gebrochen. Ihm war befohlen worden, eine glatte Wand hochzuklettern. Der Rückweg war versperrt, die einzige Rettung ein offenes Fenster im ersten Stock. Seine Fingernägel hatten sich an jede Unebenheit der Wand geklammert, in jeden Riß im Verputz gekrallt, in den kleinsten Spalt. Schon war das Fenster in Reichweite, die Rettung ganz nah; als von oben ein Eimer eiskalten Wassers über dem Unglücklichen ausgegossen wurde. Vor Schreck ließ er los, stürzte zu Boden und blieb regungslos, mit zerschmetterten Rückenwirbeln, liegen.

Bei einem anderen waren sämtliche Armgelenke ausgerenkt. Man hatte ihn mit den Händen an einem Balken aufgehängt, so lange, bis seine Gelenke krachten. Seitdem baumelten seine Arme kraftlos wie die Gliedmaßen einer Marionette.

Alle wurden gefoltert, jeder auf eine andere Art, und wie Schlachtvieh markiert. Mit einer Rasierklinge schnitt man ihnen ein Hakenkreuz aus der Brust und einen Davidstern aus dem Rücken.

Der alte…[1] strich mechanisch über sein Kinn, suchte den Bart, der ihm abgeschnitten worden war. Fassungslos rief er den Himmel an:

»Gott der Gerechte! Wie können Menschen aus dem Fleisch anderer Menschen Figuren ausschneiden?«

Er wußte nicht, daß es eines Festes wegen geschehen war, des großen Festes der Nazis.

Ein junger Mann schrie kochend vor Zorn:

»Schaut euch diesen Judenrat an! Krepieren sollen sie alle! Wie können unsere Vertreter so feige sein? Sie sollten sich aufraffen und zu dem SS-Arzt gehen, er muß bestätigen, was passiert ist!«

Er wußte nicht, daß ein paar Tage zuvor ein lebensgefährlich erkrankter zwölfjähriger Junge ins Spital eingeliefert

1 Name im Manuskript unleserlich

worden war. Der SS-Arzt, bei dem der Junge als Dienstbote arbeitete, hatte das Kind gezwungen, zwei Zigarren aufzuessen...

Eine fromme Frau zerkratzte sich mit den Fingernägeln die Wangen und lamentierte:

»Wir sind verloren, wir sind des Todes! Wir wollen unsere Kleider zerreißen, Psalmen singen, zu Gott beten!«

Sie wußte nicht, daß Gott vor den Gebeten der Unglücklichen die Ohren verschlossen hatte, daß Er von nun an mit den Verfolgern der Armen gemeinsame Sache machte...

Eine junge Frau staunte über die blühende Phantasie der Mörder, ihre unmenschliche Raffinesse, den Einfallsreichtum ihrer Foltermethoden. Zehn Opfer, zehn verschiedene Torturen, welche Vielfalt!

Sie wußte nicht, daß Nazi-Deutschland diese Kunst an seinen Eliteschulen lehrte. Den Banditen des 15. Regiments gebührte nicht der erste Preis in der Kunst des Folterns; anderswo gab es noch größere Meister.

Der Zug der zehn Märtyrer von der Krankenstube zum Spital wurde von einer Menschenmenge begleitet. Alle bebten vor Wut, die Frauen weinten, die Leute haderten mit Gott.

Nur der Teufel konnte lachen.

Einundzwanzigstes Kapitel
Rückkehr aus der UdSSR

Alle Gruppen mit Ausnahme der Reservisten waren schon zur Zwangsarbeit aufgebrochen. Ein paar Männer, die frei geblieben waren, liefen im Hof des Judenrats herum, und wie immer in solchen Situationen schwatzten sie, diskutierten, stritten sich.

Strach hielt sich, entgegen seiner Gewohnheit, abseits, er schwieg, seine Mundwinkel waren nach unten gezogen. Ich ging zu ihm hinüber:

»Was ist mit Euch, Strach? Habt Ihr ein Schiff mitsamt seiner Ladung Sauermilch verloren?«

»Ein Schiff? Eine ganze Flotte, ja! Ich hatte all meine Hoffnung auf die große russische Armada gesetzt, die allein uns retten könnte. Und was passiert? Die Leute kommen von drüben wieder zurück.«

»Wer kommt wieder zurück?«

»Alle möglichen Leute, munkelt man.«

»Es wird so viel gemunkelt!«

»Aber ein paar sind schon hier. Heut früh bin ich einem von ihnen begegnet, du kennst ihn bestimmt, es ist Ulje, der Bauer.«

»Hat wohl einen Grund, daß man ihn den Bauern nennt...«

»Außerdem hab ich Altman gesehen, den Sohn des Schneiders. Und viele andere sind unterwegs.«

Während wir redeten, kam Hurwitz über den Hof gerannt, lief von einem zum anderen. Schließlich hatte er einen Kreis von Neugierigen beisammen, in dessen Mitte er feierlich verkündete:

»Meine Worte bewahrheiten sich. Ich habe es von Anfang an gesagt...«

Ich unterbrach ihn ärgerlich:

»Was habt Ihr gesagt? Sprecht, wir sind ganz Ohr!«

»Als ich von der widernatürlichen Verbindung zwischen dem Russen und dem Deutschen erfuhr, habe ich sofort gesagt, da tun sich zwei Strolche zusammen, vom selben Kaliber, gleich und gleich gesellt sich gern... Ja, das habe ich gesagt.«

Ein gewisser Reb Meilach, ehemals Mehlhändler, mischte sich ein:

»Das stimmt nicht ganz. Es gibt sehr wohl Leute, die drüben eine neue Heimat gefunden haben und recht ordentlich leben!«

»Und warum seid Ihr dann wieder hier?«

»Weil man mich nicht hat passieren lassen. An der Grenze bin ich festgenommen und zurückgeschickt worden.«

Hurwitz lachte schallend:

»Habt ihr das gehört? Ein Getreuer des Roten Zaren, den man nicht passieren läßt?«

»Niemand kann mir nachsagen, daß ich die geringste Sympathie für den Kommunismus hätte oder mich auch nur einen Deut für die Sache des Proletariats interessierte«, fuhr Reb Meilach fort, »aber man muß zugeben, daß die Bolschewiken recht haben, wenn sie nicht Krethi und Plethi ins Land lassen. Paßt auf, ich will euch erzählen, was ich erlebt habe:

Wir haben pro Person fünfzig Złoty für die Fahrt über den Fluß bezahlt. Am anderen Ufer hat sich die Gruppe zerstreut, um keine Aufmerksamkeit zu erregen, und hinaus ging's in die Nacht. Plötzlich höre ich jemanden brüllen: ›*Stoi!*‹ Ein russischer Soldat steht vor mir und schreit mich an: ›Wer da?‹ Ich antworte: ›Ein Jude, der vor den Deutschen flieht, um sein Leben zu retten!‹ Er fragt mich, ob ich Schmuggelware bei mir hätte. Ich zeige ihm, daß ich gar nichts mehr habe. Die Deutschen hatten mir sogar mein bißchen Mundvorrat und Wäsche abgenommen...

Nun führt er mich zum Wachlokal, wo mir versichert wird, ich könnte anderntags in der Frühe ungehindert die Grenze passieren. Nach und nach füllt sich das Lokal mit etwa dreißig Juden, die mit Sack und Pack an der Grenze festgenommen worden waren. Sie hatten alles mögliche bei sich: Schuhe, Nippes, Stoffe, Trikotagen, Kurzwaren. Einer schleppte sogar drei Säcke Färbemittel.

Verwundert frage ich sie, wie sie es angestellt haben, das alles mitzunehmen. Nun, einer hatte einen Bauern bezahlt, der wußte, wie man die deutschen Wachtposten umgehen konnte; ein anderer kannte einen Goi von drüben; ein dritter hatte Umgang mit einer Schickse[1], die mit den deutschen Posten Schwarzhandel trieb. Sie behaupteten, es sei viel leichter, sich mit den Deutschen zu arrangieren, als mit den Russen. Jeder hatte eine Geschichte zu erzählen, die bewies, daß die russischen Soldaten unbestechlich seien.

›Aiwai, so ein Schlamassel!‹ lamentierten sie, denn sie alle hatten Schmuggelware bei sich. Einer sogar einen Sackvoll T'fillin. Ich war baff. Ich fragte ihn, ob er das wirklich zu den Bolschewiken bringe. Er versicherte mir, die Riemen seien drüben pures Gold wert. Er mache die Reise zweimal pro Woche, und sobald er drüben ankomme, werde ihm diese Ware buchstäblich aus den Händen gerissen... Einer meiner Nachbarn, mit dem ich Bekanntschaft geschlossen hatte, trug überhaupt kein Gepäck. Als er mein Erstaunen sah, lachte er und erklärte mir, die Reisenden ohne Gepäck machten die besten Geschäfte: Sie trügen ganze Vermögen hin und her, denn sie handelten mit Devisen. Sie brächten Dollars nach Białystok, Golddollars oder Banknoten, und erhielten dafür Rubel, die sie in Złotys umtauschten. Ein fabelhafter Trick, aber man brauche dazu das nötige Grundkapital und müsse harte Rückschläge verkraften können, falls die Wechselkurse plötzlich fallen sollten. Deshalb begnüge er sich damit, Uhren zu befördern, zehn Dutzend Uhren, die er in seinen Rocktaschen und an den Armen trug.

›Seht Euch diese Leute hier an‹, sagte er zu mir. ›Ich gehe

1 Nichtjüdische Frau, meist abschätzig gebraucht.

jede Wette ein, daß jeder ein paar Uhren dabeihat, das ist eine leichte und sichere Methode, ein bißchen Geld zu verdienen. Die Russen sind scharf auf Uhren, vor allem die Soldaten. Sie bieten Euch den Sold eines ganzen Jahres dafür. Und glaubt mir, es handelt sich nicht etwa um erstklassige Qualität! Alles Tinnef, Schund, repariert und auf Hochglanz poliert. Ein Zifferblatt und zwei Zeiger: das ist für sie eine Uhr! Sie verstehen nichts davon. Jemand hat mir erzählt, er habe einem russischen Muschik, einem Mongolen oder Kirgisen, anstatt einer Uhr einen Kompaß angedreht, und zu einem stolzen Preis! Meine Uhren sind Ramsch, nach drei Tagen kann man sie wegwerfen...‹

In einer Ecke hatte ein Spitzbärtiger mit einem Filzhut auf dem Kopf einen jungen Mann an den Rockaufschlägen gepackt. Der Jüngere hatte schwarze Koteletten, die fast das ganze Gesicht bedeckten, und ein kleines Schnurrbärtchen. Alle kannten ihn unter dem Namen Max Bernard. Der Mann mit dem Filzhut versuchte, ihn zu einem Handel zu überreden. Besagter Max, der wie ein Pariser Apache aussah, machte sich los, ohne den anderen einer Antwort zu würdigen. Er ging zwischen den Leuten herum, flüsterte, diskutierte, feilschte, kassierte...

Sein Gemauschel wurde kurz vor Tagesanbruch durch die Ankunft eines Offiziers der Grenztruppe unterbrochen. Er warf einen Blick in die Runde und fragte, was hier vorgehe. ›Wir sind Flüchtlinge!‹ ›Wir sind vor den Deutschen geflohen!‹ ›Sie wollten uns erschießen oder aufhängen‹, schrien alle durcheinander.

Der Offizier erblickte nun die prall gefüllten Säcke. Sein Gesicht wurde krebsrot, die Augen flammten, und er fing an, uns zu beschimpfen: ›Schmugglerbande! Schieber, Kanaillen! Trotzkisten! Konterrevolutionäre!‹ Die Menge fragte mit Unschuldsmiene: ›Wie? Was? Wir wissen nicht, wovon Ihr sprecht. Wir sind weiß wie Schnee!‹

Der Offizier wurde noch wütender. Er fing an zu brüllen: ›Trotzkistenpack! Die Sowjetunion ist zu euch wie eine

Mutter gewesen. Wir haben Hunderttausende von euch bei uns aufgenommen. Wir haben euch die gleichen Rechte eingeräumt wie den anderen Bürgern. Und ihr, was macht ihr? Ihr verpestet unsere Luft! Vorgestern haben eure Jugendlichen aus Łódź und aus Warschau eine Staatsbank überfallen. Wir erlauben, daß ihr euch in unserem Land ansiedelt, wir bieten euch Arbeit in unseren Fabriken, aber ihr rührt euch nicht von der Stelle. Ihr bleibt an der Grenze kleben, in Erwartung besserer Zeiten, und ihr treibt Schmuggel. Ihr betrügt die leichtgläubigen Bauern, ihr demoralisiert unsere Soldaten. Das muß schleunigst aufhören. Gewiß sind auch ehrliche Flüchtlinge unter euch. Sie werden mit euch büßen müssen. Ihr werdet allesamt zu den Deutschen zurückgeschickt.‹«

Nach diesem ausführlichen Bericht schöpfte Reb Meilach Atem, um zum Schluß zu kommen:

»Ich bin zwar nicht sehr gut im Russischen, aber was ich verstehen konnte, hat mir die Schamröte ins Gesicht getrieben. Dieser Offizier hat völlig recht gehabt.«

Als er geendet hatte, setzte eine lebhafte Diskussion ein. Die Menge spaltete sich in zwei Lager:

»Ach! Eine feine Sache, unser jüdischer Nationalstolz!« sagte einer.

Hurwitz attackierte ihn höhnisch:

»Schweigt gefälligst! Ihr seid ein roter Chassid. Es hat bereits die Chassidim von Ger, von Alexander, von Belz und von sonstwo gegeben. Ihr aber seid ein Chassid von Moskau, Ihr geratet in Ekstase vor dem russischen Satrapen.«

»Ihr könnt sagen, was Ihr wollt, aber die Tatsachen sind nicht wegzureden: Hunderttausend Juden konnten sich in den Osten retten!«

»Von wegen! Sie kommen wieder.«

»Die Spreu vom Weizen...«

Strach mischte sich ein:

»Meine Tochter schreibt mir, sie und ihr Mann kommen zurück.«

Ein Mann, der sich abseits gehalten hatte, ergriff nun das Wort und sagte in gemessenem Ton:

»Das Gegenteil würde mich wundern. Könnt ihr euch den harten Winter in Białystok vorstellen, wo sich Tausende von Flüchtlingen drängen, die Lebensmittel rar, die Preise unerschwinglich sind, und wo vor allem Unterkünfte fehlen? Die Menschen hausen dicht zusammengepfercht in den Synagogen, sie schlafen auf dem nackten Boden, sie werden vom Ungeziefer aufgefressen, sie können nicht einmal ein Hemd waschen. Dazu kommt die Sorge um diejenigen, die sie zurücklassen mußten. Man kann diese Leute verstehen!«

Hurwitz und seine Anhänger, ein paar junge Zionisten, ließen nicht locker:

»Da gibt es nichts zu verstehen. Die Sache ist klar! Ich habe gestern mit Altman, dem Sohn des Schneiders, gesprochen. Er hatte bereits Arbeit in einer großen Stadt, in Minsk, aber er wollte wieder nach Hause zurück, weil er dort eine winzige Wohnung hatte.«

»Na und? Ist ihm hier vielleicht ein Palast eingeräumt worden? Wißt ihr, wie viele Leute im Freien nächtigen, weil ihre Wohnungen konfisziert wurden, ihre Möbel und ihr gesamtes Hab und Gut?«

Hurwitz ignorierte den Zwischenruf und fuhr fort:

»Das Leben dort drüben ist kein Leben, die Seife ist keine Seife, das Radio ist kein Radio. In allen Wohnungen sind Lautsprecher installiert, und man muß sich ihre Propaganda anhören. Altman hat mir erzählt, er sei bei einer Tanzveranstaltung gewesen, einem sogenannten ›Volksabend‹. Die jungen Mädchen trugen Nachthemden als Tanzkleider, und das war für sie der Gipfel der Eleganz.«

Er hätte noch lange so weiterreden können, aber sein Gegner fiel ihm ins Wort:

»Kurzum, meine Freunde, der junge Altman mußte aus Minsk wieder fort, weil ihm seine Wohnung nicht paßte und weil ihm das Radio nicht gefiel – hier ist es besser –, und vor allem, weil die Frauen ihm nicht elegant genug waren!«

Inmitten des Gelächters erhoben sich Zwischenrufe:

»Hier haben die Deutschen ihm eine angemessene Wohnung bereitet!«

»Einschließlich Radio!«

Alle, mit Ausnahme der Zionisten, waren sich einig: Nachdem Altman schon drüben gewesen war, hätte er auch unter allen Umständen drüben bleiben sollen.

»Wahrscheinlich ist er nicht ganz richtig im Kopf«, warf jemand ein.

Hurwitz schlug blitzartig zurück:

»Genau! Wer mit ihren fixen Ideen nicht einverstanden ist, den erklären die Roten für verrückt und stecken ihn in eine Zwangsjacke. Bursztyn, der Friseur, ist also nicht ganz richtig im Kopf? Und Iljecki! Warum sind sie zurückgekommen?«

Bursztyn und Iljecki! Das Argument traf ins Schwarze. Ich kannte die beiden gut: sie standen den Kommunisten nahe. Der eine gehörte einer Zelle der...[1] an. Ich hatte sie häufig bei Straßendemonstrationen und Parteiversammlungen getroffen. Was hatte sie wohl veranlaßt, die Sowjetunion zu verlassen, um hierher zurückzukommen, in die Hölle?

Einige Zeit später sollte ich Gelegenheit haben, mit einem von ihnen zu sprechen. Ich war, zusammen mit anderen, in einem großen, gut geheizten Raum der Kaserne damit beschäftigt, mittels einer Rasierklinge polnische Uniformen aufzutrennen. Die deutschen Soldaten und unteren Chargen redeten freundlich mit uns.

Einer meiner Gefährten beklagte sich: »Ständig müssen wir zur Zwangsarbeit, es bleibt uns keine Zeit, ein paar Mark zu verdienen!«

»Deshalb«, verteidigte sich der Unteroffizier, »habe ich es so eingerichtet, euch das Leben erträglicher zu machen: Wer hier freiwillig sieben Tage hintereinander arbeitet, erhält einen Schein, der ihn für die folgenden sieben Tage von der Zwangsarbeit freistellt.«

1 Im Manuskript unleserlich

»Ich habe diesen Schein dem SS-Mann gezeigt, der mich zur Arbeit holen wollte«, sagte ein älterer Mann. »Er hat das Papier zerrissen und gesagt, es ist einen Scheißdreck wert, und dann hat er mir mit der Faust ins Gesicht geschlagen.«

Der Unteroffizier wurde rot vor Zorn:

»Scheißdreck? Hat er das gesagt?«

»Genau das.«

»Eine Bescheinigung von der Wehrmacht war für ihn also nichts wert?«

»O doch, sie war ihm so viel wert, daß er mir drei Zähne ausgeschlagen hat.«

»Gut«, fuhr der Unteroffizier fort, »wir wollen es ihnen mit gleicher Münze heimzahlen. Nämlich dann, wenn man uns eines ihrer Papiere vorlegt.«

Das war für die Juden ein schwacher Trost! Es bedeutete für sie, daß jeder Soldat, dem sie eine von der SS ausgestellte Bescheinigung vorlegen würden, das Papier in Fetzen reißen, es als »puren Scheißdreck« bezeichnen und dem Juden sodann die Zähne einschlagen würde... So weit war ich mit meinen Überlegungen gekommen, als ein Soldat den Kopf durch die Tür streckte:

»Die 3. Kompanie fordert einen Juden an.«

Der Unteroffizier befahl mir, mitzugehen. Wir waren bereits im Hof, als er den Soldaten namens Hans zurückrief und ihm mitteilte, ich hätte mein Marmeladebrot noch nicht bekommen. Alles mußte seine Ordnung haben... Als wir bei der 3. Kompanie eintrafen, erhielt ich tatsächlich mein Frühstück, dann erfuhr ich, was ich zu tun hatte: Zu zweit sollten wir den Stall ausmisten und das alte Stroh im Hof verbrennen. Ich saß im Stall und wartete auf den zweiten Mann. Dort rupfte ein Soldat zwei Gänse. Er habe sie gemästet, erzählte er mir, um sie morgen, wenn er auf Urlaub fahre, mit nach Hause zu nehmen. Ich half ihm beim Rupfen. Ich hatte Lust, mich ein wenig mit ihm zu unterhalten, um zu erfahren, was er dachte. Ich begann leichthin:

»Es ist nicht gut, ein Jude zu sein.«

»Das wird sich nach dem Krieg ändern!«

Ich ließ nicht locker:

»Wenn es ein Verbrechen ist, Jude zu sein, dann müßte man meinen Vater bestrafen, der mich zum Juden gemacht hat.«

Ganz offensichtlich war ihm das Thema nicht geheuer. Doch nachdem er sich vorsichtig umgeblickt hatte, flüsterte er mir ins Ohr:

»Glaub mir, an dieser Sache bin ich noch weniger schuld als dein Vater!«

Inzwischen war mein Arbeitskamerad eingetroffen. Es war ausgerechnet der sanfte Bursztyn. Wir machten uns ans Werk. Das Feuer wärmte uns angenehm das Gesicht. Er fing an, mir von seinem Abenteuer im Osten zu erzählen:

»Ich habe hart gearbeitet dort drüben, jenseits der Grenze. Ich war nicht an so schwere Arbeiten gewöhnt. Ich wurde in einem Sägewerk beschäftigt, wo ich Bretter und Balken schleppen mußte. Mein Lohn fiel bescheiden aus, weil es mir nicht gelang, das Soll zu erfüllen. Er reichte kaum zum Leben.«

»Habt ihr mit der Betriebsleitung gesprochen?«

»Das war zwecklos. Für uns, die Neuen, hatte man ein niedrigeres Soll festgesetzt, damit wir unsere Rubel leichter verdienen könnten. Außerdem durften wir in den Läden einkaufen, ohne Schlange stehen zu müssen, es gab einen besonderen Eingang für Flüchtlinge. Trotzdem gelang es uns nicht, den Akkord zu halten.«

»Und du glaubst, bei den Deutschen sei das Leben leichter?«

»Wenn wir Bescheid gewußt hätten, wären wir nicht so dumm gewesen, zurückzukommen. Wir hatten uns die Lage hier nicht so fürchterlich vorgestellt. Es wäre auch nicht so schlimm gewesen, wenn wir keine Familie gehabt hätten. Aber wir hatten unsere Frauen und Kinder zurückgelassen. Der Wunsch, sie wiederzusehen, ließ mir keine Ruhe. Ich hatte mich bei der Fabrikleitung verpflichtet, dort zu bleiben, solange der Krieg dauern würde, bat jedoch um die Zusicherung, daß ich die Meinen später nachkommen lassen durfte. Diese Zusicherung wurde mir verweigert. Daher wuchs in mir die Überzeugung, daß ich für immer von Frau und Kindern getrennt bleiben würde.«

»Und jetzt wird eure Rückkehr von unseren politischen Gegnern, den Feinden der Arbeiterklasse, ausgenützt.«

»Einen Verleumder kann man nicht mundtot machen. Das Schlimmste ist, daß die einfachen Leute uns als Feiglinge, als Deserteure betrachten, und sie haben recht. Wir hätten noch weiter nach Osten ziehen sollen. Freunde, die es getan haben, schreiben uns schöne Briefe. Aber wir wollten möglichst nah der Grenze bleiben, in der Nähe unserer Familien. Dem haben die russischen Behörden nun einen Riegel vorgeschoben. Alle Ausländer werden von jetzt an aus dem Grenzgebiet entfernt. Machen wir uns nichts vor: Der Hitler-Stalin-Pakt ist eine Farce. Wasser und Feuer passen nicht zusammen. Das kann nicht lange gutgehen. Deshalb wollen die Russen alle verdächtigen Personen aus dem Grenzbereich entfernen, jedes Risiko von Spionage, Schmuggel und geheimen Aktivitäten ausschließen.«

Das Stroh brannte, und darüber erhob sich eine dicke Rauchwolke. Stumm, in Gedanken versunken, betrachteten wir den Funkenregen, den der Wind davontrieb.

Ich brach das Schweigen:

»Du sagst, den Arbeitern dort drüben wird ein bestimmtes Soll vorgeschrieben?«

»Man hat kaum Zeit zum Atmen.«

»Es gibt also keine Arbeitslosigkeit?«

»Im Gegenteil! Es herrscht ein enormer Mangel an Arbeitskräften. Die Fabriken arbeiten in drei Schichten.«

»Aber dann wird doch produziert! Warum fehlt es trotzdem an Waren?«

»Diese Frage habe ich oft gestellt, und ich habe immer die gleiche Antwort erhalten: die Armee! Sie braucht alles für sich... Aber Frankreich und England haben schließlich auch Armeen, und das hindert diese Länder nicht daran, Güter des täglichen Bedarfs zu produzieren. Ja, so liegen die Dinge!«

Wir, Bursztyn und ich, konnten im Jahr 1940 nicht wissen, daß die Länder, in denen Güter des täglichen Bedarfs produziert wurden, keine wirklich schlagkräftigen Armeen besaßen, während diejenigen, die auf Butter, Fleisch und Bekleidung verzichteten, alle ihre Kräfte auf die Kriegswirtschaft konzentrierten. Ich habe es später erfahren. Bursztyn hingegen erfuhr es nie. Die Deutschen haben ihn eines Tages von der Straße weg verhaftet und in ein Konzentrationslager verschickt, wo er erschossen wurde.

An den folgenden Tagen kehrten noch ein paar Leute zurück. Unsere Gegner machten sich das zunutze, um aufzutrumpfen:

»Da habt ihr euer sowjetisches Paradies...«

Dann wurde die Grenze endgültig geschlossen. Niemand kam mehr zurück. Wir erfuhren, daß alle, die ihre Rückkehr angekündigt hatten, weit weg, in den hintersten Winkel des Landes, nach Archangelsk, deportiert worden waren. Strach hatte einen Brief seiner Tochter und seines Schwiegersohns bekommen, die man dorthin verbracht hatte. Er beklagte sich bitterlich.

»Ist das ihre sogenannte Gerechtigkeit und Brüderlichkeit? Sie haben uns betrogen!«

»Wer hat Euch betrogen?« sagte ich zu ihm.

»Die russischen Genossen!«

»Haben sie Euch etwas versprochen?«

»Nein, aber sie haben so gut geredet!«

Ich nahm Strach beiseite, um freier argumentieren zu können:

»Es liegt mir fern, Eure väterlichen Gefühle verletzen zu wollen, aber sagt mir doch bitte, warum Euer Sohn nicht aus Lemberg ausgewiesen wurde.«

»Er ist Medizinstudent.«

»Schön, er studiert. Und wieviel kostet sein Universitätsstudium?«

»Nichts! Das ist kein Problem. Er hat ein Stipendium der Regierung.«

»Derselben Regierung, die Eure anderen Kinder deportiert hat?«

»Hm... ja.«

»Fragt Ihr Euch nicht, warum diese Regierung, die Eure Tochter, die Sozialistin, so ungerecht behandelt, so gut ist zu Eurem Sohn, einem gewöhnlichen jungen Mann? Denkt einmal nach! Wenn Ihr nicht dahinterkommt, will ich es Euch erklären.«

Strach kratzte sich verwirrt am Kopf. Er mußte zugeben, daß sein Sohn nach dem Abitur in Polen nicht die geringste Aussicht auf Zulassung an einer Universität gehabt hätte, während die Regierung drüben ihm sogar ein Stipendium gewährte. Ich hakte nach:

»In Friedenszeiten haben sogar die demokratischen Staaten über verdächtige Personen in den Grenzgebieten Aufenthaltsverbote verhängt. Heute, da ein Krieg zwischen Rußland und Deutschland unvermeidlich erscheint, gibt es bestimmt deutsche Spione unter den Flüchtlingen. Können die russischen Behörden das dulden? Folglich haben sie drakonische Maßnahmen ergriffen: ›Wenn ihr wirklich hierher geflüchtet seid, um dem Feind zu entkommen, wenn ihr wirklich euer Leben retten wollt, dann zieht tief ins Landesinnere, wir haben euch die Tür weit geöffnet. Aber wenn ihr zu den Deutschen zurückwollt, seid ihr verdächtig, und wir sind gezwungen, euch im Auge zu behalten, weit weg von der Grenze...‹«

Ich konnte reden, soviel ich wollte, für Strach zählte nur, daß man seine Kinder in weite Ferne deportiert hatte, in die Kälte des unwirtlichen Archangelsk.

Überdies krakeelten rings um uns Hurwitz und seine Bande auf Teufel komm raus und machten die ohnehin verwirrten Menschen vollends kopfscheu.

Zweiundzwanzigstes Kapitel

Das Jahr 1940

Das Vierziger Jahr! So reich an schwerwiegenden Ereignissen, an Umwälzungen, an politischen Wirren, ein Jahr, dessen Geschichte mit dem Blut der Schlachtfelder geschrieben wurde. Das Jahr der gewaltigen Schlachten, in dem nach dem Fall Norwegens, der Niederlande, Belgiens und Frankreichs die Karte Europas neu gezeichnet werden mußte. An der Hölle der Juden von Płock hingegen hatte sich 1940 nichts geändert. Wir lebten unter demselben Alpdruck, wir blieben der Willkür derselben Peiniger, derselben Mörder ausgeliefert. Wir waren zwischen denselben rotglühenden Zangen eingeklemmt, wir schliefen auf denselben Nagelbrettern.

Dafür änderte sich einiges am Alltagsleben der Polen. Es begann mit der Beschlagnahme ihrer Geschäfte, aus ihren Wohnungen wurden Bettzeug und Wäsche requiriert. Und als sie nichts anderes mehr hatten, ging es ihnen ans Leben.

In einer einzigen Nacht wurden Tausende von ihnen zusammengetrieben und nach Dachau transportiert. Die gesamte Intelligenzija, die Richter, die Priester, die Studenten, die Angestellten, die Mitglieder der politischen Parteien und Gruppierungen. Alle, denen man zutraute, daß sie des Lesens, Schreibens und Denkens fähig waren, wurden wie Sklaven nach Deutschland verschleppt. Das geschah in Hunderten von Kleinstädten, in Dutzenden von Landkreisen.

Die polnischen Bauern dagegen hatten den ganzen Sommer hindurch friedlich gearbeitet. Sie hatten gepflügt, gesät, geerntet, das Korn gedroschen. Im Herbst jedoch, als alles in den Scheunen war, die Kartoffeln eingelagert, die Weidetiere in den Ställen, und als die Höfe von Federvieh wimmelten, fuhren Lastwagen in die Dörfer ein, die von Gendarmen umstellt waren. Die ganze Bevölkerung sollte nach Deutschland expediert werden. Die Menschen sprangen aus den Fenstern, versuchten, in die Wälder zu fliehen. Männer, Frauen und Kinder wurden getrennt. Sie durften nichts mitnehmen. Auf den Lastwagen, in die sie verladen wurden, waren deutsche Siedler gekommen, die alles in Besitz nahmen, wofür sich Generationen geplagt hatten: Bargeld, Häuser, Felder, Vieh, Gespanne, die Vorräte an getrockneten Früchten, an Gemüse und Honig, die Betten, die Wäsche, die Möbel, alles... Die deutschen Siedler fanden das ganz in Ordnung... Bedenkenlos richteten sie sich im fremden Eigentum ein. Sie fanden es nur natürlich, daß alles ihnen, den Deutschen, zustehen sollte. Von Kindheit an hatte man sie gelehrt, daß sie die Herrenrasse seien. »Deutschland, Deutschland über alles, über alles in der Welt«.

Am jüdischen Leben änderte dieses Jahr, wie gesagt, nichts. Man begegnete den gleichen verstörten Gesichtern mit den gleichen verschwollenen Augen und ausgeschlagenen Zähnen. Die Häuser waren ausgeplündert, trostlos. Nur eines war anders als 1939: im Jahre 1939 hatten wir noch an die Niederlage Deutschlands geglaubt, hoffnungsvoll darauf gewartet, daß die Alliierten die entfesselte Bestie zähmen würden. 1940 war Europa geschlagen, und die Bestie zertrampelte, zermalmte ihre Opfer...

Woher konnte Hoffnung auf Rettung kommen? Der Osten war abgeriegelt, der Westen besiegt und entmachtet. Wir waren die Schwächsten der Schwachen, wehrlos schleppten wir unser elendes Leben unter dem Joch dahin, bis an die Grenzen unserer Kraft. Wir hatten geglaubt, die Tiefe des Abgrunds erreicht, den Kelch bis zur Neige geleert zu haben. Wer hätte wissen können, wer hätte sich vorstellen können, daß alles, was wir durchgemacht hatten, die Leiden, die Foltern, nur Bagatellen gewesen waren im Vergleich zu der Hölle, die uns erwartete?

Ich entblöße mein Haupt und verneige mich tief vor den Opfern und Märtyrern. Ich will meinen Zorn zügeln, die Bitterkeit, die mein Blut vergiftet, mäßigen, die Wut, die mir den Geist verdunkelt, besänftigen, die zitternde Hand, die meine Feder hält, beherrschen. Mit verwundeter Seele, beklommener Brust, mit wehem Herzen, mit tränengefüllten Augen, mit geballten Fäusten werde ich versuchen, alles zu beschreiben, das Blut und die schwärenden Wunden, um Zeugnis abzulegen von der Niedertracht und der Schändlichkeit, deren der Mensch fähig ist.

Ende 1940 war der Transport der Juden in die Gettos abgeschlossen. In unserer Stadt war es schlimm gewesen, anderswo aber noch schlimmer. In Włocławek hatte man die Menschen an einem Samstagabend überrumpelt und innerhalb einiger Minuten mit Stockschlägen und unter Schmähungen ins Getto getrieben, das aus ein paar Hütten außerhalb der Stadt bestand. Dort mußten je fünfzehn sich einen Raum teilen. Jeder persönliche Besitz, mit Ausnahme eines Strohsacks, war ihnen verboten. Am Morgen stapelten sie die Säcke in einer Ecke, am Abend legten sie sie wieder nebeneinander auf den Boden. Die Mahlzeiten wurden an einem improvisierten Tisch eingenommen. Die Familien aßen reihum.

Aber auch die Leute von Włocławek waren noch nicht am schlimmsten dran: In Kutno, der Nachbarstadt, hatte man die Juden zunächst interniert und durchsucht. Alles, was auch nur den geringsten Wert darstellte, war konfisziert worden. Danach wurden sie in dem verfallenen Gebäude einer stillgelegten Fabrik außerhalb der Stadt zusammengepfercht; das Gedränge war unerträglich. Bei trockenem Wetter hielten die Menschen sich im Freien auf. Wenn es regnete, schützten sie sich, so gut es ging, unter Zeltbahnen oder in selbstgebastelten Hütten. Einige suchten Zuflucht in Spinden, die auf dem Hof standen. Aber auch die Leute von Kutno konnten sich nicht allzusehr beklagen, denn anderswo war es noch schlimmer, zum Beispiel in Łódź, das vollständig eingeschlossen war.

Kurzum, die Juden von Płock hatten nicht das schlechteste Los gezogen. Gewiß, sie hatten alle in bestimmte Straßen umziehen müssen, waren aber wenigstens in der Stadt geblieben. Die Umzüge waren ohne Hast vonstatten gegangen, jedem war sein Platz in den Wohnungen der Polen zugewiesen worden, die ihrerseits die jüdischen Straßen verlassen mußten.

Das Problem war, daß die Juden sofort nach Erhalt des Bescheids ihr Heim räumen mußten, während die Polen sich Zeit ließen. Sie blieben noch wochenlang, monatelang in ihren Wohnungen, und niemand konnte sie zur Eile zwingen. Die Juden kampierten inzwischen im Freien oder schliefen in eisigen Schuppen. Die Kinder wurden krank. Immer mehr Leute beklagten sich beim Judenrat.

»Worauf wartet ihr noch, ihr Schurken, um uns den zugesagten Wohnraum zu verschaffen?« schimpften sie.

Der Judenrat schickte sie zur Wohnungskommission. Dort riet man ihnen zu Geduld:

»Der Wohnraum, den wir euch zugewiesen haben, ist euch sicher, niemand wird ihn euch wegnehmen. Ihr müßt eben warten.«

Also warteten wir, im Freien, in der Kälte. Unsere armselige Habe wurde von den Unbilden der Witterung ruiniert, und noch immer tat sich nichts. Die Reichen hatten längst ihre Quartiere getüncht und gestrichen. Die Mitglieder des Judenrats wohnten in einem Haus, das dem geflüchteten …[1] gehört hatte. Aber für die anderen war kein Ende abzusehen. Sie belagerten weiterhin den Amtssitz der Wohnungsbehörde, standen ganze Tage lang Schlange, damit die Bürokraten ihnen Wohnraum verschaffen sollten. Nur den Glückspilzen wurde sofort etwas zugewiesen. In der Warteschlange wurde, wie immer, heftig diskutiert:

»Warum kriegen die Reichen sofort ihre Einweisungen, ohne warten zu müssen?«

1 Name im Manuskript unleserlich

»Wißt ihr nicht, daß die immer Massel haben? Außerdem hängt dies von Szatan ab, ihn müßt ihr fragen...«

Just in diesem Augenblick kam der Genannte vom Bürgermeisteramt zurück. Er brachte eine Liste polnischer Wohnungen mit, in die Juden eingewiesen werden sollten. Die Kommentare wurden noch heftiger:

»Wenn man bei Szatan etwas erreichen will, muß man Geld haben, andernfalls wartet man bis in alle Ewigkeit...«

»Die besten Wohnungen sind für die Betuchten, uns bleiben die Keller und Dachkammern, und sogar die sind nur mit Mühe zu bekommen!«

»Dank dieses Krieges wird Szatan sich zehn Häuser kaufen können!«

»Er frißt sich dermaßen voll, daß ihm vorher noch der Bauch platzen wird!«

Um den anzüglichen Bemerkungen ein Ende zu machen, mußten jüdische Polizisten eingreifen und die ganze Gesellschaft hinauswerfen.

Ich dachte an meine Freunde, die sich nach Rußland abgesetzt hatten, während es hier so viel zu tun gab: Wir mußten uns organisieren, die Massen wachrütteln, ihnen helfen, sich zu wehren. Es war niemand mehr da, ich allein mußte den Kampf gegen Korruption und Ungerechtigkeit aufnehmen, doch ich war entschlossen, ihn bis ans Ende zu führen. Im Judenrat machte man sich übrigens über mich lustig: Was fiel mir eigentlich ein, daß ich Szatan die Stirn bieten wollte?

Natürlich geriet mir das zum Nachteil. Seit über einem Monat war mir eine Wohnung zugewiesen, und noch immer zog ich von einem Notquartier zum anderen, noch immer kam kein Bescheid vom Bürgermeisteramt, daß meine neue Wohnung frei sei. Obwohl ich bei jedem Aufruf der erste war, der Geld spendete. Ich versuchte nie, mich davor zu drücken, auch wenn ich nicht viel verdiente. Aber ich weigerte mich, für eine amtliche Bescheinigung ein Schmiergeld springen zu lassen.

Endlich, sehr spät, bekam ich dann doch, was mir zustand.

Ich machte mich unverzüglich ans Desinifizieren und ans Tünchen der Wände. Kaum war ich damit fertig, als Männer der Getto-Polizei erschienen und mir befahlen, sofort wieder auszuziehen. Ihr Chef, Dr. Bluman, hatte Gefallen an meiner Behausung gefunden. Ohne die geringste Scham hatte er dieses kleine Zimmer und die angrenzenden Räume, in denen vier Flüchtlingsfamilien wohnten, für sich beansprucht. Die Flüchtlinge, die sich machtlos fühlten, zogen widerstandslos ab.

Ich beschloß, nicht klein beizugeben, und schrieb an den Judenrat:

Sehr geehrte Herren,
soeben erhalten vier Flüchtlingsfamilien und ich den Befehl, unsere Wohnungen zu räumen und diese Herrn Dr. Bluman zu überlassen. Ich beabsichtige nicht, an Euren Gerechtigkeitssinn zu appellieren, das überlasse ich Leuten, die nichts Besseres zu tun haben. Aber ich frage Euch: Mit welchem Recht kann ein Jude einem anderen Juden gewaltsam das Dach über dem Kopf wegnehmen? Dies kann nur mit Hilfe unseres gemeinsamen Feindes geschehen. Ihr schafft hiermit einen kriminellen Präzedenzfall: Anstiftung zur Denunziation. Von nun an wird jeder mit Hilfe des Feindes seinen Nächsten berauben, ihm das letzte Hemd stehlen können. Und der Feind wird jederzeit zur Mithilfe bereit sein.

Denkt genau darüber nach! Ein erster Fall wird zur Gewohnheit, zur Norm werden. Es wird kein anderes Recht mehr geben als das Recht des Stärkeren. Ihr, die Ihr berufen seid, zu helfen, die Moral der Gesellschaft zu heben, werdet in ein schlechtes Licht geraten. Jeder wird von nun an in doppelter Furcht leben: in der Furcht vor den Deutschen und in der Furcht vor dem Judenrat.

Ich betrachte diesen Befehl als unzulässig und weigere mich, ihm zu gehorchen. Es ist mir durchaus bewußt, daß ich mich auf einen ungleichen Kampf einlasse. Ihr könnt die Polizei einsetzen, und hinter Euch stehen die Deutschen. Ich hin-

gegen kann mich nur auf die öffentliche Meinung stützen, aber ich werde sie aufrütteln und kämpfen, um Euch Eure schmutzigen Geschäfte nach Kräften zu erschweren und Euch jede Lust auszutreiben, so weiterzumachen.

Ihr kennt gewiß die traurige Geschichte der einstigen jüdischen Steuereintreiber, die noch heute im Gedächtnis unseres Volkes fortlebt. Wollt Ihr Gegenstand des Hasses und der Verwünschungen werden?

Ich weigere mich, Eurem Räumungsbefehl nachzukommen. Seid versichert, falls Ihr mir meine Wohnung wegnehmen wollt, wird Euch dies nur durch Gewaltanwendung gelingen, da ich sie niemals aus freien Stücken räumen werde.

Mit vorzüglicher Hochachtung usw.

Am nächsten Tag lag ich noch im Bett, als an meine Tür geklopft wurde. Es waren zwei junge Männer, die mich ihrer Unterstützung versichern wollten.

»Wir haben von Eurem mutigen Kampf gehört. Wir kommen, um Euch zu bitten, nicht nachzugeben. Euer Schreiben hat viel Staub aufgewirbelt. Die Wohnungskommission hat schließlich Dr. Bluman die Einweisung in Eure Wohnung verweigert. Daraufhin hat Szatan den Rücktritt der Mitglieder dieser Kommission gefordert. Sie haben dem stattgegeben. Er hat auch von ihnen verlangt, sie sollten ihre Mandate niederlegen, was bedeutet hätte, daß sie wieder zur Zwangsarbeit bei der SS herangezogen worden wären. Aber da sind sie hart geblieben. Wenn Ihr jetzt aufgebt, ist alles verloren. Im Getto wird die Barbarei Einzug halten. Das wäre das Ende. Alles wird drunter und drüber gehen. Ihr dürft nicht schwach werden! Ihr dürft nicht nachgeben! Verzichtet nicht auf Euer, auf unser gutes Recht!«

Die jungen Männer waren längst wieder gegangen, als ich noch immer dasaß, in Nachdenken versunken, den Kopf in die Hände gestützt. Hatte dieses Hundeleben überhaupt noch einen Sinn? Lohnte es noch, zu kämpfen? Für einen einzelnen kaum, es galt zu handeln, die Opfer zu organisieren, sie zum Widerstand gegen die Nöte ihres Alltags zu mobilisieren. Das gab dem Leben wenigstens einen Inhalt. Ich beschloß, mich dafür einzusetzen, koste es, was es wolle.

Doch bald schon fiel der nächste Schlag und warf alle Pläne über den Haufen: Um die Zeit der strengsten Kälte, zwischen Weihnachten und Neujahr, wurden mehrere tausend Polen aus der Stadt vertrieben. Auch über ihnen waren die schwarzen Flügel der Verbannung zusammengeschlagen.

Dreiundzwanzigstes Kapitel

Der neue König

Die Atmosphäre war bedrückend. Weiteres Unheil braute sich über unseren Köpfen zusammen: Ein neuer Chef der Gestapo war eingetroffen.

Der Judenrat schickte ihm anläßlich des Neujahrsfestes, und weil er es immer so hielt, ein Willkommensgeschenk. Als der Überbringer sich bei dem Offizier einstellte, zog dieser die Pistole und drohte, den Mann zu erschießen. Das war ein schlechtes Vorzeichen. Daß ein Nazi-Bonze sich nicht schmieren lassen wollte, ging über den Verstand der gewöhnlichen Sterblichen. Es war wider die Naturgesetze, so unwahrscheinlich, als schiene die Sonne mitten in der Nacht, als flössen die Wasser bergauf! Und doch: der neue Gestapo-Chef war ein Ehrenmann...

Sogleich nach seiner Ankunft machte er einen Rundgang durch das Getto, in Zivilkleidung, damit niemand versuchte, ihm aus dem Weg zu gehen. Dann und wann hielt er aufs Geratewohl ein paar junge Männer an, ließ die einen wieder laufen, nahm andere fest, fünf im ganzen. Es war gegen Abend, als sie bei der Gestapo ankamen. Die Lampen brannten schon. Die jungen Männer waren verstört. Alles hier flößte Angst ein, die Totenköpfe an den Mützen, die feisten Gesichter der Gestapoleute, der riesige bösartige Hund, der im Zimmer umherstrich und die Gefangenen beschnüffelte. Was wollte man von ihnen? Warum gerade sie? Aus dem angrenzenden Raum drangen Stimmen, sie schienen von den Wänden zurückzuprallen wie Geschosse.

Einer der Gestapomänner schlug den Gefangenen zur Begrüßung seinen Knüppel auf den Kopf; dann erklärte er:

»Wir wollen euch verhören. Wart ihr schon einmal hier?«

»Nein«, antworteten sie alle zugleich.

»Dann merkt euch: ich will eine klare Antwort auf jede meiner Fragen. Was ihr antwortet, ist eure Sache, aber ich warne euch: Die Worte ›ich weiß nicht‹ gibt es nicht in unserem Wörterbuch. Da werden wir böse. Rolf wird auch böse, nicht wahr, Rolf?«

Rolf, der Hund, schoß tückische Blicke. Er reckte den Hals, riß das Maul mit den blinkenden Fangzähnen weit auf und knurrte.

»Verstanden?« fragte der Unmensch.

»Verstanden«, antworteten sie im Chor.

»Gut. Der erste!«

Er öffnete eine Tür und übergab den Gefangenen einem Diensthabenden, einem Riesen, dessen knappsitzende Uniform aus allen Nähten zu platzen drohte. Die Speckfalten seines roten ausrasierten Nackens hingen über den Rockkragen.

»Ausziehen und Kleider da drüben hinlegen!« brüllte er.

Dann ergriff er eine geflochtene Lederpeitsche mit eisenbewehrten Enden und fing an, den Körper seines Opfers damit zu bearbeiten. Zerfetzt, zerrissen, am Ende seiner Kräfte, verlor der Unglückliche das Bewußtsein und sank zu Boden. Der Riese nahm einen Eimer mit kaltem Wasser und goß ihn über dem Ohnmächtigen aus. Nachdem der junge Mann wieder zu sich gekommen war, führte der Deutsche ihn in die Amtsstube, blickte ihm starr in die Augen und begann mit der Befragung:

»Wer ist Kommunist? Wer betreibt Schwarzhandel? Wer befaßt sich mit Politik? Wer hält Waren versteckt?«

Der junge Mann schwieg auf alle Fragen. Man hörte nur das Knurren des Hundes Rolf, der ihn umkreiste. Plötzlich trat der Gestapomann so nah an den jungen Mann heran, daß beide fast Nase an Nase standen. Sein Atem stank nach Schnaps. Dem jungen Mann wurde schwarz vor den Augen, seine Knie begannen zu zittern, sosehr er sich auch zu beherrschen suchte, und gaben schließlich unter ihm nach.

»Antwort!«

Ohne daß er wußte, wie es kam, sprach sein Mund die schicksalhaften Worte aus:

»Ich weiß es nicht.«

Sofort krachte ihm der Pistolenknauf zwischen die Augen. Dann packte ihn eine eiserne Faust von hinten und beförderte ihn mit einem Stoß in den Keller. Eine kleine Weile herrschte völlige Dunkelheit, dann flammte plötzlich Licht auf. Eine starke elektrische Birne, die von der Decke herunterhing, war angeknipst worden und blendete ihn. Ehe er wußte, wie ihm geschah, hatte Rolf sich auf ihn gestürzt. Der losgelassene Hund zerfetzte den Rest der Kleidung seines Opfers, grub die Fangzähne in dessen Körper und riß Fleischstücke heraus. Von der obersten Treppenstufe aus beobachtete der Riese voller Genugtuung das Gemetzel.

»Faß, Rolf! Zeig's ihm!« brüllte er.

Nachdem man mit allen fünf Unglücklichen so verfahren war, wurden sie ins Stadtgefängnis geschafft. Sie hatten alle unterschrieben, daß sie Kommunisten seien. Anderntags, kurz nach Mitternacht, brachte man sie wieder zur Gestapo zum Verhör... So ging es zwei Wochen lang, Tag für Tag, ehe sie ins Lager Działdowo[1] geschickt wurden, wo sie umgekommen sind.

Das war die Geschichte der Fünf. Es gab noch Dutzende mehr. Jeden Tag wurden ein paar Leute auf der Straße oder zu Hause verhaftet. Nirgends mehr sollte man sich unbedroht fühlen dürfen, weder draußen noch drinnen, immer sollte man den Schatten des Todes fühlen.

Alle Festgenommenen erlitten die gleichen Torturen, die gleichen Verhöre, aber nach jeder Prozedur wurden sie wieder nach Hause geschickt und mußten sich dann am nächsten Mittwoch oder Samstag erneut melden, von Woche zu Wo-

1 Deutsch: Soldau. Durchgangslager, 1940 in einer ehemaligen Kaserne eingerichtet. Vom Februar 1940 bis September 1941 wurde es mit extremer Grausamkeit von dem SS-Mann Hans Krauze geleitet. Siehe: *Office of Chief of Counsel for War Crimes*, Nr. 1073, 1074 und 1076 (Archiv des jüdischen Dokumentationszentrums).

che. Sie hatten kaum Zeit, ihre Wunden zu pflegen, ehe der gefürchtete Mittwoch oder Samstag wiederkehrte. Es blieb ihnen nur noch ein Ausweg: sich die Schlinge um den Hals zu legen. Durch Flucht konnten sie ihrem Schicksal nicht entrinnen. Wenn sie flüchteten, würden ihre alte Mutter, ihre Schwester, ihr Bruder an ihrer Stelle gefoltert werden. Es half auch nichts, wenn man seine Seele verkaufte und andere denunzierte. Dadurch wuchs nur die Zahl der Opfer, die eigenen Qualen wurden nicht geringer. Um die Verhöre mittwochs und samstags kam man nicht herum. So funktionierte das System…

Inzwischen hatte der Judenrat Befehl erhalten, die gesamte jüdische Polizei der Gestapo vorzuführen. Sogar die Kranken mußten sich aus den Betten schleppen und sich melden. Man fragte sich, warum man sie antreten ließ. Gab es einen Zusammenhang mit dem Feiertag der deutschen Polizei, der in diese Zeit fiel? Aber welchen? Und warum forderten sie die Anwesenheit der Kranken? Hing das mit der Lieferung von acht neuen Reitpeitschen zusammen, die die Gestapo tags zuvor vom Judenrat verlangt hatte? Die Peitschen waren doch geliefert worden! Sollten sie ausprobiert werden?

Wir mußten uns nicht lang den Kopf darüber zerbrechen! Da waren sie wieder, die jüdischen Polizisten, sie kamen zurück. Gemeinsam waren sie in Reih und Glied abmarschiert. Einer nach dem anderen kamen sie wieder: das Gesicht entstellt, Platzwunden am Schädel, aus den Mündern und gebrochenen Nasen blutend, die Kleidung in Fetzen. Einer suchte Halt an einer Mauer und glitt zu Boden. Wasser wurde geholt. Die Ärzte hatten an jenem Tag alle Hände voll zu tun.

Die deutsche Polizei hatte ihr Fest gefeiert...

VIERUNDZWANZIGSTES KAPITEL

Die Tage vor der Vertreibung

Allem Anschein nach arbeiteten die Deutschen bestimmte Pläne aus, bereiteten irgend etwas vor. Die Gestapo hatte einen ihrer Generäle zusammen mit einer offiziellen Kommission hergeschickt.

Die Juden zerbrachen sich die Köpfe, fragten sich, was wohl bevorstehen mochte, und befürchteten das Schlimmste. Sie diskutierten, stellten Vermutungen an, warteten in Angst und Bangen: Würde man sie wirklich aus der Stadt verjagen? Wohin? Auf welche Weise? Wie viele von ihnen? Bald zeigte sich, daß das 13. Gendarmerie-Bataillon Dutzende von Lastwagen bereitgestellt hatte. Demnach war unser Schicksal besiegelt.

Schon vor einiger Zeit hatten zwei Massenvertreibungen von Polen stattgefunden. Männer, Frauen mit Säuglingen in den Armen und Kinder hatten die Stadt verlassen müssen, ein Bündel als einziges Gepäck. Innerhalb von fünf Minuten mußten sie reisefertig sein, die Angelegenheiten eines ganzen Lebens geregelt haben. Die Frauen verließen mit tränennassen Gesichtern ihr Zuhause. Die Männer zogen gesenkten Kopfs langsam dahin, als folgten sie ihrem eigenen Leichenbegängnis, zu beiden Seiten von Polizisten bewacht. Der Zug hielt an einer Straßenkreuzung, wo ein großer Lastwagen mit laufendem Motor wartete. Ein grün uniformierter Polizist trieb die Menschen unter Kolbenhieben hinauf, der Lastwagen setzte sich in Bewegung, nur eine kleine Rauchwolke blieb zurück. Sie waren entwurzelt worden wie Bäume, herausgerissen aus dieser Stadt, wo sie gelebt, gearbeitet, gekämpft hatten, getrennt worden von ihren Verwandten, ihren Erinnerungen, den Stätten, die ihnen etwas bedeutet hatten:

den Schulen, den Gärten, den Theatern, den Häusern, den öffentlichen Gebäuden, den Friedhöfen...

Wenn man so mit den Polen umgesprungen war, wie würde es erst den Juden ergehen? Ein paar von ihnen wollten noch immer glauben, man werde sie hierlassen, da sie den deutschen Dienststellen, der Armee und der Polizei als Sklavenarbeiter dienten.

Fest stand, daß die Ausgewiesenen nicht das geringste mitnehmen durften, nicht einmal ein Kopfkissen für ein Kind. Um sicherzugehen, daß niemand Gold, Geld oder Schmuck am Körper versteckt hatte, brachte man die Deportierten zunächst in ein Lager irgendwo in Pommern, wo sie endlosen, peinlichsten Untersuchungen unterzogen wurden. Danach folgte der Transport an andere Orte. Wohin? Niemand wußte es.

Die Juden bemühten sich also, in Erwartung des Unheils, das jeden Augenblick über sie hereinbrechen konnte, alles zu verstecken. Sie trafen Vorsorge. Lächerliche Vorbereitungen: ein bißchen saubere Leibwäsche, die gegen das Ungeziefer schützen sollte, warme Kleidung für die Kinder, ein kleiner Mundvorrat für den Fall eines überstürzten Aufbruchs.

Die Augen des frommen Reb Mayer hatten keine Tränen mehr, zu viel schon hatten sie über seinem Psalter geweint. Noch immer flehte er zum Himmel: »Mein Gott! Mein Gott! Warum hast Du mich verlassen?«[1] Aber der Himmel war taub, taub und stumm. Und das Warten zog sich hin, wurde unerträglich.

Drei Wochen zuvor hatte die Stadtverwaltung die Einrichtung eines Bordells für die Soldaten beschlossen. Zu diesem Zweck hatten die Juden die am dichtesten bewohnten Häuser des ohnehin viel zu kleinen Gettos räumen müssen. Auch hatten sie auf eigene Kosten die Räumlichkeiten mit dem nötigen Mobiliar und Bettzeug auszustatten. Das Leben in den benachbarten Häusern war die reine Hölle geworden. Stän-

1 22. Psalm, 2. Vers

dig gab es nächtliche Ausschreitungen, betrunkene Soldaten und SS-Leute schlugen Fensterscheiben und Türen ein, vergewaltigten die Frauen. Schüsse peitschten durch die Nacht, niemand konnte mehr schlafen.

In einer jener schrecklichen Frostnächte hatte sich ein betrunkener Gestapomann verirrt. Er konnte sich kaum noch auf den Beinen halten, taumelte in seinem Rausch durch die Straßen und suchte das Bordell, fand es aber nicht. Der Alkohol benebelte sein Gehirn, der glatt gefrorene Boden bot seinen Füßen keinen Halt. Schließlich landete er in voller Länge im Schnee. Ein Polizist, der gerade des Wegs kam, fand den Gestürzten, der wirres Zeug brabbelte. Nur die Flüche waren deutlich zu verstehen:

»Die Juden! Kruzifix! Die Juden! Alle umbringen, auf der Straße, die Juden!«

Der Polizist lieferte ihn bei der Gestapo ab, wo er sein Selbstgespräch über dieses Thema fortsetzte und schließlich zu singen anfing:

»Wenn das Judenblut vom Messer spritzt...«

Die Gestapo erstattete einen Rapport, wonach Juden den Mann angegriffen, niedergeschlagen und dann in der tödlichen Kälte der Nacht liegengelassen hätten...

Die Dinge nahmen den üblichen Verlauf: Das Haus, vor dem der Gestapomann gefunden worden war, wurde umstellt, alle Bewohner, Männer, Frauen und Kinder wurden festgenommen und in ein Lager geschickt. Am nächsten Tag stellte die Polizei in der Straße Posten auf, und jeder, der an diesem Haus vorbeiging, wurde verhaftet, ein paar Dutzend weitere Personen wurden deportiert.

Damit, glaubte man, sei die Sache ausgestanden, doch ein paar Tage danach liefen die Menschen schon wieder verstört und fiebrigen Blicks durcheinander, kopflos wie Ratten in der Falle. Aufs neue hatte die Polizei eine Razzia im Viertel veranstaltet und fünfzig weitere Opfer aus ihren Unterkünften gezerrt. Niemand hatte die Büttel anrücken sehen! Alles war schlagartig geschehen, unmöglich, sich zu schützen, sich zu verstecken. Im übrigen war es immer das gleiche: Man wußte nie, von wo und wann das Unheil über uns hereinbrechen würde. Die Drohung der Deportation schwebte ständig über uns. Wenn zwei Leute sich begegneten, fragten sie einander:

»Habt Ihr irgend etwas gehört?«

»Nichts Bestimmtes, aber man weiß, daß es nicht gut um uns steht.«

»Glaubt Ihr, daß wir vertrieben werden?«

»Ich hoffe, nein, aber ich glaube, ja.«

»Das Gerücht geht schon seit mehr als eineinhalb Jahren um…«

»Vielleicht ist es schon heute kein Gerücht mehr! Nun, wir wollen hoffen, daß ich den Teufel nicht an die Wand male!«

Abends, wenn alle zu Hause und die Türen verriegelt waren, begannen die Wanderungen von Hof zu Hof: Man kletterte über zerbrochene Zäune, halb verfallene Mauern und Einfriedungen, um sich in kleinen Gruppen zu versammeln und Neuigkeiten auszutauschen. Sobald jemand etwas sagte, spitzten alle die Ohren. Die Gesichter waren kreidebleich, die Herzen hämmerten bang, die Lungen atmeten keuchend wie Blasebälge.

»Woher wißt Ihr das?« flüsterte der eine.

»Ihr geht einem auf die Nerven mit Eurer Fragerei. Habt Ihr denn nicht gehört, daß er es von Menache erfahren hat!« wies ihn ein anderer zurecht.

»Und Menache, von wem hat der es erfahren?« bohrte der erste weiter.

»Das ist doch klar! Er arbeitet beim Polizeichef. Der hat zu ihm kurz vor Feierabend gesagt, er soll sich warm anziehen und einen kleinen Mundvorrat bereithalten. Genügt Euch das noch immer nicht?«

So verlief Abend für Abend. Manchmal traurig, bedrükkend, voller Beunruhigung, dann wieder ein wenig besser, hoffnungsvoller. An jenem Abend hatte Menache gesprochen, und was er gesagt hatte, war düster gewesen. Am nächsten war es Strzyg. Er arbeitete als Buchhalter bei der Bezirksbehörde und berichtete, es sei unlängst ein neuer Kredit für jüdische Gläubiger eröffnet worden, was beweise, daß von Vertreibung keine Rede sei. An diesem Abend gingen wir beruhigt auseinander.

Später in derselben Nacht, als die meisten Leute schon schliefen, begann die Türklingel heftig zu schrillen. Alle im Haus fuhren hoch, die Kinder wachten auf. Es war ein deutscher Zivilist, der Besitzer des Hotels »Deutsches Haus«, der Frau Bursztyn, die Schneiderin, sprechen wollte. Seine Frau hatte bei ihr ein Kleid für das Fest bestellt, das anläßlich der Einweihung des Theaters am 20. Februar stattfinden sollte, und jetzt, mitten in der Nacht, wollte er das Kleid abholen! Ein schlechtes Vorzeichen...

Bange Nächte, verfluchte Nächte! Was diese Zeit der Ungewißheit für uns bedeutete, läßt sich nicht mit Worten wiedergeben. Ich habe später so manche schlimme Nacht voller Alpträume erlebt, in den Lagern, während der Massaker, im Exil oder auf der Flucht im Kugelregen, aber keine kam den Nächten in diesen letzten drei Wochen in Płock gleich. Es war schlimmer als die Hinrichtungen, schlimmer als die Erschießungen, denn das Warten auf den Henker, der sein Beil schleift, ist ein langsamer Tod der Seele. Am qualvollsten empfanden wir jedoch diese Ungewißheit, wenn wir an das Schicksal unserer Kinder dachten; sie erhitzte uns die Köpfe und schnürte uns die Kehlen zu.

Niemand zog sich mehr am Abend aus. Die Kleinen schliefen in dreifachen Wäschegarnituren, mehrere Leibchen und Höschen übereinandergezogen, mehrere Paar Socken in den Schuhen, mit Anzug, Mantel, Schal, Mütze, jeden Augenblick bereit zum Aufbruch... Wir hatten in den Höfen Wachen aufgestellt, die uns warnen sollten, damit wenigstens Zeit bliebe, die Kinder zu wecken. Die geringste nächtliche Unruhe löste enorme Aufregung aus. Die Menschen waren am Rand der psychischen Erschöpfung. Das mußte ein Ende haben! In den Häusern starrten aller Augen wie gebannt auf die Uhrzeiger. Zwischen vier und fünf Uhr morgens war die gefährlichste

Zeit. Nach fünf Uhr konnte man auf einen weiteren Lebenstag hoffen.

Ich erinnere mich an eine dieser Nächte, in denen die Angst unsere Augen weit offen hielt. Das Fenster uns gegenüber war plötzlich hell geworden. Zitternd sprangen wir auf. Wir glaubten, auf der Straße ein Auto zu hören.

»Auf, mein Kleiner! Schatzele, steh auf!«

Das Kind, bleich, müde, unter dem Berg von Kleidern vergraben, war aus dem Schlaf gerissen worden. Sein Gesicht spiegelte noch die kindlichen Träume.

»Herzele, komm zu dir! Los, mach schnell! Schneller, Schatzele!«

Der Junge wandte den Kopf, öffnete mit Mühe die Augen und schloß sie gleich wieder.

»Papa, nur noch ein kleines bißchen. Bitte, bitte, nur noch ein kleines bißchen!« jammerte er.

Genagelte Stiefel hämmerten drohend auf dem Pflaster des Hofs.

»Mein Kleiner! Mein Kind!«

Ich hatte ein Handtuch in Wasser getaucht und netzte ihm die Schläfen. Noch halb betäubt blinzelte er, kam mühsam auf die Beine und flehte unaufhörlich:

»Lieber Papa, hör auf, laß mich schlafen, ein bißchen noch, nur noch ein bißchen...«

Tränen stürzten ihm aus den Augen, liefen ihm übers Gesicht. Tränen, schwer wie Steine, heiße Tränen, die mich tiefer schmerzten als alles Leiden.

Die Nacht ging ohne weiteren Zwischenfall zu Ende. Ein neuer Tag brach an.

Fünfundzwanzigstes Kapitel

Erste Deportation

Die Menschen fuhren aus dem Schlaf hoch, sooft in der Nacht eine Tür schlug. Ein Wagen, der plötzlich anhielt, ließ die Herzen erbeben. Eine schrillende Klingel versetzte alle in Alarm. Beim dumpfen Knallen eisenbeschlagener Stiefel zitterte man am ganzen Leib. Leichenblasse Gesichter, irre Augen. Sollte man doch ein für allemal Schluß machen, sollte man uns doch verjagen, verschleppen! Alles würde besser sein als dieses zermürbende Warten, das Seele und Körper auslaugte. Niemand konnte eine solche Angst noch länger ertragen. Herz oder Nerven drohten jeden Moment zu versagen.

Endlich wurde unser Wunsch erhört: Der Judenrat ließ verlauten, man solle sich bereithalten... Die Information stammte von Borg, dem deutschen Stadtbeauftragten für Judenfragen. Die Mitglieder des Judenrats betrachteten ihn als eine Art Schutzengel. Er ließ sich reichlich von ihnen beschenken und hatte versprochen, ihnen heimlich Nachricht zu geben, sobald sich etwas zusammenbrauen würde. Jetzt war es soweit.

Wir fingen an, die Brotbeutel zu füllen und die Rucksäcke vollzupacken. Es wurde hineingestopft, was man für das Nötigste hielt. Der Rest wurde dem Hilfsdienst des Judenrats zur Verteilung an Bedürftige übergeben, damit nichts dem Feind in die Hände fiele.

»Nehmt, arme Leute! Braucht ihr einen warmen Anzug, einen Mantel, einen Winterpelz, Seidenstrümpfe, französische Florstrümpfe, Luxusstrümpfe? Möchtet ihr diese nagelneuen Stiefel, diesen Schal, dieses Stück Stoff? Los, nehmt's euch, es ist gratis und kostenlos, alles gratis und kostenlos...«

Haufenweise gab es Hemden, Unterhosen, Hosen, Jacken,

Schuhe und Stiefel, Seidenstoffe und Samt, Honig und Butter, Marmelade, Wurst, Fett, Wein und Früchte für jeden, der etwas wollte. Keiner mußte mehr betteln, es gab viel zuviel... Was nützte es, jahrelang gehortet, um jeden Wertgegenstand gezittert, den Armen von der Schwelle verjagt zu haben? Vergebliche Mühe, daß man einander erbitterte Konkurrenzkämpfe geliefert, sich gebalgt hatte wie Hunde um einen Knochen! Vergeblich hatten wir so viele Jahre hindurch gearbeitet und gespart! Jetzt war alles nutzlos geworden. Was die Reichen zurückließen, wollten die Armen nicht haben.

Jeder hatte seine besten Sachen angezogen. An diesem Unglückstag trugen die Leute ihre Festkleidung, wie zu einer Totenhochzeit, wie an einem Neunten Ab[1]. Große Gala! Altman der Narr lief von einem Hof zum anderen. Er schrie und zeterte wie gewöhnlich, um einen Kreis Neugieriger um sich zu scharen. Aber diesmal interessierte sich niemand für sein Geschwätz...

»Verzieh dich! Nimm dir was zu essen und sieh zu, daß du weiterkommst!« sagten die Leute.

Mit großer Geste wies er das Essen zurück... Wohl zum ersten Mal war er übersatt, er, der immer solch gewaltigen Hunger hatte und nie genug kriegen konnte. Heute standen ihm Küchen und Keller offen.

»Du willst nichts essen? Auch recht. Aber pack dich fort, du Narr!«

In aller Ruhe band er mit einer Schnur die schadhaften Gummistiefel wieder fest. Mit offensichtlichem Vergnügen stürzte er sich in eine lange Ansprache:

»Daß euch allesamt die Cholera hole, Gaunerbande! Gestern war ich ein Teufel, heute bin ich ein Engel! Wenn hier jemand närrisch ist, dann ihr! Meine Worte sind wahr geworden. Ihr bietet Altman eine Mahlzeit an! Wozu? Ihr könnt das ganze Essen genausogut in ein Loch schütten.

1 Der neunte Tag des Monats Ab ist der Jahrestag der Zerstörung des Tempels; jüdischer Trauertag.

Heute kann man es in den Rinnstein kippen oder den Deutschen als Erbschaft hinterlassen. Und da sagt ihr, Altman ist ein Narr? Leibele, der Wucherer, der Fromme, hat sich vierzig Jahre lang seine Hölle vorbereitet, er hat sich unter der ganzen Bevölkerung Feinde gemacht: ›Noch ein halbes Prozent! Noch ein viertel!‹ Er hat den Monat zu zweiunddreißig Tagen erfunden. Es blieb ihm nichts anderes übrig, dem Armen, denn ihm gehörten nur zwei Mietshäuser, während doch andere vier oder fünf hatten! Die wollte er auch haben! Es hat sich gelohnt: Er besitzt Häuser und Wertpapiere... Und Altman soll ein Narr sein? Es heißt, Schloimele Bauer, der alte Geizhals, setzt sich auf den nackten Hintern, damit er seine Hose schont, und er schreibt die Zahl Sieben ohne Querstrich, um den Bleistift weniger abzunutzen. Heute weiß er, für wen er gespart hat. Und Altman soll ein Narr sein? Kerman, der Hausverwalter und Spezialist im Hinauswerfen, hat seine Seele dem Teufel verkauft... dem Teufel... dem Teufel...«

Mitten in seiner Suada verlor Altman plötzlich den Faden, sein gestörtes Hirn versagte ihm den Dienst. Er stieß einen Schrei aus und sprang über einen Zaun. Drüben, im Nachbarhof, fing er von neuem an zu faseln und Abrechnung zu halten.

»Reizl, die Schneiderin, besitzt einen Sackvoll Gold. Sie ist ganz mager und vertrocknet, weil sie nur von einer Zwiebel am Tag lebt, die sie mit einem Glas Wasser hinunterspült. Sie hat ihr Geld gegen Pfand verliehen. Sie hat Tag und Nacht genadelt. Sie ist eine alte Jungfer und wollte nicht heiraten, um ihr Vermögen nicht teilen zu müssen. Jetzt ist ihr Sack voller Gold, dick und fett wie er war, geplatzt wie ein Luftballon, puff! puff! Ach, sie ist eine gescheite Frau, die Reizl, ein kluges Köpfchen, bei der gibt's nichts umsonst... Und Altman ist der Narr!«

»Halt endlich die Klappe, du Blödian, du bringst es noch soweit, daß sie dich erschießen!« sagte ein Passant.

»Ich hab keine Angst! Einen Narr erschießen, das ist vernünftig, und in einer Welt voller Narren tut keiner was Vernünftiges.«

»Der da wenigstens ist glücklich«, sagte ein anderer voller Neid.

»Also sollte er nicht der einzige bleiben. Je mehr Narren es gibt, um so mehr gibt's zu lachen«, fügte ein dritter hinzu.

Inmitten all dieses Unglücks fand man noch Grund zum Scherzen...

Am nächsten Tag[1] brannte ab vier Uhr morgens in allen Wohnungen das Licht. Gedränge auf den Treppen, Gerenne von Zimmer zu Zimmer. Wenn man den Teufel an die Wand malt... Die Stadt erschien ruhig, doch vor jedem jüdischen Haus stand ein SS-Posten mit aufgepflanztem Bajonett. Die Menschen hatten geglaubt, Fatalisten zu sein: Was kommen mußte, würde eben kommen. Aber als sie die SS-Posten sahen, brach Panik aus. Etwas war anders als sonst: Die Vertreibungen waren bisher immer vom 13. Polizei-Bataillon durchgeführt worden.

Die SS wollte sich einen besonderen Spaß daraus machen. Schon hörte man in einem benachbarten Hof eine Stimme auf deutsch brüllen:

»Raus! Raus! Alles raus!«

Und jemand schrie – oder bildete ich mir das nur ein? Nein, es waren die Schreie eines Mannes, der geschlagen wurde. Danach war alles wieder still. Der Hof war wohl geräumt worden.

Wir hielten uns in den Korridoren nahe dem Ausgang bereit, dick angezogen, einen Brotbeutel am Arm, einen Sack auf dem Rücken. Als nach einer Weile niemand kam, haben wir das Gepäck abgestellt und lange gewartet, sehr lange. Vor dem Haus standen noch immer SS-Wachen.

Schließlich sind zwei Polizisten gekommen. Die Leute vergaßen ihre Bündel, wollten hinaus in den Hof. Aber die Polizisten bedeuteten ihnen, daß sie drinnen bleiben sollten. Sie

1 21. Februar 1941, Tag der ersten Deportation

waren nur gekommen, um uns zu fragen, ob wir lieber zu Fuß weggehen oder in einem Auto fahren wollten...

»Macht fünf Mark pro Person, zahlbar IM VORAUS!«

Wir zückten unsere Geldbeutel. Einer gab einen Fünfzigmarkschein für vier Personen, ein anderer einen Zwanziger für zwei, ein dritter sogar einen Hundertmarkschein. Die Polizisten nahmen die Banknoten und sagten, wir sollten ein wenig warten, sie würden mit dem Wechselgeld zurückkommen. Wir sahen sie nie wieder. Dafür kamen andere Polizisten und begannen das gleiche Spiel:

»Zu Fuß oder im Wagen?«

»Wir haben schon bezahlt, wir möchten alle fahren.«

»Nein, niemand wird fahren, offiziell habt ihr gar nichts bezahlt. Ihr seid Schwindlern aufgesessen. Die Entscheidung liegt allein bei uns. Seht euch unsere Rangabzeichen an – hatten die anderen die gleichen?«

»Darauf haben wir nicht geachtet.«

»Das nächste Mal werdet ihr darauf achten!«

Jetzt war die Sache klar. Einer von uns faßte sich ein Herz:

»Ich möchte zu Fuß gehen.«

»Unmöglich, die Wagen sind schon bestellt!«

»Aber wir haben kein Geld mehr!«

»Wer's glaubt! Ist diese Uhr da vielleicht nichts wert?«

Einer der Männer, die auf ihr Wechselgeld warteten, konnte nicht mehr an sich halten:

»Bravo! Die haben ihr Handwerk gelernt. Die Büttel des Zaren waren Waisenknaben im Vergleich zu ihnen...«

Aber warum mußten sie uns mit dieser Auto-Geschichte übers Ohr hauen, da sie uns doch ohnehin ausplündern konnten? Zudem kam ein Deutscher, um unsere Taschen zu inspizieren. Er nahm seelenruhig alles an sich, was sich darin fand, und verschwand, wie er gekommen war. Warum? Die Juden fragen immer nach dem Warum...

Der kurze Wintertag verging in Erwartung des Würgeengels. Niemand ahnte, daß draußen bereits die Hölle los war: Mehr als drei Viertel der Bevölkerung hatte man in einer

Straße zusammengetrieben, die durch einen Kordon aus SS und Gendarmerie abgeriegelt war. Jeder dieser Schergen machte nach Lust und Laune von seiner Macht Gebrauch, um die Frechheit jener Juden zu bestrafen, die das deutsche Volk bestahlen, indem sie zu volle Rucksäcke wegschleppten, teure Kleidungsstücke und Pelze, und nur Trödel zurückließen... Diese Unverschämtheit verdiente Hiebe, tödliche Hiebe. Als die Leute die ersten eingeschlagenen Schädel sahen und Kleinfeld nur noch an seinem mächtigen Schnurrbart erkannten, warfen sie ihre Säcke, ihre besten Kleider und ihre Pelze in den matschigen Schnee. Aber es war zu spät. Die Bestie hatte Blut geleckt.

Eine Hebamme trat aus der Reihe und näherte sich flehend einem Offizier:

»Eine schwangere Frau ist gestürzt, sie steht kurz vor der Entbindung. Erlaubt Ihr, daß sie in ein Haus geht oder wenigstens in einem Korridor Schutz sucht?«

»Was schert es mich, wo diese Judensau ihr Junges wirft und krepiert!« antwortete der Offizier achselzuckend und schlug mit der Reitpeitsche an seinen Stiefelschaft.

Die Unglückliche starb im Schneematsch. Sie wurde weggeschafft, Gott weiß wohin.

Schwerverletzte lagen auf der Erde. Das Herz des frommen Mayer Kahn hatte versagt, ohne daß er einen einzigen Hieb abbekommen hatte. Ihm war, als hüllte Nebel ihn ein, sein Blick trübte sich, ein Psalm für Sterbende ging ihm durch den Kopf, kam ihm aber nicht mehr über die Lippen. Die Hälfte seines Körpers war wie versteinert.

Alles ist Glückssache! Wer bis zu den Wagen gelangte, fuhr ab.[1] Die anderen gingen, nach stundenlangem qualvollem Warten auf der Straße, wieder nach Hause und wurden für den nächsten Tag vorgeladen.

Anderntags waren alle verbliebenen Bewohner wiederum auf der Straße versammelt, müde, gebrochen, erschöpft von

1 An diesem Tag wurden 4000 Menschen nach Soldau deportiert.

vielen schlaflosen Nächten. Sie trugen nicht mehr ihre beste Kleidung. In ihrem Alltagsgewand bildete die Menge die gleiche einförmig graue Masse wie der regnerische Himmel. Man konnte nicht mehr unterscheiden, wer einst in Wohlstand und wer im Elend gelebt hatte, alle glichen einander. Es gab weder Reiche noch Arme mehr, alle waren nur noch Todeskandidaten. In Fünferreihen wurden sie abgezählt, je zwei Fünfergruppen wurden zusammengefaßt und die Zehnerblöcke erneut gezählt, dann je drei Zehnergruppen gemeinsam ein drittes Mal gezählt. Gezählt und wieder gezählt, wie kostbare Gegenstände, als fürchtete man, einen Fehler zu machen. So wurden die Gruppen mehrmals umgestellt. Die Mütter drückten ihre Kinder fest an sich.

»Mein Gott!« seufzten sie, »mach, daß wir nicht von ihnen getrennt werden, daß man die Familien nicht auseinanderreißt, daß wir beisammen bleiben, was auch kommen mag!«

»Ruhe!«

Eine Abteilung SS-Leute mit aufgepflanztem Bajonett, die eine große Anzahl Zivilisten eskortierte, kam heranmarschiert. Szatan ging nebenher. Von Zeit zu Zeit stockte der Zug, dann brüllte Szatan jedesmal aus Leibeskräften:

»Hallo! Hallo! Ihr könnt bald alle wieder nach Hause gehen. Inzwischen ist es euch verboten, die Straße zu verlassen. Diese Leute hier sind aus Sicherheitsgründen verhaftet und als Geiseln genommen worden. Bei der geringsten Widersetzlichkeit eurerseits werden sie erschossen. Verstanden?«

»Verstanden!« antwortete die Menge.

Alle Blicke folgten der Gruppe von Honoratioren, die auf dem Weg zum Gefängnis vorüberkam. Unter ihnen sah man auch das weiße Haar des alten Doktor Feinberg. Niemand freute sich über die Ankündigung, wir würden bald wieder zu Hause sein. Wir wußten, daß es sich nur um einen Aufschub handeln konnte, und wünschten uns eine Entscheidung herbei. Auch über das Schicksal der Geiseln machten wir uns Sorgen. Die kleinste Provokation konnte die respektabelsten und angesehensten Männer der Stadt das Leben kosten.

Und wiederum warteten wir tief bedrückt und voller Zweifel. In manchen Städten war nur ein Teil der Bevölkerung deportiert worden. Man wollte sich natürlich nicht zu sehr in diesem Glauben wiegen, aber als uns drei Tage später das Betreten der Straße wieder erlaubt und jeder an seine Arbeit geschickt wurde, keimte trotz allem neue Hoffnung auf.

Sechsundzwanzigstes Kapitel

Die letzten Tage des Festes

Dem Fuchs darf man nicht trauen! Es war höchstens eine kurze Unterbrechung, wie man sie zwischen den ersten und den letzten Feiertagen einzuhalten pflegt…[1]

Wieder legten wir uns völlig angekleidet zu Bett. Wie üblich hielten wir abwechselnd in den Höfen Wache. Wir gruben auch Löcher in den Kellern, um darin ein paar Wertgegenstände zu verstecken, Schmuck, ein bißchen Silber. Vermutlich würden sie aufgestöbert werden, aber trotzdem… Die Hoffnung, diese Dinge eines Tages wiederzufinden, blieb, so schwach sie auch sein mochte, lebendig.

Mein kranker Bruder Jankl gehörte zu denen, die das glaubten. Er riet den anderen, ihre Schätze als Vorsorge für die Zukunft zu verstecken, und dachte sich alle möglichen Schliche aus, wie man Gegenstände am Körper verbergen könnte. Wozu denn, sagten die Resignierten, die Pessimisten. Die Leute werden in Lager verschickt und bis auf die Haut durchsucht, Tausende von Kleidungsstücken werden auf einen Haufen geworfen, da kann ohnehin niemand mehr etwas wiederfinden… Aber Jankl ließ nicht locker, er vertraute auf den Einfallsreichtum seines Volkes.

Manche rieten, Gold oder Devisen in Brot einzubacken oder mit Seife, Wachs oder Fett zu umhüllen. Ganz Schlaue kamen auf die Idee, diese Schätze in Säume oder in das Futter eines Kleidungsstücks einzunähen. Jankl fand das alles zu gefährlich, zu wenig sicher. Er runzelte die Stirn, überlegte, zögerte. Schließlich verkündete er mit fester Stimme:

1 Im jüdischen Kalender bestehen die acht Tage dauernden Feste wie Pessach oder das Laubhütten-Fest aus zwei ersten Feiertagen, einem Intervall von Halbfeiertagen, genannt *chol ha-Mo'ed*, und den beiden abschließenden Feiertagen.

»Die Sache ist ganz einfach: Da man die Menschen zwingt, sich zu entkleiden, und da ihre Kleider verschwinden werden, bleibt uns nur ein einziges Mittel, das rektale Verfahren. Kein Grund, sich zu schämen. Schämt man sich vielleicht, sich vom Arzt einen Einlauf machen zu lassen, wenn es nötig ist? Im Exil Hungers sterben, das ist eine Schande! Wenn ihr es so macht, wird niemand verhindern können, daß ihr ein paar Goldstücke oder kostbare Steine rettet!«

Gesagt, getan. Nach dem »rektalen Verfahren« wurden noch andere Tricks erfunden, und nun bekamen die Zahnärzte viel Arbeit. Wer kostbare Steine besaß, ließ sie in Goldkronen einarbeiten; wer Goldstücke hatte, ließ sie in künstliche Gebisse einschmelzen.

Die Klarsichtigen hatten sich nicht getäuscht. Genau acht Tage später, am Freitag, dem 28. Februar, begannen die letzten Tage des Festes. Um vier Uhr morgens erschien die SS wiederum vor den Türen. Sogleich hörte man entsetzliche Schreie, die herzzerreißenden Schreie der Frauen, und wiederum wurden die wohlbekannten Befehle gebrüllt:

»Raus! Aber schnell! Alles raus!«

Dieses Mal war jeder bereit, das Haus ohne Rucksack und ohne Pelz zu verlassen. Die SS-Leute warteten ungeduldig am Fuß der Treppe, sie brüllten weiter und schlugen mitleidlos zu. Das erste Opfer wurde eine junge Frau, die sich aus Kutno hierher geflüchtet hatte. Jetzt lief sie über den Hof und stieß Schmerzensschreie aus: Sie hatten ihr ein Auge ausgeschlagen! Ihr Wehklagen scheuchte alle zurück, die sich bereits zum Verlassen des Hauses anschickten. Als die SS-Männer das sahen, brüllten sie noch lauter und entsicherten ihre Waffen. Eine Frau riß sich ihr Umhängetuch von den Schultern und warf es über die Köpfe ihrer Kinder, ehe sie anfing, den Hof zu überqueren. Dabei jammerte sie:

»Meine kleinen Waisen! Habt Erbarmen mit ihnen!«

In kürzester Zeit war die Straße voller Menschen. Nach der Deportation der halben Bevölkerung in der vorausgegangenen Woche hätte man glauben können, sie sei unbewohnt, aber siehe da, nun wimmelte sie plötzlich wieder von Leuten. Aus dieser Masse leuchteten die gelben Sterne, viertausendfünfhundert Sterne, einer auf jedem Rücken, und nochmals viertausendfünfhundert, einer auf jeder Brust. Wiederum wurden die Menschen in Gruppen aufgeteilt, gezählt und nochmals gezählt. Aber warum so viele Hunde, so viel SS und Polizei mit Schlagstöcken und Reitpeitschen, die uns mit blutgierigen Mienen musterten? Bei ihrem bloßen Anblick brach etwas in uns entzwei...

Wir mußten im Schneematsch warten bis zum Spätnachmittag. Die Herzen bluteten, aber die Gesichter blieben fest und hart, keines zeigte auch nur eine Spur von Unterwürfigkeit. War es Stumpfsinn? Hatte so viel Kummer und Leiden uns gleichgültig gemacht? Nein! Es war eine Art stummer Protest, verzweifelter Würde. Die Menschen hielten ihre Tränen zurück, ihre Klagen und Seufzer. Dicht aneinandergedrängt, Bruder an Bruder, Freund an Freund, Nachbar an Nachbar, ertrugen sie stoisch Schläge und Demütigungen. Wenn Haß die Welt vernichten könnte, so hätte der Haß, der in ihren Augen brannte, alles in Schutt und Asche gelegt.

»Kopf hoch!« Diese Parole war von Mund zu Mund gegangen. Ein junger Mann hatte sie ausgegeben. Die Älteren nahmen sie auf, gaben sie weiter; sie hatte uns neue Kraft verliehen. Sie wurde unsere Devise: »Kopf hoch!« Die Wut der Schergen schwoll ins uferlose, es hagelte Hiebe, aber die wehrlose Menge biß die Zähne zusammen. Diese armseligen, leidgeprüften Juden, diese in Lumpen gekleideten Mütter, diese bleichen abgemagerten Väter, die jungen Burschen, Mädchen und Knaben hielten der Bestialität mit allen Kräften stand.

Als die überfüllten Lastwagen abgefahren waren, blieben noch etwa tausend Personen auf der Straße zurück. Schon wurde es Nacht; die Luft triefte von Feuchtigkeit, das Schneewasser durchweichte das Schuhwerk. Die Kinder weinten, die Alten konnten kaum noch stehen. Endlich erging der Befehl, in die Häuser zurückzukehren.

Zu zehnt, zu zwanzigst, begaben wir uns in die umstehenden Häuser, fremde Häuser, die Häuser jener Menschen, die vor kurzem abtransportiert worden waren. Dort fand sich alles Nötige: Betten und Wäsche, Lebensmittel und Kochgeschirr, Holz und Kohlen. Man hätte eine friedliche Nacht verbringen können, aber die Angst nagte an uns. Was sollte aus uns werden? Und welches Los erwartete den Judenrat? Wie am Vortag waren alle seine Mitglieder für die Nacht ins Gefängnis gebracht worden. Das war ein schlechtes Zeichen. Wir hatten erfahren, daß die Gestapo vor zwei Tagen Arbeiter angefordert hatte, die außerhalb der Stadt eine Grube ausheben mußten, und daß man die Mitglieder des Judenrats gezwungen hatte, dabei zuzusehen. Wozu sollte diese Grube von achtzehn Metern Länge, zwei Metern Breite und eineinhalb Metern Tiefe dienen? Und warum waren heute nacht junge Männer geholt worden, um die Arbeit zu vollenden? Warum diese Eile?

Es war unsere letzte Nacht vor dem 1. März.

Bei Tagesanbruch wurden die Menschen wieder aus den Häusern gejagt und auf der Straße versammelt. Diesmal stand eine lange Kolonne von Lastwagen bereit. Man würde den Rest der Juden deportieren, danach würde die Stadt »judenrein« sein. Noch aber mußte man auf die Ehrengäste warten, die Angehörigen der Gestapo. Sie kamen aus der ganzen Umgebung angefahren, ausgerüstet mit dicken Prügeln, Gummiknüppeln, Totschlägern und Reitpeitschen.

Auch die SS der Stadt war zur Stelle. Jeder hatte seine Lieblingswaffe mitgebracht. Ein Riese mit Stahlhelm schritt die Reihen ab, in der Hand eine Peitsche, die vom Gebrauch so ausgefranst war, daß sie einem Besen glich. Ein anderer prunkte mit einem geflochtenen Stahlseil. Noch immer warteten sie! Worauf nur? Die Musiker waren da, die Gäste auch, alles schien für den letzten Festakt bereit…

Aber noch fehlte der Judenrat. Er traf zuletzt ein: ein Grüppchen von neun Männern oder besser, neun Gespenstern. Waren sie geprügelt worden? Man sah keine Spuren

von Mißhandlungen. Das Kinn des Ingenieurs Guzik war kahlgeschoren, er sah aus, als weine er. Szatans Gesicht war grau wie der Matsch auf dem Boden, seine Augen flackerten irr. Der kleine Senwitz kam mit ramponierter Kleidung und offenem Mantel daher, das Gesicht schmerzverzerrt, und stützte Doktor Bromberger, der sich kaum auf den Beinen halten konnte. Der kränkliche Szperling blieb nach jedem Schritt stehen, um Atem zu holen, seine Wangen waren noch eingefallener als gewöhnlich. Man hatte den Eindruck, sie müßten sich in der Mundhöhle berühren. Zweifellos würde er jeden Moment zusammenbrechen. Wenn man ihm nur einen Schluck Wasser hätte reichen können! Alle bewegten sich mit unsicheren Schritten, wie Betrunkene, sie schienen die tausend Gesichter, die ihnen zugewandt waren, nicht zu sehen. Wiedergänger, Schatten, lebende Leichname? Was war mit ihnen geschehen?

Siebenundzwanzigstes Kapitel

Judenrein

Kurz vor der Abfahrt erfuhren wir, was passiert war: Am Vorabend war ein Lastwagen am Gefängnis vorgefahren, um fünfundzwanzig Juden der Stadt abzuliefern, die ein paar Wochen zuvor auf der Straße festgenommen und in ein moldauisches Konzentrationslager deportiert worden waren. Man hatte sie in die Zelle des Judenrats geworfen, mit der Bemerkung:

»Jetzt könnt ihr gemeinsam eure letzte Nacht verbringen!«

War das ein Scherz? Bestimmt waren sie nicht deshalb eigens aus der Moldau hierhergebracht worden. Eher hatte die Sache etwas mit der Grube zu tun: Achtzehn Meter lang, das ergab ungefähr einen halben Meter pro Person...

Am Abend hatte der tapfere Szperling seinen Mithäftlingen die Geschichte der jüdischen Gemeinde von Płock erzählt. Vor zwei Jahren war ein Buch erschienen, das über die sieben Jahrhunderte ihres Bestehens berichtete.[1] Hatte sich während dieser langen Zeit irgend etwas ereignet, was sich mit den heutigen Geschehnissen vergleichen ließe? Nein, nichts. Und diese Geschichte würde mit dem morgigen Tag zu Ende sein. Zum erstenmal seit siebenhundert Jahren würde es in den Straßen von Płock keine Juden mehr geben! Die dynamischsten jungen Menschen waren geflohen, die Besten hatte man gefoltert, die Bevölkerung ausgeplündert, verjagt, in den sicheren Tod abtransportiert. Das Grab für die Repräsentanten des Judentums war geschaufelt. Eine traurige Bilanz.

Bei Tagesanbruch hatte der Gefängniskarren die Mitglieder

1 Isaiah Trunk, *Geshikhte fun Ydn in Plotsk*, Warschau, YIVO, 1939.

des Judenrats und ihre fünfundzwanzig Zellengenossen zu der Grube gebracht. Die Fünfundzwanzig standen in Fünfergruppen ganz vorne. Der kluge Hurwitz, der alles wußte, war nicht da, um zu sagen: »Kurstein, dieser Schlaukopf, hat das Richtige getan, als er von den roten Satrapen wieder hierher zurückkam.« Kurstein, der zur ersten Fünfergruppe gehörte, stand am Rand der Grube!

In der nächsten Gruppe stand Sadzwonka. Nach einem längeren Aufenthalt in Amerika hatte ihn, kurz vor dem Krieg, das Heimweh gepackt. Er war ein kräftiger Kerl, aber soeben waren vor seinen Augen der alte Pszetrowski und dessen Sohn, danach der alte und der junge Flaks erschossen worden, seine Kräfte versagten. Von Schwindel erfaßt, stürzte er ohnmächtig zu Boden.

Die zynischen Schergen haben gehöhnt:

»Du kannst ruhig krepieren, es gibt jede Menge Ersatz. Wir holen uns einen anderen von der Straße!«

Ein Mitglied des Judenrats lief zu dem Ohnmächtigen, rieb ihm die Schläfen und versuchte, ihn wieder auf die Füße zu stellen, wobei er ihn ermahnte:

»Opfere dich um des geheiligten Namens willen! Sammle deine letzten Kräfte und rette das Leben eines anderen!«

Der Unglückliche atmete nur schwach. Er wurde vor die Gewehrmündungen getragen, damit nicht ein sechsundzwanzigster Jude sterben müßte – in diesem glorreichen zwanzigsten Jahrhundert.

Der junge Marek Kredit war einer der letzten. Die Kugeln hatten ganze Arbeit geleistet, er kniete allein auf der Erde und flehte:

»Nur eine Kugel noch, Henker!«

Dieser Satz rief eine Erinnerung in mir wach: Nach einer Demonstration zur Unterstützung eines Streiks war ich verhaftet und in Polizeigewahrsam genommen worden, zusammen mit einigen polnischen Kameraden, die an einer Hunger-Demonstration teilgenommen hatten. Kredit war spätnachts aus demselben Grund in Haft gekommen. Durch die Wand konnten wir seine Stimme hören. Seine Schreie und das Gebrüll der Polizisten, die ihn schlugen, hallten in den leeren Korridoren wider. Wir ballten die Fäuste, bissen uns die Lippen blutig, denn wir konnten ihm nicht beistehen. Aus der nebenan liegenden Frauenzelle hingegen, wo unsere militante Genossin Surka, eine winzig kleine Person, eingesperrt war, kam Protest. Mit einem Schuh schlug sie aus Leibeskräften an die Tür und schrie:

»Hört auf zu prügeln, ihr Henker!«

Wir schämten uns. Wir, die Männer, waren Feiglinge im Vergleich zu dieser Frau. Die Schlösser klirrten, die erbosten Wärter stürzten in die Zellen, um den Schuldigen ausfindig zu machen. Wir verhielten uns still, waren gelähmt vor Angst, aber die kleine Surka schrie weiter:

»Hört auf zu prügeln, ihr Bestien! Es ist verboten, die politischen Gefangenen zu schlagen! Schluß damit, ihr Henker!«

Dieses Wort war wohl auch in Kredits Gedächtnis haften geblieben und kam ihm nun spontan über die Lippen: »Nur eine Kugel noch, Henker!« Kredit hatte niemals Glück gehabt. Als elternloses Kind war er in einem Waisenhaus aufgewachsen. Bei seiner Entlassung stand er auf der Straße, allein, ohne Arbeit, ohne Zuhause, ohne Brot. Er hatte immer Mangel gelitten, in allem war er zu kurz gekommen. Sogar noch in diesem Moment: Für alle anderen hatten die Kugeln ausgereicht, für ihn nicht mehr, er mußte darum betteln.

Nach der Erschießung der Fünfundzwanzig begannen die Vorbereitungen für die Liquidierung der Mitglieder des Judenrats, doch als es soweit war, wurden sie freigelassen. Sie waren mit der Angst davongekommen. Deshalb also hatte man sie zurückkommen sehen, wie Tote auf Urlaub, die sich fragten, ob das Schrecklichste schon hinter oder noch vor ihnen lag.

Während sie dahinschwankten, hörte man Lärm, durchdringende Schreie von Frauen. Wir waren an die Schreie derer gewöhnt, die gefoltert, getötet, geprügelt, vergewaltigt wurden, aber noch nie hatten wir etwas Vergleichbares gehört: Die gellenden Schreie Hunderter von Frauen erfüllten die Luft mit Grauen.

»Es gibt Prügel!« sagte jemand lakonisch.

Es gibt Prügel! Drei Wörter für alle die Leiden, die Schmerzen, die Qualen. Die Schreie der Frauen und das Jammern der Kinder hallten durch den Morgen. Die Schlagstöcke wirbelten über den Köpfen, während die Menschen auf die Lastwagen kletterten.

Die Fahrzeuge wurden beladen, eines nach dem anderen. Ringsumher schlug die Armee von Bestien aus Leibeskräften zu. Die Frauen, die am meisten Mühe hatten, sich hochzuziehen, erhielten die gräßlichsten Schläge. Kaum eine von ihnen, die kein blutüberströmtes Gesicht, kein blaues Auge hatte.

Plötzlich war ein Mann, der das Warten nicht länger ertrug, aus der Reihe gerannt und auf den Lastwagen gesprungen. Andere folgten ihm. Die wütenden SS- und Gestapo-Leute holten sie durch noch brutalere Hiebe mit Knüppeln, Gewehrkolben und Peitschen wieder herunter. Ihren letzten Spaß wollten sie sich nicht verderben lassen... Ich sprang wie die anderen zum Lastwagen, dann drehte ich mich um, weil ich meinem kleinen Jungen hinaufhelfen wollte. Aber als ich die Hand ausstreckte, fuhr mir eine Feuerkugel in den Arm, der sogleich kraftlos herabsank und zu bluten begann. Der Lastwagen fuhr an. Mein fünfjähriger Sohn stand allein droben, er zitterte, warf die Arme hoch und sprang ab.

Jeder sollte sein Teil an dieser Hölle mitbekommen. Von Dächern und Balkonen aus filmten die Deutschen das Schauspiel. Später würden sie die Aufnahmen ihren Vorgesetzten zeigen, zum Beweis dafür, daß sie ihren Sold wohl verdient und gute Arbeit geleistet hatten.

Meine Reihe war vorgerückt. Ich schwitzte aus allen Poren. Jetzt galt es, meine alte Mutter und meinen kranken Bruder hinaufzuhieven. Der Tod schwebte über uns, die Luft war glühend heiß, man atmete Feuer. Glücklich, wer das Augenlicht oder den Geruchssinn verloren hatte! Den Schwerhörigen hingegen blieb nichts erspart. Die Schreie waren so gellend, daß sie auch ihr Trommelfell erreichten. Jetzt war der unglückliche Jankl das nächste Opfer. Sie hatten ihm die Mütze vom Kopf gerissen, denn sie kannten die armselige List, die Kopfbedeckung tief in die Stirn zu drücken, um den Schädel zu schützen. Sie duldeten kein Hindernis zwischen Knüppel und Kopf...

Plötzlich geschah etwas Unerhörtes: Ein deutscher Polizist, ein kräftiger Mensch, dessen breite Brust sich unter der tadellosen Uniform wölbte und auf dessen Stahlhelm der silberne Adler blinkte, dieses Abbild eines römischen Zenturios, fing an zu weinen wie ein Weib. Die Tränen rannen ihm übers Gesicht. Unfaßbar! Ein deutscher Polizist, Ordnungshüter der Nazis und tapferer Diener des stolzen Dritten Reichs weint am hellichten Tag und vor aller Augen! Die anderen haben es gesehen, ihn sofort entwaffnet und abgeführt.

Die Rucksäcke waren zu Hause geblieben, die Brotbeutel und alles, was an Lebensmitteln noch dagewesen war, zurückgelassen worden. Aber eine Frau hatte eine kleine weiße Decke mitgenommen, kaum groß genug, um ihr Kind darin einzuwickeln: Grund genug, daß einer der Unmenschen bei dem Gedanken, etwas könne ihm entgehen, fuchsteufelswild wurde. Er riß die Decke an sich und warf sie zu Boden. Im schmutzigen Schnee gab dieser weiße Fleck Zeugnis davon, wie die Gerechtigkeit in den Kot gezogen wurde.

Endlich fuhren die überladenen Lastwagen ab. Im Heck eines der Wagen hatte eine junge Frau ihr Kind auf ein weißes Kopfkissen gebettet und hielt es nun mit ausgestreckten Armen aus dem vollgestopften Fahrzeug. Wie leicht hätte sie es verlieren können! Entsetzt wandten wir die Augen ab.

Ein einziger Lastwagen stand noch mit laufendem Motor da. Er mußte noch auf jemanden warten. Man hatte den alten Reb Mayer Kahn vergessen, der seit dem ersten Tag der Vertreibung gelähmt war. Also wurde der letzte Jude auf einer Bahre herbeigeschafft. Płock war von nun an »judenrein«.

Achtundzwanzigstes Kapitel

Die Prophezeiung meines Vaters

»...Abraham blieb stehen vor dem Herrn und trat zu Ihm und sprach: ›Willst du denn den Gerechten mit dem Gottlosen umbringen? Es möchten vielleicht fünfzig Gerechte in der Stadt sein...‹ Der Herr sprach: ›Finde ich fünfzig Gerechte zu Sodom, so will ich um ihrer willen dem ganzen Ort vergeben...‹ Abraham antwortete und sprach: ›Ach siehe, ich habe mich unterwunden zu reden mit dem Herrn, wiewohl ich Erde und Asche bin. Es möchten vielleicht fünf weniger denn fünfzig Gerechte darin sein; wolltest du denn die ganze Stadt verderben um der fünf willen?‹ Er sprach: ›Finde ich darin fünfundvierzig, so will ich sie nicht verderben.‹ ...Abraham sprach: ›Zürne nicht, Herr, daß ich nur noch einmal rede, man möchte vielleicht zehn darin finden.‹ Er aber sprach: ›Ich will sie nicht verderben um der zehn willen.‹«[1]

Mein Vater hatte diese Verse zitiert, als er vor zehn Jahren meine Bitte, er solle uns doch in Płock besuchen, kategorisch abgelehnt hatte:

»Jeder Stein dieser Stadt ist unrein«, hatte er hinzugefügt.

Dieser so fromme Mann konnte nirgendwo anders leben als in seiner chassidischen Gemeinde in der Franciskańska-Straße in Warschau. Er war früher einmal in Płock gewesen, hatte es aber dort nicht ausgehalten und war schleunigst wieder abgereist.

Ich erinnere mich noch an seinen Abscheu:

»Was ist das denn für eine Stadt«, hatte er gesagt, »wo das Bethaus um zehn Uhr schon geschlossen ist? Es gibt nicht einmal ein richtiges chassidisches Bethaus und keinen Che-

1 1. Buch Mose, 18. Kap., Verse 22, 23, 24, 26, 27, 32

der[1], der diesen Namen verdiente. Wenn man Schaufäden braucht oder eine Kipa[2], muß man sie aus Warschau schicken lassen! Und es gibt niemand, der die Mesuse[3] richtig anbringen oder die T'fillin reparieren kann... Das alles erschüttert mich. Wie kann eine solche Stadt am Leben bleiben? Nur um der fünf echten Juden willen, die es hier noch gibt!«

Er zählte fünf auf. Fünf fromme Männer, nicht einen mehr. Der erste war...[4], der Vater des Schochet, der zweite Reb Jekl Grynberg, der einzige wahre Chassid, der dritte war der alte Schloime Kalman, der vierte Avrom Moische Litewski, eine schöne Seele, und der letzte Reb Mayer Kahn.

In den seither vergangenen Jahren hatte sich viel verändert. Der Vater des Schochet war nach Skierniewice zurückgekehrt, da er es, wie mein Vater, in einer so profanen Stadt wie Płock nicht hatte aushalten können. Reb Jekl Grynberg war zum Sterben nach Erez Israel gezogen, weil er eine so lange Reise nach seinem Tod nicht mehr machen wollte. Avrom Moische Litewski hatte diese Möglichkeit nicht gehabt, er war in Płock gestorben. Reb Schloime Kalman war alt geworden. Er schnupfte noch immer seinen Tabak, saß stundenlang über seinen Büchern und bediente sich mehr seines Gedächtnisses als seiner unter geröteten Lidern halb erloschenen Augen, wenn er, über den *Sohar*[5] gebeugt, den Text murmelte. Und dann hatten seine Augen sich für immer geschlossen.

Es blieb also nur noch der fünfte: Mayer Kahn. Vor acht Tagen, während der ersten Deportation, hatte ein Schlaganfall ihn gelähmt. Während der zweiten Deportation, als alle draußen auf der Straße standen, war er allein in seinem Bett zurückgeblieben. Am Freitagmorgen hatte er lange gewartet, daß jemand ihm seinen Gebetsmantel bringe und ihm beim

1 Jüdische Elementarschule

2 Scheitelkäppchen

3 Kapsel mit Bibeltexten, die am rechten Pfosten der Haus- und Stubentür befestigt werden muß.

4 Name im Manuskript unleserlich

5 Hauptwerk der Kabbala

Anlegen der Gebetsriemen helfe, aber vergeblich. Den ganzen Tag brachte man ihm weder Wasser noch Nahrung. Es wurde Nacht. Alles war nur noch Schweigen und Dunkelheit.

Samstag früh war er bewußtlos und atmete kaum, als sich auf dem Korridor Schritte näherten. Man hatte sich seiner entsonnen und war gekommen, um ihn auf einer Bahre forttzutragen. Zu spät: Er hatte soeben den Geist aufgegeben.

Der letzte Lastwagen war mit den letzten Juden der Stadt abgefahren, und ich dachte an die Worte meines Vaters: Der fünfte der Gerechten war tot, die Gemeinde existierte nicht mehr. »Eines Tages will ich es ihm berichten«, sagte ich mir. »Möge sein Glaube ihn darin die Erfüllung einer Prophezeiung erblicken lassen!«

Aber ich sollte keine Gelegenheit mehr haben, meinen Vater wiederzusehen. Zwei Monate später wurde er ermordet.

Epilog

Das Internierungslager Soldau

In Płock gibt es nun keine Juden mehr. Es beginnt die Wanderschaft von Westen nach Osten, vom Getto zum Durchgangslager, die für den größten Teil dieser Menschen im Vernichtungslager endet. Zwischen zwei Etappen dieser Höllenfahrt gelingt Simcha und den Seinen die Flucht. Das wiederentdeckte Manuskript endet mit der ersten Etappe nach der Auflösung des Gettos von Płock, dem Internierungslager Soldau. Die Schilderung wird plötzlich kühler, knapper, fragmentarischer.

Weiße Buchstaben auf schwarzem Grund besagen: Internierungslager Soldau. Auch hier wird geschrien, denn auch hier wird geprügelt. Aber flinker und gezielter: Es sind Fachleute am Werk.

Die Deutschen säumen in geschlossener Reihe die paar hundert Meter vom Lastwagen zur Aufnahme-Baracke. Man muß durch dieses Spalier und seine Portion Schläge einstekken. Um sich nicht anstrengen zu müssen, haben die Bestien eine Bleikugel am Ende der Peitsche befestigt. So genügt ein einziger Hieb, um einen Kiefer zu brechen, ein Gesicht in blutigen Brei zu verwandeln, einen Schädel zu spalten.

Sofort nach dem Betreten der Baracke sucht jeder, sich möglichst weit weg von der Tür zu schieben, in der Hoffnung, hinter so vielen anderen versteckt nicht bemerkt zu werden. Tausende von Füßen, die zuerst durch den Schlamm und jetzt durch den Staub auf dem Boden gegangen sind, bilden eine Art klebriges Magma. Man würde alles Gold der Welt dafür geben, sich fallen lassen zu können, endlich ausruhen zu dürfen. Seit Tagesanbruch hatten wir stehen müssen, seit mehreren Nächten weder unsere Kleider ablegen noch schlafen können. Die Fahrt war erschöpfend gewesen, grauenvoll.

In der überfüllten Baracke wird vielen schlecht. Die jüdischen Ärzte wissen nicht mehr, wo ihnen der Kopf steht. Ein junger Mann mit blutigem Gesicht drängt sich durch die Menge und befragt jeden: Er sucht seinen Vater, einen Mann von etwa sechzig Jahren. In der Nähe von Bielsk hatte man einen Mann dieses Alters aus unserem Lastwagen geworfen. Er war schon tot und nahm anderen den Platz weg... Die entstellten Züge des jungen Mannes erstarren. Neben ihm weint ein junges Mädchen: Ihre Mutter war ohnmächtig geworden und konnte nicht aussteigen. Man hätte sie leicht wiederbeleben können, brachte sie jedoch mit den Toten in die Leichenbaracke.

Wie viele Tote sind zu beklagen? Hundert, sagen die einen, hundertfünfzig die anderen. Das ist aber nicht alles. Gebrechliche, Kranke und Schwachsinnige werden aus der Baracke gezerrt und in den Tod geführt. Es wird Nacht. Die Menschen lassen sich auf den nassen Boden sinken. Die Kinder, erschöpft von der schrecklichen Fahrt, schlafen in den Armen ihrer Eltern. Die Mütter liebkosen mit den Lippen die Köpfe der Schlafenden. Sie selbst hält die Sorge wach.

Zwischen den Baracken A und B

Wer das Wesen des Faschismus und seine häßliche Fratze kennenlernen will, werfe einen Blick hierher, zwischen die Blöcke A und B.

Es wird ihm ohnehin nichts anderes übrigbleiben: Alles ist so organisiert, daß man auf dem Weg von irgendeiner Baracke zur anderen zwangsläufig an den Latrinen vorbeikommt, die im Freien sind, vor aller Augen. Sie bestehen aus zwei langen Gräben, einer für die Männer, der andere für die Frauen. Fünf Meter Abstand dazwischen. Sonst keinerlei Abschirmung.

Ein Holzbalken läuft an jedem Graben entlang. Sie sind so angebracht, daß Frauen und Männer einander den Rücken zukehren. Da sich mehrere tausend Personen im Lager befinden, sind die Latrinen ständig besetzt. Wer sein bißchen Suppe oder Kaffee holt, muß an diesem Schauspiel vorbei; auch wer von einer Baracke zur nächsten geht, jeder andere Weg ist verboten... Die Frauen werden krank, widerstehen so lange wie möglich, dann halten sie es nicht mehr aus und stürzen Hals über Kopf zur Warteschlange an den Balken.

Steht auf, deutsche Ahnen, Kant und Hegel, Goethe und Bach! Marschiert mit in den Reihen eurer braunen Enkel, denen ihr euren Geist hinterlassen habt, eure Philosophie, eure literarischen Meisterwerke, eure musikalischen Schöpfungen! Zieht vorüber an den Latrinenbalken zwischen den Baracken A und B. Nach diesem Besuch könnt ihr euch weder die Hände waschen noch die gedemütigten Gesichter reinigen, denn im Internierungslager Soldau findet sich kein Wasser, und es ist verboten, sich zu waschen.

In Block C

Die Mehrzahl der Deportierten befindet sich in Block C, einer dreistöckigen Kaserne. Dieser Ziegelbau ist am dichtesten belegt, und folglich hört man dort die meisten Geschichten und Erlebnisse, eines schrecklicher als das andere.

Stube Nr. 1

Die Menschen sitzen auf dem Boden, an die Wand gelehnt, und dämmern vor sich hin. In einer Ecke unterhalten sich ein paar ältere Leute, die nicht zur Arbeit eingeteilt sind.

In unserem Haus, sagte der eine, wohnten sechs Familien, und was ist von ihnen noch übrig? Von den Silbersteins haben sie die jüngste Tochter, die neunzehnjährige, umgebracht. Während die sich am Lastwagen hochzog, hat sie einen Hieb auf den Kopf bekommen, das Gehirn ist herausgespritzt. Sie war das erste Opfer. Von den anderen Nachbarn, den Mais, ist die Mutter auf der Fahrt im Lastwagen erstickt. Sie trug alles an Schmuck und Wertgegenständen bei sich, was die ganze Familie besessen hat. Ihre Leute hatten geglaubt, eine alte Frau werde nicht so gründlich durchsucht. Jetzt liegt sie mit allen Schätzen in der Leichenbaracke. Auch die Lichtsteins sind nicht verschont geblieben. Joski, der Vater, hat sich erhängt. Sein Sohn wurde anstelle eines anderen getötet. Es muß weit mehr als hundertfünfzig Tote gegeben haben, wenn es bei diesen sechs Familien schon vier waren!

Stube Nr. 2

Dort wird geschrien und gestritten. Kasriel Bursztyn, einst einer der reichsten und geizigsten Männer der Stadt, ereifert sich:

»Ein Skandal ist das! Wie kann man sich am Unglück anderer bereichern? Fünfzig Prozent einbehalten, das ist ungeheuerlich!« kreischt er.

»So war es abgemacht. Ihr habt keinen Grund, Euch zu beklagen«, erwiderte ein blonder junger Mann namens Staczik. Er hat die Mütze in den Nacken geschoben wie ein Ganove.

Ein Dritter mischt sich ein:

»Jetzt spielt Ihr Euch auf, Kasriel, weil die Leibesvisitation gut abgegangen ist. Warum habt Ihr das Risiko nicht selber auf Euch genommen? Lieber habt Ihr das Geld von ihm durchschmuggeln lassen...«

Stube Nr. 3

Eine kurzsichtige Frau hält ein Kind in den Armen, das in ein längliches weißes Kissen gebettet ist. Ich erkenne Kissen und Kind wieder. Die Frau hatte es mit ausgestreckten Armen aus dem Heck des Lastwagens ins Freie gehalten. Ihr Mann sitzt völlig erschöpft neben ihr auf dem Boden. Er ist Anstreicher, ein sehr junger Mensch, fast noch ein Knabe. Als ich das gerettete Kind sehe, gehe ich zu der Frau hin, drücke ihr die Hand und beglückwünsche sie. Sie blickt nicht auf, und auch ihr Mann hält die Augen starr zu Boden gerichtet. Dann bricht sie in Schluchzen aus. Den Kleinen hat sie gerettet, aber ihr fünfjähriges Söhnchen ist im Lastwagen erstickt. Sie konnte ihm nicht helfen! Der Mann sagt, er werde wahnsinnig, die Hilferufe des Kindes gellten ihm noch immer in den Ohren. Er hat gesehen, wie es schwarz anlief, wie die Zunge aus dem Mund quoll, während er selber wie in einem Schraubstock feststeckte und kein Glied bewegen konnte. Die Augen des Kindes traten aus den Höhlen, es erstickte.

Stube Nr. 4

Zwei Männer sind drauf und dran, handgemein zu werden. Ein gewisser Bursztyn, ein kleiner Mensch, beschuldigt Balek, den Sohn Strachs:

»Ich habe Zeugen, sie haben gesehen, wie du aus dem Latrinengraben meine fünfundvierzig Goldstücke gefischt hast. Ich will meinen Anteil.«

»Warum? Woher weißt du, daß es die deinen waren? Und warum hast du sie weggeworfen? Weil du Angst gehabt hast vor der Durchsuchung. Ich aber hab keine Angst gehabt, ich hab mein Leben riskiert. Und jetzt, weil es mir gelungen ist, behauptest du, sie gehören dir. Es gibt jede Menge dort unten. Geh hin, los, du findest ganze Vermögen.«

Die anderen mischen sich ein:

»Der junge Mann hat recht. Was weggeworfen ist, ist weggeworfen. Ich selber habe ein paar hundert Dollar auf den Stufen zum Durchsuchungsraum zerrissen.«

»Ich«, sagt jemand, »ich habe ein Paar Schuhe weggeworfen, in deren Absätzen ein Riesenvermögen versteckt war. Meine Nerven haben versagt. Wir standen Schlange vor dem Durchsuchungsraum, unaufhörlich wurden Bahren mit Toten und Sterbenden vorbeigetragen und zur Leichenbaracke gebracht. Ich sah einen Freund, einen Nachbarn, einen Verwandten. Ich hatte den Eindruck, die halbe Stadt zieht an mir vorbei. Und man hat uns eingehämmert: Zuerst muß man freiwillig alles abgeben, danach erfolgt die Visitation, und wer auch nur das Geringste zurückbehält, wird erschossen! Bei diesen Worten entsicherten sie ihre Revolver! Mir schauderte! Ich dankte Gott, daß ich noch Zeit gehabt hatte, meine Schuhe wegzuwerfen! Jetzt, seht ihr, gehe ich barfuß!«

Stube Nr. 5

Mit verschwollenen Augen und schwarzen Flecken im Gesicht sitzt sie allein da, denn sie versteht nichts von dem, was meine Nachbarn sagen. Sie kann nur deutsch. Sie ist eine deutsche Krankenschwester, hundert Prozent arisch. Martin, ihr Mann, ist Jude, sie will sein Schicksal teilen. Er hatte sie angefleht, sie solle sich und die beiden Kinder in Sicherheit bringen. Doch sie, die neue Ruth, hatte sich geweigert.

Sie sitzt da, erschöpft, arm, einsam, starrt auf den gelben Stern an ihrer Brust, dieses neue Schmuckstück, Geschenk ihres jüdischen Ehemanns. Sie drückt ihre Kinder an sich, sie fürchtet, die beiden im Durcheinander dieser Stube zu verlieren, und sie rühmt sich – auf deutsch – vor ihren Nachbarinnen:

»Da mein Martin Jude ist, bin ich Jüdin…«

Stube Nr. 6

Zwei Frauen balgen sich, ineinander verkrallt, auf dem Fußboden. Die eine preßt einen Säugling fest an sich. Die andere reißt sie wütend an den Haaren und schreit:

»Gib mir mein Kind zurück! Gib es mir zurück, du Diebin!«

Die erste umklammert wortlos das Kind noch fester und

schützt mit der freien Hand ihr Haar. Sie blickt die Angreiferin traurig an.

Ich trenne die beiden und lasse mir ihre Geschichte erzählen. Eine kurze Geschichte. Eine Geschichte aus Soldau:

Die Schreiende ist seit zwölf Tagen hier. Sie ist mit einem gesunden Säugling gekommen, den sie nicht stillte, sondern mit dem Fläschchen ernährte. Aber in Soldau gibt es weder Milch noch Amme. Das Kind weinte vor Hunger, die verzweifelte Mutter konnte ihm nichts geben. Dann hatte es nicht einmal mehr die Kraft zum Weinen. Es dauerte zwölf Tage, zwölf Tage des Hinsterbens, die der Mutter das Herz brachen und sie fast um den Verstand brachten. Jetzt liegt das Kind in einer Ecke neben dem Ofen. Der kleine Körper steif, die Augen geschlossen, es braucht keine Nahrung mehr.

Seit gestern ist die Mutter regungslos, mit starrem Blick, taub gegen ihre Umgebung, erschöpft dagesessen. Und nun war ihr Blick plötzlich auf einen lebenden, gesunden Säugling gefallen. Eine Frau hatte nach der Durchsuchung den Block C betreten. Als die Unglückliche dieses Kind sah, verlor sie vollends den Verstand. Sie hielt dieses Kind für das ihre.

Das sind nur ein paar Geschichten aus Soldau. Wer noch die Kraft dazu hat, möge seinen Gang durch die zahllosen Räume von Block C fortsetzen. Ich aber ergreife die Flucht, ehe auch ich den Verstand verliere und zu schreien beginne wie Altman: »Heute bin ich ein Dämon, morgen werde ich ein Engel sein!«

Auf den Flügeln des Orkans

Heute wird eine Gruppe von elfhundert Menschen abtransportiert. Von den oberen Fenstern der Kaserne aus sieht man deutlich den Zug auf den Schienen stehen. Es ist verboten, aus diesen Fenstern zu schauen. Heimlich wirft man scheue Blicke auf diese leeren Waggons, wo unser Schicksal sich entscheiden wird. Wohin werden sie uns bringen? In die Freiheit? Kaum. Angeblich soll der Transport ins Generalgouvernement gehen. Wohin? In welcher Gegend, in welcher Stadt wird der Orkan uns absetzen?

Obwohl ich erst seit zwei Tagen hier bin, werde ich mitfahren. Alle, die fort sollen, sind glücklich.

Gegen Mittag müssen wir antreten, obwohl die Abfahrt erst für zwei Uhr geplant ist. Inzwischen werden wir an einer Baracke entlang aufgestellt. Gute Schuhe, schöne Stiefel waren konfisziert worden, desgleichen die guten Kleidungsstücke. Manche tragen nur Leibwäsche, Morgenröcke, Pantoffeln – so hat man sie zu Hause aus den Betten gezerrt. Sie zittern vor Kälte. Wir sind müde, und auf unseren bloßen Köpfen – Kopfbedeckung ist verboten – legen Verbände, Wunden, blutverkrustetes Haar Zeugnis ab von unseren Leiden. Trotzdem müssen wir zwei Stunden hier stehen und singen. So feiern sie unseren Abtransport.

Endlich setzen wir uns in Marsch, eine traurige graue Schar von Invaliden. Die Märzsonne neigt sich westwärts, der Schnee schmilzt unter unseren Füßen. Mein Gesang ertönt laut und fest inmitten der anderen Stimmen: »Jagt die Vögel aus dem Nest, jagt sie, und wenn sie nicht wegfliegen können, so tötet sie auf der Stelle!«

Zwischen den tristen Mauern der Kaserne, zwischen den roten Ziegelbauten wiederholt das Echo: »Jagt sie, tötet sie auf der Stelle!«

Ein Schwarm Krähen, der auf dem Dach hockt, beäugt erstaunt die schwarze Lokomotive, die faucht wie ein wildes Tier, pfeift und anfährt. Wohin geht die Fahrt? Niemand weiß es.

Januar – Mai 1942

Drei Gedichte*

Transkribiert und übersetzt von Jost G. Blum

Bodzentin

Bodzentin, Suchednjow un Bzin
Getribn, gejogt – wuhin?

Ojf zamdn, ojf schtejner un lejmen
Waremen a cholem wegn hejmen.

In hintische budes, in erdische nores –
A lebn fun betler, gebrochn fun tsores.

Farkrochn fun werem, tsebisn fun lajz,
A schpil farn tifus, far bes-ojlem a schpajs.

Gehilt in trantes, gewiklt in schmates –
Iz dos a lebn? – A tojt nor ojf rates!

Durch schchites, hariges, pogromen un rojb,
Tsezejet fun wint, tsewejet wi schtojb

Iber Bodzentin, Suchednjow, Bzin.
Zog zche wos hot dos a zin?

Ojf felder barojbte fun brojt
Zuchn fun hunger dem tojt?

Nischt glajcher – derlang mir a hant,
Un zoln mir schpanen banand!

* Es wurde versucht, aus der vorliegenden Abschrift der jiddischen Gedichtfragmente, die vermutlich ursprüngliche Form der Gedichte zu rekonstruieren, offensichtliche Verschreibungen und die Interpunktion zu korrigieren und eine möglichst adäquate deutsche Übersetzung herzustellen. Die Transkription erfolgte nach den Prinzipien, die ich in meinem Aufsatz *Zur Transkription des Standardjiddischen* [Jiddistik Mitteilungen, hrsg. von der Jiddistik der Univ. Trier, Heft 7 (April 1992), S. 1–30] dargelegt habe. – J.G.B.

Bodzentyn[1]

Bodzentyn, Suchedniów und Brzyn
Vertrieben, verjagt – wohin?

Auf Sand, auf Lehm und auf Steinen
Wärmen wir den Traum von Heimen.

In Hütten für Hunde, in Höhlen der Erde –
Ein Leben von Bettlern, gebrochen von Sorge.

Befallen von Würmern, zerbissen von Läusen,
Ein Spiel für den Typhus, dem Friedhof ein Fraß.

Gehüllt in Lumpen, gewickelt in Fetzen –
Ist das ein Leben? – Ein Tod nur auf Raten!

Durch Massaker, Morde, Pogrome und Raub,
Vom Winde zerstreut, verweht wie Staub

Über Bodzentyn, Suchedniów, Brzyn.
Sag doch, wo liegt da der Sinn?

Auf Feldern gänzlich ohne Brot
Suchen wir den Hungertod?

Nichts davon – reich mir die Hand,
Und laß uns zusammen marschieren!

1 1500 Juden aus Płock wurden über das Lager Soldau nach Bodzentyn (in der Region von Kielce) gebracht, 700 nach Suchedniów, 800 nach Chmielnik und die übrigen in verschiedene kleinere Orte in den Regionen von Kielce und Radom.

Zamlen brider noch fil,
Bahaltn gehejm in der schtil,

Arum undzer hejliker zach:
Farlirn – nischto wos. Gewunen – a sach!

Schmidn di sine in fajer fun tsorn,
Hitn di hofnung bahaltn in zikorn.

Un az s'wet schlogn di scho fun grojsn derwachn,
Arojs ojf di wegn – farnumen di schljachn!

Di fojst – a [...], a mechtiker riz,
Di brust – a pantser, di sine – a schpiz.

Un schlogn dem fajnt fartrajbn di nacht:
A lebn a frajes gewunen in schlacht!

Wir sammeln die Brüder, noch viele,
Verborgen, geheim, in der Stille,

Um unsere heilige Sache:
Zu verlieren – ist nichts, zu gewinnen – viel!

Wir schmieden den Haß im Feuer des Zorns,
Bewahren die Hoffnung, im Gedächtnis geborgen.

Und wenn sie schlägt, die Stunde des großen Erwachens,
Hinaus auf die Straßen – genommen die Gassen!

Die Faust – ein [...], ein mächtiger Riese,
Die Brust – ein Schild, der Haß – ein Spieß.

Und schlagen den Feind, vertreiben die Nacht:
Ein Leben, ein freies, gewonnen in der S c h l a c h t !

Majn Harts

S'hobn brandik fajer-tsungen bejz balekt mir di trit,
Miese schlangen, gift ekdischn sam getrogn in majn blut,
Scharfe meser, blanke blitsn, tif geschnitn in majn lajb:
Mies geschendet majne techter un farpajnikt mir dos wajb.

S'hot der schturem zich tsewildet un fartrogn mir di hejm,
Ligt majn hojz itst a churwe, a kupe tsigl, a barg lejm.
S'hot der goles mich farschlungen, orem, elnt, bejn un hojt;
S'halt der hunger mich in tswangen, grejt a korbn far dem tojt.

Chotsch farmacht in [...] hot Gestapo un S.S.
Doch kuk un ze a wunder, wi es wolt geschen a nes:
S'iz majn harts gants geblibn, umbaschedikt, umbarirt,
Far di brider di gejogte ful mit lebn es pulsirt.

Un az fun der schwerer mase faln wel ich unter der last,
Nemt brider, nemt majn harts, tsit im hojch ojfn mast,
Trogt es schtolts durch frejd un lejd, trogt es brider ojbn on:
Zol es flatern far der machne, zol es wejen wi a fon!

Mein Herz

Es haben brennend Feuer-Zungen meine Schritte bös
beleckt,
Schauderhafte Schlangen und Skorpione mir das Blut
vergiftet,
Scharfe Messer, blanke Blitze, mir tief geschnitten in den
Leib:
Gemein geschändet meine Töchter und zu Tode gequält
mein Weib.

Es hat der Sturm sich losgerissen, fortgetragen mir mein
Heim,
So liegt mein Haus jetzt als Ruine, ein Haufen Ziegel, ein
Berg Lehm.
Es hat der Goles[1] mich verschlungen, arm und elend, Haut
und Knochen;
Es hält der Hunger mich in Zangen, bereit als Opfer für
den Tod.

Eingesperrt sogar in [...] hat Gestapo und SS.
Doch schau und sieh ein Wunder, als würde ein Wunder
geschehn:
Heil geblieben ist mein Herz, unbeschädigt, unberührt,
Für die Brüder, die Gejagten, voller Leben es pulsiert.

Und wenn ich bei der schweren Bürde fallen werde unter
der Last,
Nehmt Brüder, nehmt mein Herz – zieht es hoch am Mast,
Tragt es stolz durch Freud und Leid, tragt es, Brüder, euch
voran!
Es soll flattern vor der Schar, es soll wehn wie eine Fahn!

1 Bezeichnung des jüdischen Exils, der jüdischen Diaspora.

Majn Glojbn

Megn schwarts zajn schtark di himlen,
Schwere wolkens wi gedicht,
Ch'wejs s'iz ojwn, hojch, farhanen
Gantse schtromen tajchn licht.

S'weln chmares amol farschwindn,
Himlen weln zajn noch rajn;
Snopes schtraln weln tantsn –
Rajn undzer weg mitn schajn.

Ch'wolt dertsejlt im dos dem bruder,
Ch'wolt getrogn im di trejst,
Ch'wolt getrogn fun im dem umet,
Ch'wolt geschtarkt baj im dem gajst.

Iz der bruder doch a tojber,
Tojb fun tsores, tojb fun pajn.
Warf dajn wort far dem wint –
S'wet der bruder nischt farschtejn.

Meg di nacht zajn wi finster,
Kumen wet er doch der tog!
Wi a balzam far der wund
Iz der glojbn wos ich farmog.

Ch'wolt dertsejlt im dos dem bruder,
Ch'wolt gewizn im dos klor.
Er zol nischt welkn fun fartswejflung,
Er zol wi ich derzen di wor.

Iz der bruder doch a blinder,
Blind fun tsores, blind fun pajn.
Warf dajn wort far dem wint –
S'wet der bruder nischt farschtejn.

Trog ich tif in harts dos hofn,
Un der glojbn iz noch grojs.
Wos zche hot a zin der glojbn,
Derwajl di brider schtarbn ojs…

Mein Glauben

Die Himmel mögen noch so schwarz sein,
Schwere Wolken noch so dicht,
Ich weiß, dort oben, hoch, da gibt es
Ganze Flüsse, Ströme von Licht.

Die dunklen Wolken werden weichen,
Himmel wieder heiter sein;
Strahlengarben werden tanzen –
Hell wird unser Weg in ihrem Schein.

Das würd ich sagen ihm, dem Bruder,
Ich würd ihm bringen meinen Trost,
Ich würd ihm nehmen seine Trauer,
Ich würd ihm stärken seinen Mut.

Doch der Bruder ist ein Tauber,
Taub vor Sorgen, taub vor Weh.
Wirf dein Wort in den Wind –
Der Bruder wird es nicht verstehn.

Sei die Nacht auch noch so finster,
Kommen wird er doch der Tag!
Wie ein Balsam für die Wunde
Ist der Glaube, den ich trag.

Das würd ich sagen ihm, dem Bruder,
Zeigen ihm mit aller Klarheit.
Er soll nicht welken vor Verzweiflung,
Sehn wie ich soll er die Wahrheit.

Doch der Bruder ist ein Blinder,
Blind vor Sorgen, blind vor Weh.
Wirf dein Wort in den Wind –
Der Bruder wird es nicht verstehn.

So trag ich tief im Herz die Hoffnung,
Und der Glaube ist noch groß.
Doch welchen Sinn hat dieser Glaube,
Wenn meine Brüder alle sterben…

Jakov Guterman berichtet

Mit dem Bild eines Zuges, der, von einem Schwarm Krähen beäugt, vom Lager Soldau aus ins Unbekannte fährt, endet Simcha Gutermans Buch. Wann war das? Das Datum ist nicht angegeben, da aber die letzte Deportation der Juden von Płock am 1. März 1941 stattfand und die Inhaftierung des Autors im Lager nur einige Tage dauerte, muß es Anfang März 1941 gewesen sein.

Was dann geschah, weiß nur Jakov, Simchas einziger Sohn, den die Menschen, die ihm nahestehen, Kuba nennen. Jakov ist am 18. April 1935 in Płock geboren, er war also bei Kriegsausbruch erst vier Jahre alt, doch die Jahre zählten damals doppelt, und Jakov reifte schnell. Er lebt heute in Israel, in Haogen, einem Kibbuz des Hachomer Hatzair, bei Netanya, nördlich von Tel Aviv.

Vor Jakovs Haus steht neben einem Tisch und einigen Stühlen, wo man sich am Spätnachmittag, wenn die Hitze abnimmt, niederläßt, ein großer, rätselhafter Felsblock. Dieser Stein, der in Jakovs Garten wie ein Findling aus dem Gras ragt, ist eine Art Gedenkstätte. Er wurde von den Freunden und Kameraden von Raz, Jakovs ältestem Sohn, zu dessen Gedenken aus Nordgaliläa mit dem Lastwagen herbeigeschafft. Am 6. Juni 1982, dem ersten Tag des Libanon-Kriegs, fiel Raz beim Angriff auf die Festung Beaufort. Er war einundzwanzig Jahre alt.

Raz, ein hebräischer Vorname, der »Geheimnis« bedeutet, verkörperte für Jakov die Hoffnung, den Neubeginn, den Traum. Er ist, wie sein Großvater, gefallen, niedergestreckt von einer Kugel und zerrissen von einer Granate. Jakov ist heute ein Mensch zwischen zwei Toten, und auch zwischen zwei Welten, die in seinen Augen ineinanderfließen. Diese beiden Welten dürften für ihn zu einer einzigen verschmolzen sein an jenem Tag im Februar 1989, als er in Warschau die Papierrollen von Simchas Manuskript in Händen hielt. Als er aufblickte, sah er an den Wänden des Jüdischen Historischen Instituts drei Kinderzeichnungen, die ihn vage an etwas erinnerten. Er trat näher und drehte sie um. Auf der Rückseite las er seinen Namen. Er hatte also einst diese Züge, diese Stacheldrahtverhaue, diese deutschen Soldaten gezeichnet... Die Vergangenheit holte ihn immer wieder ein. Jakov konnte endlich die von seinem Vater beschriebenen Papierstreifen berühren, ein unerhört bewegender Augenblick, von dem er geglaubt hatte, er würde ihn nie erleben. Er sah die Streifen lange an, ohne jedoch dieses jiddische Manuskript entziffern zu können, und ist mit einigen Fotos von diesen entrollten und vergilbten Streifen wieder abgereist.

Er hatte bereits das in polnisch abgefaßte Resümee gelesen, das ihm Leon Kilbert hatte zukommen lassen. Einige Monate später konnte er, dank des von Frau Cytryn abgetippten Textes, endlich die vollständige Version lesen. Er entdeckte bei dieser Lektüre, daß der von ihm wegen seines Mutes und seiner Willenskraft bewunderte Simcha, an den er eine fast mythische Erinnerung bewahrte, zudem noch ein Schriftsteller gewesen war. Er fühlte sich ihm nun noch näher, erkannte in den Überzeugungen, Wertbegriffen und Kämpfen seines Vaters eine Weltsicht, die auch die seine war. Dieser Text hatte etwas Heiliges, nicht als Kultgegenstand, sondern als lebendige Überlieferung, so wie die Lehre des Judentums, die als Tradition durch immer wieder neue Auslegungen und Kommentare richtungsweisend für die gelebte Erfahrung der Generationen ist.

So beginnt sein Bericht also dort, wo Simchas Buch abbricht, und führt weiter bis in die Gegenwart. Jakovs Erinnerungen, vor allem die frühesten, sind bruchstück- und lükkenhaft, aber aus seinem Gedächtnis entfaltet sich über drei Generationen hinweg der Sinn einer zusammenhängenden

Geschichte. Jakov erzählt diese Geschichte mit Leidenschaft, zuweilen mit Heftigkeit, aufs äußerste angespannt, er will, daß man ihn versteht. Es gibt Augenblicke, in denen er fröhlich ist wie ein kleiner Junge, dann wieder aufgebracht und wütend oder todunglücklich, aber immer von einer gleichbleibenden und beeindruckenden Intensität, die sein bewegliches Gesicht dauernd verwandelt. Ein schönes Gesicht, verhärtet durch zwei tiefe Furchen, die sich von den Flügeln der kräftigen Nase zu den Mundwinkeln ziehen, aber gemildert durch einen klaren, zugleich durchdringenden und gütigen Blick unter einer hohen Stirn, über der sich ein widerspenstiger, dichter Haarschopf türmt, in den er oft greift. Diesen Schopf und dieses entschlossene Aussehen hatte er bereits auf dem Foto, das ihn mit seinen Eltern auf den Stufen zeigt, die von Płock zum Ufer der Weichsel hinabführen. Das war kurz vor dem Krieg, er war vier Jahre alt. Ein Foto, das Frieden und ungetrübtes Glück ausstrahlt. An diese Zeit kann sich Jakov kaum mehr erinnern. Seine frühesten Erinnerungen setzen erst später ein.

Ich erinnere mich noch, wie wir aus unserem hübschen Häuschen in das Getto vertrieben wurden. In der neuen Wohnung, die man uns zugewiesen hatte, liefen die Schaben über die Wände, und dagegen mußte etwas getan werden! Mein Vater hat alles ein paar Tage lang verschlossen, und wir mußten bei Verwandten wohnen. Dem Gedächtnis eines vierjährigen Jungen prägen sich solche nebensächlichen Dinge wie wichtige Ereignisse ein. Ich sehe noch ganz deutlich, wie mein Vater die Fenster mit Papier abdichtet, bevor er das Insektenvertilgungsmittel ausstreut. Für das Kind, das ich war, war das eine eher bizarre als ernste Episode.

Ich erinnere mich auch an den Schrecken, der mich einmal in dem Zimmer überkam, in dem meine Eltern und ich im Getto von Płock wohnten. Es war spätabends, mein Vater war nach Beginn der Ausgangssperre verhaftet und zur Gestapo gebracht worden, wo man ihn grausam verprügelt hatte. Aufgebrachte Nachbarn hatten den blutüberströmten Verwundeten nach Hause gebracht und ihn vorsichtig auf sein Bett gelegt. Er stöhnte nicht, er klagte nicht, aber sein Gesicht war schmerzverzerrt, und seine Augen glänzten seltsam. Mein Vater war ein stolzer Mann! Und ich war ein schweigsames, bleiches Kind. Ich hielt mich an die Wand gedrückt und schaute wie hypnotisiert auf die Tränen in seinen Augen. Mein Herz schlug zum Zerspringen. Die Liebe, die ich damals für meinen Vater empfand, verdoppelte, verdreifachte sich.

Weiter erinnere ich mich, daß ich von einem Lastwagen hinunter in seine ausgestreckten Arme sprang, an dem Tag, an dem wir aus der Stadt verjagt wurden. Ich werde diesen Tag nie vergessen können! Die Deutschen hatten am Morgen mit Gewehrkolben an die Türen geschlagen und dann die Leute mit Geschrei und Schlägen ins Freie getrieben. Meine Mutter hatte mich auf ihre Schultern gesetzt, eingewickelt in eine kleine blaue, mit gelben Mustern verzierte Decke, die ich besonders gern mochte. In der Szeroka-Straße war die Decke in den Schnee gefallen, und noch bevor meine Mutter sich bücken und die Decke aufheben konnte, hatte ein deutscher Offizier seinen Stiefel daraufgesetzt…[1] Mit meiner geliebten Decke war es aus und vorbei. Dann sind wir lange in Reih und Glied im schmutzigen Schnee gestanden. Es war kalt, der Boden war schlammig, es hagelte Schläge, wir warteten in einer Atmosphäre von Schrecken und Panik auf das, was nun passieren würde. Und ebendiese Angst veranlaßte die Leute, sich auf den Lastwagen zu schwingen und mich dabei mitzureißen, so daß ich fast allein abgefahren wäre. Dieser Vorfall hat mir einen tiefen Schock versetzt und meinen Eltern auch. Schließlich mußten wir auf einen anderen Lastwagen steigen, der für vierzig Personen Platz bot, aber ich glaube, wir waren an die hundert, wie die Heringe aneinandergedrückt. Und hier habe ich zum ersten Mal einen Menschen sterben sehen, eine alte Frau direkt neben uns. Wir wurden in das kleine Lager Działdowo gefahren.

Von unserer Ankunft im Lager ist mir eine weitere Szene im Gedächtnis geblieben. Am Eingang saß ein deutscher Offizier in einem Schilderhaus hinter einem Fenster. Die vorbeiziehenden Deportierten mußten ihm alle Wertgegenstände aushändigen. Die Frauen legten Pelze und Schmuck ab. Ich habe gesehen, wie meine Mutter ihren Goldring übergab und eine kleine Uhr, mit der ich gerne gespielt hatte. Ich war völlig

1 Am Ende des 27. Kapitels, in dem die Deportation der Juden von Płock erzählt wird, erwähnt Simcha Guterman eine Kinderdecke, die aus den Händen einer Mutter gerissen und in den Schneematsch geworfen wird. Der Autor hat hier möglicherweise die Geschichte seiner eigenen Frau umgeformt, was die Hypothese bestärken würde, daß sein Zeugnis zwar tatsachengetreu ist, jedoch eine Art literarischer »Szenierung« erfahren hat.

verstört, denn diese kleine Uhr bedeutete für mich sehr viel. Wie die Decke gehörte sie zu meinem vertrauten Universum, zu den Dingen, die für Kinder beruhigende Bezugspunkte darstellen. Und die hatten sie mir weggenommen…

Glücklicherweise mußten wir nur einige Tage in diesem Lager verbringen und wurden dann nach Osten abgeschoben. Der Westen, in dem Płock lag, war annektiert worden; im Osten war das sogenannte *General Gubernia*[1], und dorthin wurden die Juden geschickt. Das System war einfach: Die Juden wurden in Züge verfrachtet und in andere Städte gebracht, mit der Auflage, daß die dortigen jüdischen Gemeinden für alles Weitere zu sorgen hätten. Es gab weder Arbeit noch Nahrung, noch Wohnungen, nichts.

Ich glaube, wir sind zunächst in einem kleinen Marktflekken namens Starachowice gelandet, falls wir nicht schon vorher irgendwo haltgemacht hatten, ich bin mir nicht ganz sicher. Sicher ist, daß wir uns nach einigen Monaten in einer größeren Stadt, in Ostrowiec, niedergelassen haben. Das war im Sommer 1941. Wir bekamen ein Zimmer in Untermiete in der Wohnung eines polnischen Ehepaares, recht ordentliche Leute. Er war ein Metallarbeiter, der es zum Meister gebracht hatte. Ein reizender, hochanständiger Mann, der sich uns gegenüber freundschaftlich verhielt. Er trank oft Tee oder Kaffee mit uns und sprach mit meinem Vater lange über die beunruhigenden Gerüchte, die damals im Umlauf waren. Wenn ich auch noch ein Kind war, so begriff ich doch das Wesentliche. Mein Vater sagte immer wieder, daß es sich nicht um eine weitere Besetzung oder um einen weiteren Krieg handle, sondern um etwas sehr viel Schlimmeres. Er war hellsichtig, intelligent und auch mutig. Mit ebensoviel Entschlossenheit wie Kaltblütigkeit versuchte er Juden zu helfen und bemühte sich, sie zur Flucht zu überreden. Diese Haltung paßte den

1 Der westliche Teil Polens war annektiert und dem Reich eingegliedert worden, die »Ostgebiete« waren in dem von der Nazimacht gebildeten Generalgouvernement zusammengefaßt, mit Hans Frank an der Spitze.

Gemeindevorstehern nicht. Sie befahlen ihm, mit dieser »Panikmache« aufzuhören. Resigniert entschloß er sich dann, wenigstens die Seinen zu retten.

Unser Freund und Hauswirt erklärte sich bereit, uns zu helfen. Er ging in das Dorf, in dem seine Kusine, eine Frau namens Wladysława Duda, geboren war, und erhielt unter irgendeinem Vorwand die Abschrift ihres Taufscheins, die er dann meiner Mutter gab. Mit diesem Papier, einem Foto oder zwei und ein paar Złotys könne sie zum Gemeindeamt gehen und sagen, sie habe ihren Personalausweis verloren und wolle sich einen neuen ausstellen lassen. Das war damals keine einfache Sache für eine Jüdin. Meine Mutter hat darüber mehrere schlaflose Nächte verbracht, aber schließlich ist sie doch gegangen, und es hat geklappt. Das war die erste Etappe. Nun mußte noch mein Vater sich falsche Papiere verschaffen. Das war teuer, wir waren nicht reich, aber es ist ihm trotzdem gelungen, einen Personalausweis für sich und einen Taufschein für mich zu kaufen. Er wollte unbedingt, daß mein Name auf den Papieren meiner Mutter stehe, denn sie hatte das »richtige« Aussehen: slawischer Typ, hellbraunes Haar und eine gerade Nase... So wurde ich Stanisław Duda, und er Pawłowski. Nachdem wir also mit neuen Namen versehen waren, verließen wir nach Einbruch der Nacht unauffällig die Stadt, unter Mitnahme des Allernötigsten. Wir haben erfahren, daß kurz darauf die Gestapo die Stadt abgeriegelt und alle Juden verhaftet hat. Wir waren die letzten dieser Gemeinde, die sich retten konnten!

Nun begann eine lange Odyssee durch das besetzte Polen. Ich erinnere mich nur an Fahrten und Fluchten, von einem Ort zum anderen, von einem Dorf in eine Stadt, von einer Stadt auf ein Feld oder in einen Wald, meist nachts und per Bahn. Ich habe immer noch das Geräusch der Züge im Ohr. Ich war fast immer bei meiner Mutter, mein Vater fuhr als »Aufklärer« voraus, der Zug war unser Heim. Meine Erinnerungen an diese Zeit sind sehr bruchstückhaft, ich war ja noch so klein! Aber die schwierigen Bedingungen, unter denen wir lebten, und der Selbsterhaltungstrieb haben aus mir schnell einen kleinen Schlaukopf und einen großen Schauspieler gemacht. Meine Eltern hatten mir die wichtigsten katholischen Gebete auf polnisch beigebracht. Ich trug ein Medaillon mit der Jungfrau Maria auf der Brust. Ich wußte genau, daß ich mich wie ein Katholik zu verhalten hatte und die Tatsache verbergen mußte, daß ich Jude war. Im Grunde blieb ich jedoch Jude, ich habe nie Identitätsprobleme gehabt.

Ich erinnere mich an einen Vorfall, der sich kurz nach unserer Abreise aus Ostrowiec ereignet hatte. Meine Mutter war in die Stadt gegangen und völlig verstört, im Zustand äußerster Erregung zurückgekommen: Sie hatte ihren Personalausweis verloren! Wir waren am Boden zerstört! Ein paar Tage darauf ist kurz vor der Abenddämmerung ein Polizist auf dem Fahrrad gekommen, er hat mich angesprochen und gefragt, ob ich eine Wladysława Duda kenne. Ich war zuerst wie versteinert und wußte nicht, was ich antworten sollte, dann habe ich ihn gefragt, was er denn von ihr wolle. Er antwortete, man habe ihren Personalausweis gefunden. Darauf habe ich gesagt, daß ich ihr Sohn sei. So sind wir wieder zu den Papieren gekommen...

Auf alle Fälle konnten wir nicht in der Gegend von Ostrowiec bleiben, wo die Leute uns kannten. Wieder einmal ging es weiter. Immer auf Achse, immer auf der Flucht. Wie soll man sich da an jeden Ort, an jeden Aufbruch erinnern? Überleben in Polen war damals für Juden ein schier unmögliches Unterfangen. Im Gedächtnis behalten habe ich eigentlich nur die Ausnahmesituationen, die sehr seltenen Augenblicke der Ruhe, die Augenblicke der größten Angst und der größten Gefahr, in denen unser Leben an einem Faden hing...

Ich erinnere mich, daß wir einige unbeschwerte Monate in einem Kloster der Mariaviten verbrachten. Dieser Orden war im 19. Jahrhundert in Płock gegründet worden und hatte sich dann über das ganze Land ausgebreitet. Mein Vater hatte vor dem Krieg die Nonnen gut gekannt. Er besaß damals eine kleine Strickerei und reparierte nebenbei Strickmaschinen. Die Mariaviten von Płock hatten ebenfalls eine Strickerei, und mein Vater behob bei ihnen die Maschinenpannen. Dank dieser guten Beziehungen haben andere Nonnen dieses Ordens uns in ihrem Kloster versteckt. Ich weiß nicht mehr genau, wo dieses Kloster lag, aber es war ein schönes Gebäude mit hohen Zimmern und weißen Wänden. Über meinem Bett hing ein riesiger Christus am Kreuz, und obwohl die Schwestern wußten, daß ich Jude war, hatten sie mir ein dickes Evangelienbuch gegeben... Ich fand das alles sehr aufregend, und das Leben im Kloster gefiel mir. Aber auch hier konnten wir nicht bleiben, wir mußten weiter...

Wir sind dann – unmittelbar darauf oder später, ich weiß es nicht mehr – in einem Weiler im Bezirk Krakau untergekommen. Mein Vater meinte, wir sollten uns von Ballungsräumen entfernt halten, möglichst weit weg von allen Polizeikräften, die auf die Juden Jagd machten. Es war ihm gelungen, einen kleinen Obstgarten zu mieten, mit einer Hütte, in der wir hausten. Mit ihren »echten« falschen Papieren und ihrem slawischen Aussehen konnte meine Mutter es riskieren, die benachbarten Ortschaften abzuklappern. Tausch- und Schmuggelgeschäfte sicherten uns das Überleben. Aber Gefahr drohte nicht nur von der Polizei.

Eines Tages befand ich mich allein im Obstgarten (meine Eltern waren, wie so oft, unterwegs), als plötzlich eine Bande von achtzehn- oder zwanzigjährigen Strolchen auftauchte und mich aufs Korn nahm, weil ich wie ein »Itzig« aussähe. Bevor ich reagieren konnte, hatten sie sich schon auf mich gestürzt und wollten mir die Hose ausziehen... Ich lag auf dem Rücken, ein Zwerg gegenüber diesen kräftigen Burschen, und wehrte mich verzweifelt. Es gelang mir, einem von ihnen auf die Nase zu schlagen, so daß er blutete, was sie nur noch wütender machte... Sie wollten mich zur Gestapo bringen. Ich weiß nicht mehr, wie ich die Kraft gefunden habe, ihnen zu entkommen, ich bin wie ein Verrückter gerannt, glücklicherweise direkt meinem Vater in die Arme, der zufällig des Wegs kam. Wieder mußten wir weiterziehen...

Wir haben dann eine Weile in einem Zimmer in Żyrardów bei Warschau gewohnt. Die Hausmeisterin war eine alte bucklige Frau, und uns gegenüber wohnte auf demselben Stock ein finster aussehender volksdeutscher Polizist, der eine dunkle Uniform trug. Das war im Frühjahr 1943, das Wetter war schön, und wir gingen manchmal gegen Abend spazieren, um die frische Abendluft zu genießen. An einem dieser Maiabende haben wir mit beklommenem Herzen und tränenfeuchten Augen gesehen, wie sich der Himmel über Warschau rötete. Wir wußten, daß das Getto brannte.

Ich sehe immer noch meinen Vater in Żyrardów stundenlang über den Bauerntisch gebeugt, der in unserem Zimmer am Fenster stand. Mehr denn je hatte ihn die Schreibwut gepackt, als sei er der letzte, der Zeugnis ablegen könne. Mit seiner winzigen Schrift bedeckte er die Papierstreifen, nichts konnte ihn ablenken, es war eine Leidenschaft, eine gefährliche Leidenschaft, denn er schrieb auf jiddisch, und jederzeit konnte ihn jemand dabei überraschen. Einmal war übrigens die alte Hausmeisterin ins Zimmer gekommen und hatte gefragt: »Was kritzelt der Herr denn da?« und meinem Vater über die Schulter geschaut. Er hatte geantwortet: »Ach, man schreibt halt, man schreibt halt«, wobei er lachte und versuchte, seine Papiere mit dem Ellbogen zu verdecken. Ein anderes Mal war der volksdeutsche Polizist gekommen. Wir verstanden uns gut mit ihm (seine Frau schenkte mir oft Schokolade oder Zitronenbonbons, Dinge, die aus einer anderen Welt zu kommen schienen), aber wir mußten vorsichtig bleiben.

Wahrscheinlich sind wir nicht vorsichtig genug gewesen, denn eines Tages kam der Polizist in Begleitung eines Nachbarn, der über uns wohnte. Sie sagten zu uns: »Ihr seid Juden, gebt uns dreißigtausend Złotys, sonst denunzieren wir euch!« Mein Vater hat geschrien: »Selber Juden, Antichri-

Federzeichnungen von Jakov Guterman zur Illustration seiner Kindererzählung *Eine Flasche in der Mauer*, in *Mishmar La Yeladim*, April 1989.

sten, wenn hier wer jemanden denunziert, dann ich euch!« Aber die beiden haben sich nicht beeindrucken lassen: »Machen Sie kein Theater, rücken Sie das Geld heraus, und die Sache ist erledigt!« Der Polizist hat sogar versucht, meinem Vater Handschellen anzulegen, aber mein Vater hat ihm einen Faustschlag versetzt und ist aus dem Fenster gesprungen. Glücklicherweise haben sie ihn nicht verfolgt, sie wollten weiter nichts als Geld. Nach diesem Zwischenfall haben wir meinen Vater gesucht, der sich in der Nähe des Bahnhofs versteckt hatte. Und wieder haben wir eine gefährliche Nacht im Zug verbracht, und wieder hatten wir kein Dach über dem Kopf. Wohin fuhren wir? Ich weiß es nicht mehr. Unsere Fluchten vermischen sich in meinem Kopf, sie waren einander alle gleich: überstürzter Aufbruch bei Nacht, letzte zurückgelassene Gegenstände, Rädergeräusch und Rauch...

Sehr genau erinnere ich mich an unsere Ankunft in Warschau, an einem sehr grauen, sehr regnerischen Wintertag Ende 1943 oder Anfang 1944. Der Aufstand im Getto war vor mehreren Monaten niedergeschlagen worden.[1] Meine Mutter und ich liefen ziellos durch die Straßen (Simcha war damals nicht bei uns), der Nachmittag war düster, wir hatten keine Unterkunft und waren verzweifelt, einsam und verloren inmitten eines schrecklichen Krieges, ohne Freunde, ohne Verwandte, ohne alles... Wir mußten unbedingt eine Übernachtungsmöglichkeit finden. Meine Mutter war abgekämpft, sie hatte Ringe unter den Augen und sah völlig erschöpft aus. Es war kalt und windig, ein feiner durchdringender Regen ließ uns schlottern. Wir suchten in einer großen Kirche Unterschlupf. Schweigend und erstarrt saßen wir lange da und lauschten den Gebeten. Es wurde Nacht, und meine Mutter beschloß, mit mir in ein Kino zu gehen. Dort war es wärmer. Es ist seltsam, wie Kinder sich Nebensächlichkeiten merken: Ich sehe vor mir noch genau das Programm. Vor dem Hauptfilm kam die Wochenschau, in der die tollen Siege der Deutschen an allen Fronten gezeigt wurden, der Vormarsch der Wehrmacht, der Ansturm der Panzer, etc. Als das Licht während der Pause vor dem Hauptfilm anging, blickten wir uns um. Wir waren die einzigen Zivilisten unter Hunderten von deutschen Soldaten! Sobald es wieder dunkel wurde, sind wir leise aufgestanden und hinausgegangen... Und wieder irrten wir durch die Straßen, und meine Mutter ging in die Häuser, um zu fragen, ob sie nicht ein Zimmer zu vermieten hätten. Allein schon diese Frage war gefährlich, noch dazu, wenn sie von einer so erbärmlich aussehenden Frau nach der Niederschlagung des Getto-Aufstandes gestellt wurde.

Durch welches Wunder haben wir schließlich dieses elende Zimmer in der Żelazna-Straße am Rande des zerstörten Gettos gefunden? Ich weiß es nicht! Der Wohnungseigentümer, ein Mann mittleren Alters und Vater zweier kleiner Kinder,

1 Der Aufstand war am 15. 5. 1943 gewaltsam beendet worden.

war Koch in einem Nobelrestaurant, in dem die deutschen Offiziere verkehrten. Er kam immer betrunken nach Hause, schlug seine Frau, zeigte sich aber uns gegenüber ziemlich kordial, ein wenig zu kordial sogar, denn wir mußten uns seine antisemitischen Schmähungen anhören. Ich erinnere mich an einen Abend, an dem er uns eine Geschichte erzählte, auf die er sich viel einbildete:

»Heute morgen, wie ich ins Restaurant komme, es war alles leer, da seh ich auf einmal in einer Ecke eine Frau, ganz in Grau. Ich schau mir ihr Gesicht und ihre Augen an und weiß sofort, das ist eine Jüdin... Ich sage: ›Du bist eine Drecksjüdin!‹, und sie schreit und sagt nein und so... Ich pack sie an der Jacke und führ sie auf die Gendarmerie, wo sie mir zwei Liter Wodka geben. Das nenn ich einen guten Tag...!«

Solche Geschichten erzählte er uns oft...

Mein Vater war damals nicht bei uns. Er meinte, wir wären ohne ihn weniger gefährdet, denn obgleich er sich einen dikken Schnurrbart hatte wachsen lassen, sah er wirklich nicht wie ein Slawe aus... Er kam alle zwei oder drei Tage und brachte meiner Mutter das Nötige für unseren Unterhalt. Er hatte tatsächlich eine Gelegenheit gefunden, ein wenig Geld zu verdienen. Und wieder war es ein unglaublicher Glücksfall: Er hatte zufällig auf der Straße die Oberin der Mariaviten-Gemeinschaft von Warschau getroffen. Diese Frau, mit der er vor dem Krieg gute Beziehungen unterhalten hatte und die wußte, daß er Jude war, hatte ihm ohne das mindeste Zögern Arbeit im Kloster angeboten. Wahrhaftig die Rettung in der Not!

Er ging also frühmorgens, wenn die Straßen noch menschenleer waren, zur Arbeit. Einmal aber wurde er von einem dieser polnischen Strolche angehalten, einem sogenannten *szmalcownik*[1], die nach der Vernichtung des Gettos auf Jagd nach Juden gingen, um sie zu erpressen oder gegen eine von

1 Der Ausdruck enthält das deutsche Wort Schmalz (polnisch: *smalec*). Ein *szmalcownik* ist jemand, der sich schmieren läßt.

der Polizei gewährte Belohnung zu denunzieren. Mein Vater, der viel Mumm und nichts zu verlieren hatte, packte den Polen am Kragen, schleppte ihn aufs Polizeirevier und brüllte auf deutsch:

»Dieser Polack behauptet, ich sei Jude!«

Sie haben sich bei ihm bedankt und den Polen behalten...

Mehrmals hing unser Leben nur noch an einem Faden! Eines Tages wurde auch meine Mutter von einem dieser Strolche angehalten. Sie bewies die gleiche Kaltblütigkeit: Vor dem polnischen Polizisten hat sie den Denunzianten bezichtigt, ein Erpresser und Trunkenbold zu sein (der Mann war in der Tat ziemlich blau). Der Polizist hat sie beide aufs Revier gebracht, ihre Papiere geprüft und meine Mutter wieder laufen lassen. Diese beiden Geschichten habe ich nicht selbst miterlebt, aber ich habe gesehen, in welchem Zustand meine Mutter danach war... Ein anderes Mal sind sie und ich in eine als Vergeltungsmaßnahme durchgeführte Razzia geraten und wie durch ein Wunder davongekommen.

Diese ganze Zeit war wirklich ein makabrer und surrealistischer Mischmasch aus Terror, Schrecken und Wundern. Überleben von einem Tag zum nächsten, von einer Chance zur nächsten, von einem Wunder zum nächsten... Ich mag die Juden nicht, die behaupten, alle Polen seien Schweinehunde und Antisemiten. Manche Polen haben sich großen Gefahren ausgesetzt, um Juden zu retten. Ohne sie wäre ich nicht mehr da... Aber es stimmt auch, daß wir während des Krieges sehr viel mehr Angst vor den Polen hatten als vor den Deutschen. Die Deutschen besaßen nicht ein Prozent des Talents der Polen, wenn es darum ging, zu erkennen, ob jemand Jude war oder nicht... Wie oft habe ich auf unseren damaligen Irrfahrten hören müssen:

»Hitler, dieser Antichrist! Er soll in der Hölle schmoren! Das einzig Gute ist, daß er uns bis ans Ende der Zeiten von den Juden befreit hat!«

Und ich war noch gekränkter, als ich diesen Ausspruch zwei Jahre nach Kriegsende hörte...

Warschau wurde immer gefährlicher, und nicht nur für die Handvoll Juden, die sich dort noch verbargen. Die Russen bombardierten die Stadt pausenlos. Mein Vater, der wohl Kontakt mit der Widerstandsbewegung aufgenommen hatte, versuchte, mich aus der Stadt zu schaffen. Er hatte erfahren, daß eine Nonne des Mariaviten-Ordens für einige Wochen auf Besuch zu ihrer Familie in ein Dorf bei Łowicz, südöstlich von Warschau, fahren wollte. Er bat sie, mich gegen eine Entschädigung mitzunehmen. Sie war einverstanden.

So bin ich also in einem kleinen friedlichen Dorf gelandet. Die Natur hatte sich während dieses blutigen Krieges nicht verändert. Der Himmel war weiterhin blau, die Felder grünten, die Vögel sangen, es herrschte Ruhe und Frieden, und ich habe schöne Erinnerungen an diese Zeit. Zum ersten Mal in meinem Leben ritt ich auf einem Pferd, führte ich Kühe auf die Weide. Es war ein herrlicher Sommer...

Ich wußte damals nicht, daß in Warschau am 1. August 1944 der polnische Aufstand begonnen hatte. Ich wußte nicht, daß mein Vater mit einer Soldatenmütze auf dem Kopf, einer mit dem polnischen Wappen verzierten Binde um den Arm sowie mit einem Mausergewehr und Patronen über der Schulter in den Kampf gezogen war. Er hatte sich von meiner Mutter verabschiedet und gesagt, er würde das Pawiak-Gefängnis angreifen, und er hatte noch hinzugefügt:

»Wenn alles gutgeht, bin ich zum Abendessen zurück...«

Endlich würde er gegen die Deutschen kämpfen, lange schon hatte er auf diesen Tag gewartet. Erst kürzlich habe ich beim Studium der Geschichte des Aufstandes entdeckt, daß der Angriff auf das Pawiak-Gefängnis zwei Wochen später stattgefunden hat, und da lebte er schon nicht mehr... Er ist ganz zu Beginn gefallen, es ist aber nicht bekannt, wo, es gibt kein Grab, und ich habe seinen Namen auf keiner Liste gefunden.

Während des ganzen Krieges wollte er sich dauernd der Widerstandsbewegung anschließen. Meine Mutter versuchte immer wieder, es ihm auszureden. Sie sagte zu ihm:

»Spiel nicht den Idealisten und den Helden, du hast ein Kind, du wirst die Menschheit nicht retten, du wirst nicht einmal das jüdische Volk retten, also rette wenigstens deinen einzigen Sohn!«

Er antwortete immer, er würde seinen Sohn schon retten, aber er könnte nach dem Krieg nicht mehr in den Spiegel schauen, wenn er am Kampf gegen die Nazis nicht teilnehmen, wenn er nicht, und sei es auch nur zu einem winzigen Teil, das rächen würde, was man seinen Eltern, seiner Familie, seinem Volk angetan hatte. Es war schwierig, mit dem Widerstand in Verbindung zu treten, vor allem für einen Juden. Es gab verschiedene Widerstandsbewegungen, rechte und linke. Die AK[1] war rechts, nationalistisch und antisemitisch. Unglücklicherweise hatte er ausgerechnet mit ihr Kontakt aufgenommen. Er war selig, meine Mutter bedeutend weniger. Ich erinnere mich, wie er bei einem seiner Besuche, nach dem er die Tür verriegelt hatte, seine Schuhe auszog, dünne Papierstreifen herauszog und uns flüsternd die letzte Churchill-Rede vorlas. Sie bestätigte alle seinen Hoffnungen und pulverte ihn förmlich auf. Er kaufte immer haufenweise deutsche Zeitungen, verglich die Wehrmachtsberichte, nahm sich eine Landkarte vor und wußte genau, wo sie geschlagen worden waren, an den Dardanellen, in Kiew, überall... Die Front rückte näher und mit ihr das Ende des Krieges.

Warschau stand auf, und mein Vater zog in den Kampf. Meine Mutter, die in der Żelazna-Straße geblieben war, flüchtete sich mit allen anderen Hausbewohnern in den Keller, als die deutschen Luftangriffe begannen. Eine Bombe zerstörte das Haus, und alle sind neun Wochen lang in diesem Keller geblieben. Jeden Tag hat einer von ihnen den Unterschlupf verlassen und in den zerstörten Lebensmittelgeschäften nach

1 Heimatarmee. Die AK wurde im Herbst 1941 auf Initiative der Polnischen Exilregierung aus mehreren Widerstandsgruppen formiert. Die Volksgarde, die im Mai 1942 gebildet und im April 1943 in die Volksarmee umgewandelt wurde, war aus der kommunistischen Bewegung hervorgegangen.

Nahrung gesucht. Meine Mutter wußte nicht, daß mein Vater nie mehr zum Abendessen kommen würde. Und ich, auf dem Lande, wußte überhaupt nichts.

An einem schönen, melancholischen und bukolischen Spätsommerabend, die Sonne rötete den Horizont, saß ich vor dem Holzhaus eines Bauern, als eine Nonne zu mir kam:

»Darf ich mich einen Augenblick zu dir setzen, Staszek? Ich habe ernsthaft mit dir zu reden.«

»Bitte«, sagte ich.

»Du weißt ja, daß in Warschau ein blutiger Aufstand stattfindet, daß die Flugzeuge Bomben abwerfen, daß die Panzer schießen und daß alles zerstört wird?«

»Ja, das weiß ich.«

»Hör zu, Staszek, du weißt auch, wie sehr ich deine Eltern liebe, aber ich glaube kaum, daß sie noch am Leben sind... Darum mache ich mir Sorgen um dich. Warum solltest du dein ganzes Leben lang im Irrtum verharren, du tätest besser daran, dich den frommen Brüdern und Schwestern zuzuwenden, dem Licht und nicht der Lüge. Das tut überhaupt nicht weh, du wirst schon sehen. Morgen gehen wir in die Kirche, der Priester wird die Gebete sprechen, und du gehörst dann zu uns, wie alle Polen...«

Als ich hörte, daß meine Eltern nicht mehr am Leben seien, war ich zugleich sehr unglücklich und sehr wütend. Ich hatte einen Kloß im Hals und würgte heraus:

»Ich achte Sie, Schwester, und ich danke Ihnen für Ihre Freundlichkeit, aber ich bin als Jude geboren und werde als Jude sterben!«

»Nun gut, ich will dich nicht zwingen.«

Am nächsten Tag hat sie mich gefragt, ob ich nicht in einem anderen Dorf als Kuhhirte arbeiten wolle... Sie wußte nicht, was sie mit mir anfangen sollte, meine Eltern waren sicher umgekommen, niemand würde mehr für mich bezahlen, und ich war eine echte Gefahr, ein kleiner acht- oder neunjähriger Judenjunge, beschnitten... Sie war keine Heilige, und sie mußte eine Lösung finden.

Ich ging gern in dieses andere Dorf, es war ganz in der Nähe und sehr hübsch. Ich sagte, ich sei Vollwaise, mein Vater, ein polnischer Offizier, sei zu Kriegsbeginn gefallen. Ich war ein schlauer Bursche, wohl der einzige im Dorf, der ein Buch lesen konnte (mein Vater hatte es mir beigebracht), und meine neuen »Pflegeeltern« waren stolz auf mich. Ich mußte aber vorsichtig sein, denn ich schlief mit ihrem Sohn, der fünfzehn oder sechzehn war, in einem Bett. Die Dorfkinder verstanden nicht, warum ich nie nackt baden wollte... Aber das Leben war angenehm, auch wenn ich unter dem Tod meiner Eltern litt. Ich hatte zwei Aufgaben: Zum einen war ich Kuhhirte, mit sieben Kühen, einem Pferd und einem Hund; jeden Tag ging ich frühmorgens auf die Weide und kam spät am Abend zurück. Zum anderen war ich ein toller Schauspieler: ein eifriger Katholik, der erste in der Kirche am Sonntag, ich betete, ich kommunizierte, und was so alles dazugehört... Ich kannte nur ein paar Gebete, aber ich kam damit durch, weil ich den Mangel an Masse durch die Fülle an Überzeugungskraft ausglich. Besonders glücklich war ich an einem Abend, an dem die Nachbarinnen zum Flachsspinnen zu uns ins Haus gekommen waren und meine »Pflegemutter« mich rühmte:

»Ach, ihr solltet meinen kleinen Staszek sehen, wie er Jesus liebt, wie oft er zum Herrn betet!«

Ich war wirklich hochzufrieden mit mir...

Ich paßte mich an diese Existenz eines bäuerlichen Waisenjungen und kleinen polnischen Marranen[1] an, ich war nicht eigentlich traurig, wenngleich meine Eltern mir fehlten. Als ich an einem wunderschönen Spätnachmittag wieder einmal trällernd die Kühe nach Hause trieb, sah ich auf der anderen Seite des Baches, den ich durchqueren mußte, eine Frau sitzen, mit dem Rücken zu mir. Ich war überrascht, denn sie war wie eine Städterin gekleidet. Je näher ich kam, desto erregter

1 Spanische Juden, die unter der Inquisition konvertierten, aber heimlich die Rituale ihres Glaubens beibehielten.

wurde ich und desto schneller schlug mein Herz. Es war meine Mutter! Sie weinte!

Ich habe sie zu den Bauern gebracht, denen sie verkündete, sie wolle mich mitnehmen, aber meine »Pflegeeltern« protestierten lauthals, sagten, sie hätten mich einfach zu lieb und wir sollten doch beide bleiben, sie würden für meine Mutter schon Arbeit auf dem Hof finden... Sie war schließlich einverstanden. Und so haben wir auf dem Land die ersten Augenblicke der Befreiung erlebt. Eines Morgens platzte eine Frau ins Zimmer und rief:

»Die Russen kommen!«

Das war wunderbar! Sie kamen auf Panzern, schmutzig, müde, aber für uns waren sie die schönsten Menschen der Welt! Meine Mutter war außer sich. Sie tanzte über die Felder wie Hamlets Ophelia, mit irren Augen und wirren Haaren... Wir sind dann noch einige Monate in dem Dorf geblieben, in dem russische Offiziere einquartiert wurden. Einer von ihnen war Jude, er steckte mir alles zu, was er erwischen konnte. Wir sagten den Bauern nicht, daß der gute kleine Katholik, den sie bei sich aufgenommen hatten, nicht einer der Ihren war, so sehr fürchteten wir uns vor ihren Reaktionen. Wir waren noch am Leben, und wir wußten, um welchen Preis...

Mein Vater hatte nie daran gezweifelt, daß ich überleben würde, so wie er nie daran gezweifelt hatte, daß er selbst umkommen würde. Er besaß eine Art mystischer Gewißheit, daß er fallen würde und ich nicht... Darum schrieb er auch ohne Unterlaß und ließ mich an den veritablen Zeremonien teilnehmen, die er beim Verstecken seiner Schriften veranstaltete. Mehrmals nahm er mich bei der Hand und stieg mit mir in einen Keller. Beim Schein einer Kerze zeigte er mir das Versteck in der Wand, er zählte die Ziegelsteine ab und sagte:

»Schau, schau genau hin und vergiß es nicht. Du wirst den Tag des Sieges erleben. Merk dir den Platz der Flaschen. Das ist wichtig!«

Wie ist eine davon nach Radom gekommen? Das bleibt für

mich ein Rätsel. Wir waren zwar dauernd durch ganz Polen unterwegs, namentlich im Osten, aber ich habe keine Erinnerung an einen Aufenthalt in Radom. Meine Mutter hatte damals, in all den Jahren, hier und dort Konterbande befördert, denn mit ihren echten polnischen Papieren konnte sie ungehindert in die Gettos hinein- und wieder herauskommen und dabei allerhand Botschaften und Pakete übermitteln. Ich weiß noch sehr genau, daß einer dieser Botengänge sie in das Getto von Radom führte, eine Stadt, aus der ein Teil ihrer Familie stammte. Vielleicht hat mein Vater sie gebeten, dort eine Flasche zu verstecken – vielleicht, ich weiß es nicht. Die Erklärung klingt plausibel, denn wie hätte die Flasche sonst dorthin kommen sollen?

Sie wurde als einzige entdeckt, aber es gab, wie schon gesagt, noch viele andere. Ich sehe noch heute vor mir, wie mein Vater den ganzen Krieg hindurch mit seiner Füllfeder auf lange schmale Papierstreifen schrieb, die er sich in Druckereien besorgte. Ich sehe ihn schreiben in Ostrowiec, ich sehe ihn schreiben in Żyrardów; überall, wo wir eine Weile blieben, machte er sich ans Werk. Hat er auch noch 1944 in Warschau geschrieben? Ich weiß es nicht, denn wir lebten damals voneinander getrennt, aber im Grunde bin ich sicher, daß er bis ans Ende seines Lebens geschrieben hat... Diese Papierstreifen rollte er zusammen und steckte sie in Flaschen, die er mit Wachs versiegelte und in Kellern versteckte.

Nach dem Krieg, 1945 oder 46, haben meine Mutter und meine Tante nach diesen Flaschen gesucht. Ich selbst habe in dieser Beziehung ein heftiges Schuldgefühl. Denn schließlich wußte nur ich allein genau, wo und wie sie in jedem einzelnen Keller versteckt worden waren... Und ich bin nie mitgegangen! Das hat mich mein ganzes Leben lang verfolgt. Ich weiß nicht, warum meine Mutter und meine Tante mich nie mitgenommen haben. Ich habe kleine Karten gezeichnet und ihnen alles, so gut ich konnte, erklärt, aber sie haben nichts gefunden. Rein gar nichts! Dabei waren die Häuser nicht überall, wie in Warschau, zerstört worden. Anderswo, in vielen Orten, zum Beispiel in Płock, sind sie unbeschädigt stehengeblieben, und nichts hat sich wirklich verändert... Der Mißerfolg dieser Nachforschungen war eine schreckliche Enttäuschung. Ich hatte den Auftrag, mit dem mein Vater mich betraut hatte, nicht ausführen können.

Ich erinnere mich an den Schock, den ich empfand, als ich Leon Kilberts ersten Brief mit dem Hinweis auf das Manuskript erhielt. Ich war sofort überzeugt, daß es sich um eine der Flaschen meines Vaters handelte, die nun endlich entdeckt worden war. Und als er mir den Text auf polnisch zugeschickt hat, da habe ich hier gesessen, bis zwei Uhr früh gelesen und geweint. Hier wurde unser Leben erzählt. Wie konnte Kilbert nur daran zweifeln? Und das alles war in einer einzigen Flasche. Was für ein Schatz wäre das für mich gewesen, wenn man auch noch andere Flaschen gefunden hätte! Selbst wenn die Papiere beschädigt gewesen wären! Heute ist man in der Lage, die Schriftrollen vom Toten Meer Millimeter um Millimeter zu entziffern, also... Für mich sind die Handschriften meines Vaters etwas Mythisches. Als ich später in Warschau die Originale gesehen habe, war ich aufgewühlt, überwältigt. Ich möchte eines Tages nach Polen fahren und die Nachforschungen anstellen, die ich mit meiner Mutter und meiner Tante nicht machen konnte. Damals, als ich die Manuskripte in Warschau sah, war alles so kompliziert, und es galt, dringendere Dinge zu erledigen...

Nach dem Krieg, als die Verkehrsmittel wieder funktionierten, sind meine Mutter und ich wieder nach Płock zurückgekehrt. Ich war sehr geschwächt; einem polnischen Arzt, der uns behandelte, machte der Zustand meiner Lungen Sorge, und er wollte mich in die Berge schicken. In Zakopane gab es ein Kinderheim für jüdische Halb- oder Vollwaisen. Dort habe ich die schönsten Monate meines Lebens verbracht. Ich war neun, aber nach allem, was ich erlebt hatte, zählten diese Jahre doppelt. In Zakopane habe ich meine Kindheit wieder ganz am Anfang aufgenommen, ich habe gezeichnet, gemalt, gesungen, gespielt. Ich hatte bis dahin noch nie gespielt...

Aber wir waren noch nicht über den Berg. 1946 hatte sich in Polen eine illegale antikommunistische Organisation gebildet, die es vor allem auf jüdische Kommunistenführer und ihre Institutionen[1] abgesehen hatte. Sie griffen in Rabka, in der Nähe unseres Waisenhauses, ein Kinderheim an und haben mehrere Insassen getötet. Wir beschlossen, uns zu verteidigen. Auf dem Dach unseres Haupthauses stand ein Maschinengewehr, das von ehemaligen Offizieren der Roten Armee, Juden natürlich, bedient wurde. Als die Leute von der antikommunistischen Organisation uns angriffen, wurden sie zurückgeschlagen. Ungefähr zur gleichen Zeit fand das Pogrom von Kielce statt.[2] Noch immer lebten die Juden in Polen gefährlich.

Eines Tages kam die Leiterin des Waisenhauses, Lena Kuchler Silberman[3], in aller Heimlichkeit zu mir, um mir zu sagen, daß sie versuchen würde, nachts über die tschechische Grenze zu gehen und dann nach Palästina weiterzureisen. Ich wollte meine Mutter nicht allein lassen, aber es war ein schwerer Entschluß, bedeutete er doch, auf das Paradies zu verzichten: Ich liebte meine Lehrerin und meine Kameraden, und ich wollte so gerne nach Palästina... Seit langem schon hatte ich diesen Traum gehegt, einen Kindertraum, ich stellte mir die Sonne vor, die Palmen, das Meer... Nach dem Krieg

1 Nach der Auflösung der Heimatarmee unmittelbar nach dem Krieg hatte sich eine antikommunistische nationalistische und antisemitische Organisation gebildet, die unter dem Namen WIN (*Wolność i Niepodległość*, »Freiheit und Unabhängigkeit«) oder NIE (Initialen des Wortes »Unabhängigkeit« in polnisch, das auch »nein« bedeutet) bekannt war. Die Leitung dieser Organisation wurde im November 1945 zerschlagen, aber örtliche Gruppen unternahmen weiterhin Anschläge, vornehmlich auf »jüdisch-kommunistische« Ziele.

2 Am 4. Juli 1946. Vgl. Marc Hillet, *Le Massacre des survivants*, Paris, Plon, 1985.

3 Sie hat ein Buch über diese Zeit geschrieben: *Mes cent enfants – Du ghetto à Tel Aviv*, Paris, Editions France Empire, 1962.

war dieser Traum übermächtig geworden. Jede Postkarte, das Bild eines Orangenbaums, die Springbrunnen auf dem Dizengoff[1] versetzten mich nach Palästina, in eine Märchenwelt. Als ich wieder in Płock war, drängte ich meine Mutter, mit mir auszuwandern. Aber sie hatte einen ehemaligen Soldaten der Roten Armee, einen Juden aus Płock, kennengelernt und geheiratet. Die beiden wollten nicht mehr wegziehen. Sollten sie jemals planen zu emigrieren, dann allenfalls in die Vereinigten Staaten oder nach Kanada, aber nicht in diesen seltsamen Orient, an dem sie alles erschreckte, das Klima, die harten Lebensbedingungen, der Krieg... In New York hatten wir reiche Verwandte, die uns helfen würden. Das Gelobte Land, das war Amerika...

Ich aber ließ so lange nicht locker, bis wir schließlich 1950 nach Israel aufgebrochen sind. Ich war gerade fünfzehn geworden. Bereits die Schiffsreise war schwierig. Der Dampfer war ein altersschwacher Seelenverkäufer aus dem Ersten Weltkrieg, ein Frachter, der auch zweihundert Passagiere befördern konnte, aber an die zweitausend an Bord genommen hatte. Wir waren so dicht gedrängt, daß nicht der geringste Platz zum Schlafen vorhanden war. Zu Tausenden kamen die Juden von überall her, auf einer verzweifelten Flucht aus diesem Europa, das der Schauplatz der furchtbaren Tragödie der »Endlösung« gewesen war. Der Empfang aber war nicht so, wie wir ihn uns vorgestellt hatten. In Polen hatten wir in den Wochenschauen gesehen, wie die Exilanten, die aus Frankreich oder anderswoher zurückkamen, an der Grenze mit Blumen und Musik empfangen worden waren. Wir erwarteten etwas Ähnliches, aber natürlich in besserer Ausführung, denn schließlich kamen wir nicht nach einigen Jährchen, sondern nach zweitausend Jahren wieder in die Heimat zurück... Niemand erwartete uns, keine Willkommensansprache, keine Blumen.

Die Ankunft verlief statt dessen ganz prosaisch, um nicht

1 Hauptplatz in Tel Aviv

zu sagen traumatisierend: Jemand packte mich an der Jacke und schüttete eine Tüte DDT über mich aus, während ein anderer schrie:

»Name?«

Überrascht, völlig verdattert antwortete ich:

»Kuba.«

»Okay. Das gibt Akiba!«

Ich hatte nicht einmal begriffen, welchen Namen sie auf meine Papiere geschrieben hatten. Es dauerte eine Weile, bis ich mir meinen richtigen Taufnamen wieder zurückerobert hatte. Und alles war so primitiv! Warschau war nicht das Glanzstück Europas, aber doch immerhin eine abendländische Hauptstadt. Plötzlich befanden wir uns im Orient, im Sand und im Schmutz. Noch nie hatte ich so altersschwache Busse gesehen! Mit einem derartigen Vehikel sind wir nach Shaar Alya gefahren, in ein riesiges Lager für Neuankömmlinge, einige Kilometer südlich von Haifa. Ein sehr poetischer Name, aber eine unsägliche, graue Realität, mit Zelten rund um die Gebäude einer ehemaligen englischen Militärbasis, das Ganze hinter einem Stacheldrahtzaun, wie bei den Nazilagern. Orientalische Juden, wie ich noch nie welche gesehen hatte, schlurften im Pyjama herum, manche waren krank, ein niederschmetternder Eindruck, der an die nahe Vergangenheit erinnerte. Die Stimmung war schrecklich, kein Lächeln, kein Zeichen des Willkommens. Meine Mutter zitterte, sie wollte nicht einmal aus dem Bus steigen und sagte nur immer wieder:

»Was haben wir bloß getan! Was haben wir bloß getan!«

Wirklich, was hatte ich bloß getan, das Ganze war ja mein Werk! Ich fühlte mich zutiefst schuldig. Sie hatte schon genug gelitten.

Das Essen war ungenießbar, und die Hitze in jenem Sommer 1950 sengend. Wir waren so niedergeschlagen, daß wir sogar planten, einen verzweifelten Brief an die polnischen Behörden zu schreiben, mit der Bitte, uns wieder zurückkehren zu lassen... Aber nach ein paar Tagen wurden wir an den

Rand des Lagers geschickt, wo jemand uns sehen wollte. Es war ein Jugendfreund meiner Mutter. Er redete uns gut zu und riet uns, Geduld zu haben, die Dinge würden schon ins Lot kommen... Wir verbrachten nur eine Woche in diesem Lager, dann wurden wir an einem sehr heißen Tag, ohne einen Tropfen Wasser, auf einem Lastwagen ins Tal von Israel bei Bet Shaarim gebracht. Dort gab es weiter nichts als ein Feld, einige Olivenbäume, Sand und Skorpione. Die Jewish Agency hatte beschlossen, an diesem Ort ein neues *Maabara*, ein neues Lager zu errichten. Vom Joint gestiftete Zelte waren aufgestellt worden, man hatte für einen Wasseranschluß gesorgt, und damit hatte es sich. Wir waren an diese Hitze nicht gewöhnt, an diese Moskitoschwärme während der Nacht, an diese Zelte, in denen man keine Luft bekam. Wir waren deprimiert, hatten keinerlei Kontakt zu den irakischen und marokkanischen Juden, die mit uns in dem Lager waren (es gab auch ein paar Polen, doch die kannten wir nicht). Mehrmals am Tag mußte man Schlange stehen, um irgend etwas zu ergattern, und oft brach Streit aus. Ich erinnere mich, daß die Marokkaner anfingen, mit ihren Schuhen auf die anderen einzuschlagen. Manchmal bot man den Männern Arbeit an. Schlomo, mein Stiefvater, ein kleiner, eher schmächtiger Schneider, hatte noch nie schwere körperliche Arbeit verrichtet, er mußte auf ein Sonnenblumenfeld, wo er vor Müdigkeit umfiel. Ein anderes Mal war er zum Steine Beseitigen abkommandiert worden, wobei er einen Ohnmachtsanfall erlitt. Unser Aufenthalt im Lager dauerte mehrere Monate.

Im Spätsommer 1950 kamen wir dann mit Plotzkern zusammen, mit »Alteingesessenen«! Während der fünfziger Jahre bestand ein entscheidender Unterschied zwischen den Greenhorns, den Neuankömmlingen, den Armen, und den »Alteingesessenen«, die das Land aufgebaut und sich in ihm niedergelassen hatten, deren Kinder dort zur Schule gingen, etc. Der Antagonismus zwischen den beiden Gruppen war damals erheblich. Die Alteingesessenen warfen den Neuankömmlingen vor, nicht in der Zeit vor dem Genozid gekommen zu sein, als sie sich noch hätten retten können... Die anderen machten zwar keine Vorwürfe, dachten sich aber ihr Teil. Bis vor kurzem noch hatten alle in Israel sich verschworen, über die Haltung der Juden in Palästina während des Zweiten Weltkriegs zu schweigen. Seit ein paar Jahren jedoch haben Forscher ernstzunehmende historische Studien angestellt, aus denen hervorgeht, daß die jüdischen Führer in Palästina und in den Vereinigten Staaten besser über dieses Problem Bescheid wußten, als sie zugeben wollten, und bei weitem nicht so viel halfen, wie es die Lage erfordert hätte. Aber diese Plotzker waren sehr freundlich zu uns, sie luden uns zu sich ein, und wir konnten auf diese Weise feststellen, daß es hier auch noch einen anderen Lebensstil gab.

Alles war in den Händen der Leute von der Arbeitspartei. Sie haben uns geholfen, eine Beschäftigung für meinen Stiefvater zu finden und eine Wohnung in einem dieser grundhäßlichen, in aller Eile zur Unterbringung der Leute gebauten Häuser, die aber immerhin sehr viel besser waren als die Zelte, bei denen man immer befürchten mußte, sie würden nachts davonfliegen. Jetzt hatten wir wenigstens ein Dach über dem Kopf. Ich begann, in die Schule zu gehen. Das war sehr schwierig, denn ich konnte kein Hebräisch. Schließlich bekam ich zweimal die Woche Nachhilfestunden und habe so allmählich die Sprache gelernt. Am Ende der zweiten Klasse nahm ich an einem Aufsatzwettbewerb über die Gründerjahre der Stadt teil, den ich zuerst in polnisch aufgesetzt und dann übersetzt habe und für den ich den ersten Preis bekam.

Als ich erfuhr, daß eine Gruppe von drei oder vier Mädchen und Jungen versuchten, in den Kibbuz En-Harod zu gehen, beschloß ich, mich ihnen anzuschließen. Ich ärgerte mich, daß ich ein Schuljahr verloren hatte, und im Kibbuz konnte ich während des Sommers lernen und eine Klasse überspringen, so daß ich wieder mit Gleichaltrigen zusammen war. Ich mochte die Atmosphäre, die in diesem Kibbuz herrschte, seinen idealistischen Pioniergeist, das heißt den

Geist der Leute, die in den zwanziger Jahren aus Rußland und Polen eingewandert waren und als Autodidakten moderne Philosophie und Literatur gelernt hatten. Das waren weltoffene und hochgebildete Menschen, die an jeder Universität der Welt hätten lehren können.

Da war vor allem David Maaletz, ein bekannter israelischer Schriftsteller, der als erster gewagt hatte, sich kritisch über den Kibbuz zu äußern, das heißt, ein Tabu zu verletzen. Der Kibbuz galt als die Vollendung schlechthin, als der Gipfel des israelischen Traums, die originellste Erfindung der modernen jüdischen Geschichte, die zeigen sollte, wie der menschliche Geist seinen atavistischen und triebhaften Individualismus überwinden kann. Wenn ein Kibbuznik durch die Straßen von Haifa oder Tel Aviv ging, erkannte ihn jedermann an seiner Haltung, er war das Salz der Erde und der Stolz des Landes. Wenn ein Außenstehender eine Kritik äußerte, so war das weiter kein Problem, es handelte sich eben um einen Bourgeois... Aber Kritik von einem Insider war einfach Verrat! David Maaletz, ein Schriftsteller, hatte nun überzeugend dargelegt, daß man auch im Kibbuz unglücklich sein und sich einsam, unverstanden und frustriert fühlen konnte, Niederträchtigkeiten ausgesetzt war etc. Bei seinem Erscheinen erregte das Buch, das den Titel *Maa Galot* (Die Kreise) trug, einen Skandal. Inzwischen haben sich die Meinungen gewandelt, und heute denkt man ganz anders darüber.

Damals war En-Harod ein historischer Kibbuz, weil er als einer der ersten im Tal von Israel errichtet worden war, einer zu jener Zeit noch sumpfigen und von Malaria heimgesuchten Gegend. Pioniere der zwanziger Jahre hatten ihr Leben für seine Errichtung gegeben... Ihre Kinder, die »Traumkinder«, sollten einmal ganz andere Menschen werden, nicht wie ihre Vorfahren beim Anblick eines Hundes, ihres eigenen Schattens oder des Stabs eines Verkehrspolizisten erschrecken. Und sie waren in der Tat stark, sportlich und braungebrannt, sie lenkten Traktoren, bearbeiteten den Boden. Die Eltern waren so stolz auf ihre Traumkinder, daß sie ihnen alles durchgehen ließen. Nicht ohne negative Auswirkungen: Die Nachkommen der Pioniere waren von ihrer Überlegenheit so überzeugt, daß sie einen blassen und ein wenig schmächtigen, merkwürdig gekleideten, aus Polen eingewanderten jüdischen Bub von oben herab ansahen. Ein schmerzliches Gefühl für mich, das jedoch allmählich abnahm. Ich habe meine Examina bestanden, zweieinhalb Jahre Militärdienst abgeleistet und bin einer der Ihren geworden.

Nach meinem Militärdienst wollten sie, daß ich ein Mitglied des Kibbuz werden sollte, und erboten sich, mir das Studium an einer Universität oder einer Kunstakademie zu bezahlen, ganz nach meinem Wunsch. Ich hatte mich aber in eine junge Frau verliebt, Ruthy, Unteroffizier der Armee, der dieses Leben nicht gefiel. Sie war ein Mädchen aus der Stadt, das in Hadera wohnte, wo wir uns niederließen. Ich war Lehrer an einer Landwirtschaftsschule, einem Internat, geworden, wo ich 1959 einer Gruppe von zweiundvierzig polnischen Judenkindern Hebräisch beibrachte. Im selben Jahr, 1959, ist meine Mutter nach einem Jahr schrecklichen Leidens an Krebs gestorben. Das Leben hatte gerade begonnen, sich ihr und Schlomo von seiner freundlichen Seite zu zeigen... Das war ein furchtbarer Schlag für mich, denn wir waren einander so nahe gewesen. Ich bedauere jetzt, daß ich sie nicht gründlicher über die Vergangenheit ausgefragt habe, aber diese Gelegenheit ist nun vorbei... Ich kenne nicht einmal die Adresse des Mannes, der uns in Ostrowiec das Leben gerettet hat, ich hätte ihm so gerne geschrieben, ihm Kisten voller Orangen aus Israel geschickt. Meine Mutter hatte den Kontakt aufrechterhalten, aber ich habe ihn abreißen lassen...

Im selben Jahr haben Ruthy und ich geheiratet. Wir wohnten in der Schule, mit wenig Geld, aber sehr glücklich. 1961 wurde Raz geboren. Er war ein unglaublich schönes Kind. Ich war verrückt nach ihm. Er nahm alle meine Gedanken gefangen und erfüllte alle meine Träume. Er verkörperte für mich die jüdische Erneuerung nach der Vernichtung. Er beschäftigte mich Tag und Nacht, ihn anzuschauen, bei ihm zu sein, ihn zu waschen, ihn zum Lachen zu bringen war ein so unglaubliches Glück... Ich idealisiere nicht, weil er nun tot ist. Nein, alles an ihm war überwältigend, er war so schön, so intelligent, so artig... Ruthy arbeitete als Laborantin in einer Gummifabrik, ich war Lehrer, wir hatten jetzt mehr Geld und konnten uns eine Wohnung in Hadera kaufen. Ich konnte auf Kosten der Schule, an der ich jeden Vormittag unterrichtete, an die Universität gehen und hebräische Literatur sowie die Tora studieren. Das zwang mich jedoch, abends zu arbeiten, und ich war unglücklich, weil ich Raz nicht mehr sehen konnte.

1965 wurde unser zweiter Sohn, Tal, geboren. Und Ruthy ist krank geworden. Man hat ihr eine Gewebeprobe entnommen, und der Arzt riet zu einer Strahlenbehandlung. Wir waren jung, sorglos und voller Selbstvertrauen, und Ruthy hat den Rat nicht befolgt. Ab April, kurz nach Tals Geburt, ging es ihr immer schlechter. Die Diagnose war grausam, ein äußerst bösartiger Tumor. Raz war vier, Tal eineinhalb Jahre. Wir haben alle Behandlungen versucht, Ruthy wurde operiert, aber es war nichts mehr zu machen. Für mich war es eine schreckliche Zeit, denn ich mußte lächeln und Ruthy belügen, ihr versichern, daß alles wieder gut werden würde. Ein Jahr später ist sie gestorben.

Ich beschloß, in der Wohnung zu bleiben, zu arbeiten und mich als alleinerziehender Vater der beiden Kinder anzunehmen. Die Beziehung zwischen Raz und mir war besonders innig. Aber die Erziehung der beiden Kinder bereitete mir physische und vor allem psychische Schwierigkeiten. Ein Jahr lang habe ich es versucht. Dann habe ich mich nach einem Kibbuz umgesehen, etwas zögernd, denn ich hatte Angst, daß ihnen das Leben dort nicht gefallen würde. Schließlich entschied ich mich für den Kibbuz Haogen, den die Kinder mochten. Am Jahresende willigte ich ein, Mitglied des Kibbuz zu werden. Es war eine große Ehre für mich, daß man mir

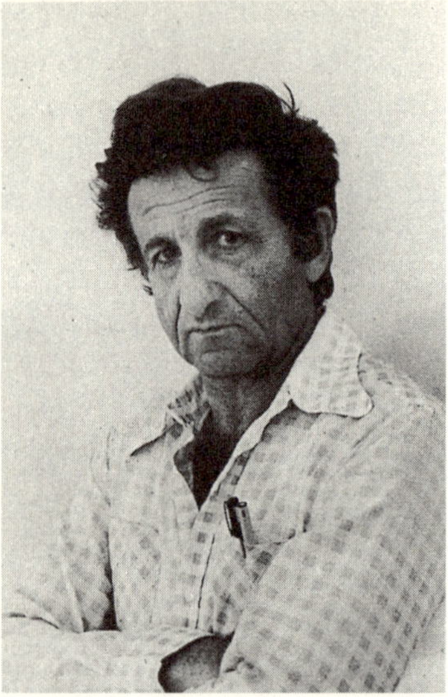

Jakov Guterman

die Mitgliedschaft so schnell angeboten hatte. Ein neues Leben begann. Nach viereinhalb Jahren Witwerschaft lernte ich Anny kennen, und wir heirateten. Sie war soeben aus Dänemark gekommen, neu im Kibbuz und in der Familie, aber die Dinge haben sich allmählich eingespielt. Sie ließ sich zur Krankenschwester ausbilden, und ich habe weiter unterrichtet. Nach den beiden aufeinanderfolgenden Todesfällen, die mich sehr mitgenommen hatten, lebte ich wieder auf. Die beiden Jungen wuchsen heran, und sie bekamen noch zwei Schwestern.

Raz hat sein Abitur gemacht. Er war ein Junge, den jedermann gern hatte. Ruhig, aber in einer Gruppe immer der Anführer; schweigsam, aber von einer natürlichen Autorität, die keiner Worte bedurfte. Schon als er noch klein war, haben seine Kameraden immer ihn gefragt, wenn es darum ging, was man spielen sollte. Er war auch ein außerordentlich guter Sportler, ein vorzüglicher Läufer, immer unter den ersten. Ein Jahr vor seiner Einberufung war er von einem Jerusalemer

Raz Guterman im Manöver

Sportverein zur Teilnahme an einem Wettkampf in London und Berlin eingeladen worden.

Im November 1979 wurde er eingezogen. Er machte sich Sorgen, weil er Schwierigkeiten mit der Achillessehne hatte. Wir hatten der Sache keine Beachtung geschenkt und die zur Behebung des Schadens nötige Operation nicht durchführen lassen. Raz befürchtete, der Militärarzt könnte dies bei der Musterung bemerken und ihn nicht voll verwendungsfähig schreiben. Wenn er schon drei Jahre dienen mußte, dann in einer aktiven Einheit und nicht in einem Büro. Ich persönlich gehörte nicht zu den Eltern, die in ihrem Pioniergeist dachten: »In einer Familie wie der unseren muß man in einer Eliteeinheit dienen.« Mir wäre eine weniger exponierte, eine weniger gefährliche Einheit lieber gewesen. Aber Raz hatte nun einmal diesen Weg gewählt, denn er war eines dieser willensstarken »Traumkinder«, die meinten, sie müßten alles mit äußerster Konsequenz tun.

In Israel wird jeder Wehrpflichtige von einem Musterungsausschuß untersucht, der aus drei Ärzten besteht, die einen kompletten Check-up machen; falls es auch nur das geringste Problem gibt, wird es von ihnen entdeckt. Raz hat diesen Ausschuß überzeugt, daß alles gutgehen würde, und die Musterungsärzte haben etwas Unglaubliches getan: Sie haben ihn tauglich für Kampfeinheiten geschrieben und dabei nur die Bedingung gestellt, daß er orthopädische Spezialstiefel tragen müsse. Ich glaube, das ist der einzige Fall in der ganzen Geschichte des *Tsahal*, in dem ein Schuhmacher Spezialstiefel für einen Soldaten anfertigte! Raz ging also regelmäßig in das Lazarett von Hachomer, um ein Paar neue Stiefel zu fassen, denn in dieser Art Einheit werden die Stiefel schnell verschlissen...

Zu Beginn seines Wehrdienstes hatte Raz eine Menge Probleme und mußte manche Sträuße ausfechten. Einige Monate nach seiner Einberufung wurde er zu einen Fernmeldekurs geschickt. Für ihn war das ein schwerer Schlag: er würde kein echter Soldat sein! Er hat sich geweigert, zu lernen, und alles mögliche getan, um Arrest zu bekommen, weil er glaubte, daß man ihm dann die Fernmeldeausbildung erlassen und ihn zur Golani-Brigade, einer Kampfeinheit, versetzen würde. Er hat jeden nur erdenklichen Blödsinn angestellt, ist nachts über die Kasernenmauer geklettert, hat den Eselsbänkler gespielt... Jeden Freitag war eine Prüfung, und wer sie bestand, bekam Wochenendurlaub. Raz stellte es immer so an, daß er durchrasselte, auch wenn er dann in der Kaserne bleiben mußte. Einmal hat er eine Arbeit zurückgegeben, ohne die geringste Antwort auf die gestellten Fragen. Er hatte auf den Prüfungsbogen nur einen Olivenbaum gezeichnet und darunter geschrieben: »Ich liebe die Golani, Raz Guterman«. Das habe ich nicht von ihm selbst erfahren, sondern später von der Ausbilderin. Da er damit sein Ziel nicht erreichte, hatte er zusammen mit einem Freund sogar beschlossen, vor dem Haus des Stabschefs zu demonstrieren, und mich gebeten, ein Spruchband anzufertigen mit der Aufschrift: »Wir sind kerngesund, warum dürfen wir nicht in Kampfeinheiten dienen?« Nur mit Mühe konnte ich ihn davon überzeugen, daß ihn dieser Streich nur ins Gefängnis bringen würde... Schließlich hat er sich damit zufriedengegeben, einen Brief zu schreiben. Man hat ihm geantwortet, daß auch das Fernmeldewesen sehr wichtig sei.

Er bekam keinen Arrest und hat schließlich dank seiner Hartnäckigkeit seinen Willen durchgesetzt. Er wollte um jeden Preis bei diesen Kommando-Einheiten, die den Namen »Seiret Golani« tragen, Dienst tun, Elite-Einheiten, bei denen die Ausbildung so hart ist, daß nur die Widerstandsfähigsten sie durchstehen, darunter viele junge Kibbuzmitglieder. Warum diese Wahl und warum diese Entschlossenheit? Aus mehreren Gründen. Raz war beileibe nicht jemand, der unbedingt auf Abenteuer und Gefahr aus war. Als Kind war er keineswegs besonders mutig gewesen, er konnte nur schlafen, nachdem er in alle Schränke geschaut hatte, um eventuell verborgene Bedrohungen auszumachen... Er war weder Militarist noch Nationalist: Er war militantes Mitglied der *Shalom Arshav*, der »Frieden jetzt«-Bewegung. Aber er hatte diesen Kibbuznik-, diesen Pioniergeist, der einen zwingt, bis an die Grenzen seiner – vor allem der körperlichen – Möglichkeiten zu gehen, sich voll einzusetzen. Nichts war ihm schrecklicher als der Gedanke, ein Drückeberger zu sein. Er liebte auch die Gruppensolidarität, das Gefühl der Zusammengehörigkeit, das in diesen Einheiten herrschte.

Als 1977 Begin und die Rechte mit ihrer chauvinistischen und expansionistischen Politik an die Macht kamen, wurde mir angst und bange um meine Söhne. Der Vertrag mit Ägypten und Sadats Reise nach Israel bedeuteten für mich eine ungeheuere Erleichterung. Das betraf zunächst das Land, denn wir wollten den Frieden, und dann, ganz egoistisch, meine Kinder. Ich habe zu Raz gesagt:

»Ich bin so froh, du wirst deinen Militärdienst in einer Periode des Friedens ableisten!«

Im letzten Jahr seines Militärdienstes, 1982, war ich sehr erleichtert, denn es herrschte Ruhe, die PLO und die palästinensischen Organisationen hielten eine Art Waffenstillstand, es war das friedlichste Jahr in der Geschichte Israels, elf Monate ohne auch nur einen einzigen Schuß an der libanesischen Grenze... Ich sagte zu Raz:

»Jeden Tag denke ich mir, wenn es nur schon November wäre und du demobilisiert würdest!«

Aber im Mai wurde ich wieder unruhig. Man spürte, daß die Regierung den Libanon-Krieg vorbereitete, das wurde immer klarer. Die offizielle Propaganda putschte die öffentliche Meinung mit dem Slogan auf: »Jetzt reicht's!« Zwei Palästinenser krochen durch den Stacheldrahtverhau, und sofort sprach Scharon von einer unerträglichen Bedrohung... Ich war so besorgt, daß ich mir in einer schlaflosen Nacht überlegte, ob ich nicht an Begin einen Brief schreiben sollte, des Inhalts: »Sie sind ein Überlebender der Shoah, ich auch. Sie sind Vater, ich auch. Fangen Sie keinen Krieg an...« Ich habe den Brief nicht geschrieben, es war zu naiv. Später habe ich erfahren, daß solche Briefe von anderen Leuten geschrieben worden sind.

Raz' Militärdienst näherte sich seinem Ende. Er war mit seiner ganzen Einheit auf zwei Lastwagen durch den Negev unterwegs nach Eilat. Es war eine Art ökologischer Ausflug mit Ausbildern. Eine schöne Abenteuerfahrt, sie hatten Musikinstrumente mitgenommen, sie waren glücklich. Am 4. Juni 1982, an einem Freitagabend – sie saßen um ein Lagerfeuer, lachten, tranken Bier und sangen –, erreichte sie ein Telefonanruf: Sie sollten sich nach dem Norden des Landes in Marsch setzen. Alle waren bestürzt und traurig. Soeben hatten sie noch fröhlich ihre Ökoreise genossen, und nun kam brutal dieser Befehl. Sie haben sofort begriffen... Kurz zuvor hatten sie den Angriff auf ein Fort geübt, und zwar an einem Kastell aus der Zeit der Kreuzzüge. Die Topographie glich aufs Haar derjenigen von Beaufort, das durch Artilleriebeschuß nicht erobert werden konnte.

Sie haben sich also nach dem Norden in Marsch gesetzt.

Raz war nicht mit ihnen abmarschiert, denn er hatte sich im Kibbuz Marbaroth ein Kanu ausgeliehen, das er zuerst zurückbringen mußte. Auf seiner Fahrt im Lastwagen kam er zu Hause vorbei. An jenem Samstag war ich leider abwesend, Anny befand sich, als er für einige Minuten ins Haus kam, gerade unter der Dusche. Er hat durch die geschlossene Badezimmertür mit ihr gesprochen und auf dem Tisch ein paar Zeilen für mich hinterlassen: »Papa, ich komme wahrscheinlich nächsten Freitag zurück. Bis bald!« *Wahrscheinlich*! Mein Vater sollte auch »wahrscheinlich« zum Abendessen zurückkommen... Ich war krank vor Sorge. In der Nacht sagte ich zu Anny:

»Ich ziehe meine Uniform an und fahre in den Norden, zu ihm!«

Sie hat es mir ausgeredet. Zwei Tage und eine Nacht vergingen. Ich habe später erfahren, daß die jungen Leute im Norden kaum geschlafen hatten. Sie bereiteten sich auf den Kampf vor und waren sehr aufgeregt, denn sie wußten, daß aus diesem Kampf nur wenige zurückkommen würden.

Einige Monate vor dem Angriff auf Beaufort hatte die Zeitung *Ma'ariv* in ihrer Sukkot-Beilage eine große Reportage veröffentlicht[1]: »Begegnung mit einigen ausgezeichneten Soldaten«. Der Journalist, Jakov Eretz, hatte drei Fallschirmjäger und drei Angehörige der »Seiret Golani« interviewt. Einer von ihnen war Raz. Eretz hatte sie gefragt, warum sie derart harte Einheiten gewählt hätten. Der eine sagte, er wolle seinem Land dienen, der andere, er liebe sein Vaterland und wolle es verteidigen, alle sprachen von ihrem Engagement mit einer Art Inbrunst und jugendlichem Überschwang... Raz schwieg.

»Und du?« hat ihn der Journalist gefragt.

Raz antwortete:

»Ich verabscheue den Krieg, ich verabscheue die Schlach-

1 *Ma'ariv* vom 9./10. Oktober 1981, also acht Monate vor dem Angriff auf Beaufort.

ten und ich fürchte sie. Ich wollte zu dieser Einheit, weil ich glaube, daß jeder das tun muß, wozu er fähig ist, und ich bin dazu fähig. Ich diene aus Pflichtgefühl, mit vollem Bewußtsein, und nicht aus Leidenschaft. Der Krieg ist für mich kein Vergnügungsausflug. Aber ich bin sicher, wenn ich kämpfen muß, dann stehe ich den anderen in nichts nach.«

Ich habe diese so einfachen und so festen Aussagen Raz' oft wiedergelesen und mir dabei gesagt, daß Simcha Guterman, der jüdische Kämpfer, der irgendwo im fernen Warschau in einem unbekannten Grab liegt, einen Enkel hatte, der seiner würdig war.

Der ganze Libanon-Krieg war sinnlos, und am sinnlosesten war der Angriff auf Beaufort, denn die Stoßrichtung der Truppen verlief aufgrund einer Änderung der Vormarschpläne mehrere Kilometer westlich der Festung... Das Oberkommando hatte zwar um acht Uhr abends den Befehl zur Einstellung des Angriffs gegeben, aber dieser Befehl ist nie angekommen – man weiß immer noch nicht, wer ihn unterwegs gestoppt hat. Er wäre ohnehin zu spät gekommen. General Kahalani, der Divisionskommandeur, der den Befehl zum Angriff auf die Festung Beaufort gegeben hatte, hat in stundenlangen Gesprächen versucht, mich und einige andere Eltern davon zu überzeugen, daß er keine Schuld trage und von einem Gegenbefehl nichts gewußt habe. Irgend jemand lügt hier, aber ich weiß nicht wer. Vielleicht wird der *Tsahal* eines Tages eine wirkliche Untersuchung durchführen, bei der sich dann herausstellt, welcher Schweinehund die Widerrufung des Angriffsbefehls auf Beaufort abgefangen hat. Eines Tages, vielleicht... Die beiden großen politischen Blöcke des Landes sind des öfteren aufgefordert worden (und dies nicht nur von den Familien der Opfer), einen Untersuchungsausschuß über den Libanon-Krieg zu bilden. Die Antworten von Schamir und von Peres, von der Rechten und von der Arbeitspartei, waren immer ausweichend. Heute besteht zwar nicht mehr der gleiche Konsens über die Rechtmäßigkeit dieses Krieges, wohl aber eine heilige Übereinkunft darüber, daß keine Untersuchung angestellt werden soll... Was für eine moralische Altlast für die zukünftigen Generationen! In der *Haggada*[1] heißt es: »Und du sollst deinen Kindern erzählen.« Das ist nur noch eine hohle Phrase, die man an einem Feiertag gedankenlos vorliest...

Die Schlacht fand am Sonntag, dem 6. Juni 1982, um acht Uhr abends statt. Die kleine Gruppe kletterte einen schmalen Pfad hinauf zum Fort. Der Vollmond beschien das Gelände vor den Maschinengewehren in Lauerstellung. Die Panzer, die Feuerschutz geben sollten, verharrten unbeweglich am Fuß des Berges. Eine erste MG-Salve forderte die ersten Opfer. Die anderen drangen weiter nach oben vor. Raz, Avikam und Ami (Ami ist zurückgekommen) waren an der Spitze, Raz trug ein Maschinengewehr. Von oben wurde immer noch geschossen, ein weiterer Junge wurde getötet. Die »Golani« setzten zum Sturmangriff an. Moritz, ein äußerst tapferer Bursche, der sich hinter Raz hielt, hat Raz zurückgehalten und zu ihm gesagt:

»Laß mich vor!«

Aber Raz hat abgelehnt und ist so schnell wie möglich weitergestürmt. Sie waren ganz nahe am Gipfel. Sie haben einen Palästinenser, der aus einem Schützengraben herauskam, getötet, und dann noch einen, und sind dann ihrerseits in diesen tiefen, ausbetonierten Schützengraben gesprungen. Man hat auf sie geschossen. Raz und Avikam wurden verwundet. Sie haben um Hilfe gerufen. Ein paar Palästinenser sind zurückgekommen und haben eine Handgranate auf sie geworfen.

Am nächsten Tag, einem Montag, war ich völlig aufgelöst, denn ich hatte keine Nachricht bekommen. Abends – ich war gerade im Eßzimmer – kam Tami zu mir, ein junges Mädchen, das einen Freund in dieser Einheit hatte. Sie sagte:

1 Biblischer Bericht über den Auszug aus Ägypten, der am Pessach-Fest vorgelesen wird.

»Jankele, komm in die Küche, ich muß dir was sagen.«

Man hatte sie angerufen und ihr mitgeteilt, daß unsere Jungen am Angriff auf Beaufort teilgenommen hatten und daß es keine Verluste gegeben habe. Ich saß da, neben ihr, heulte wie ein kleines Kind und sagte immer wieder:

»Er hat's überstanden, er hat's überstanden! Jetzt wird alles gut.«

Anny und ich stürzten zum Fernseher, um uns die Neun-Uhr-Nachrichten anzuschauen. Man sah den Gipfel von Beaufort, Hubschrauber, Menachem Begin und Ariel Scharon. Scharon hat sich vor den Kameras in die Brust geworfen und vor dem Premierminister ausgerufen:

»Welch herrliche Höhenluft!«

Sie behaupteten, das Fort sei ohne den Verlust auch nur eines einzigen Mannes genommen worden. Hinter ihnen stand eine Menge Soldaten, und wir versuchten angestrengt, Raz unter ihnen zu entdecken. Am nächsten Morgen bin ich wie gewöhnlich um sieben Uhr früh weggegangen, um meinen *Ulpan*[1] abzuhalten. Nach fünfundvierzig Minuten haben wir eine Frühstückspause gemacht. Ein Freund aus dem Kibbuz kam zu mir, hat mich in einen anderen Raum geführt und mir gesagt, daß Raz gefallen sei.

Das Kind, über das ich mich nachts gebeugt hatte, um es zuzudecken und auf seinen regelmäßigen Atem zu lauschen, das Kind, dessen heiße Stirn ich gestreichelt hatte, wenn es krank gewesen war, das Kind, das ich so sehr geliebt hatte, war im Graben eines Berges jenseits der Grenze gestorben, in der sinnlosen Schlacht eines unnützen Krieges.

Ich war voller Trauer und zugleich voller Wut. Niemand konnte mir einreden, daß Raz bei der Verteidigung seines Vaterlandes gefallen sei. Er war ganz einfach dem abscheulichen und blutigen Chauvinismus der falschen nationalistischen Propheten zum Opfer gefallen. Seine Jugend, seine Charakterstärke, sein Großmut, die hervorragende Erziehung, die er

1 Schnellkurs in Hebräisch für die Neuankömmlinge

genossen hatte, dieses ganze Potential war auf die zynischste Weise vernichtet worden. Was für eine Chuzpe, diesen Krieg auch noch Operation »Frieden in Galiläa« zu nennen…! Um diesem erbärmlichen Abenteuer einen derartigen Namen zu verpassen, muß man wirklich Machiavellist sein. Wenn ich diesen Spruch auf den Grabsteinen sehe, werde ich verrückt! Ich wollte die Inschrift auf Raz' Grabstein ändern lassen, aber man ließ mich nicht. Das Gesetz bestimmt, daß die im Kampf gefallenen Soldaten auf einem Militärfriedhof beerdigt werden, und zwar einzig und allein nach den Anordnungen der Armee, die Familien haben dabei kein Mitspracherecht.

Kurz darauf habe ich meinen »Offenen Brief« an Begin, Scharon und Eitan geschrieben und an alle Zeitungen geschickt. Er hat eine Menge Staub aufgewirbelt und wurde sogar im Ausland abgedruckt. Journalisten und Fernsehteams sind zu mir gekommen. Allen habe ich von meinem Schmerz und vor allem von meinem Zorn gesprochen. Begin, Scharon und Eitan, so hatte ich in meinem offenen Brief geschrieben, seien »Mörder der Träume«. Man muß begreifen, was diese in Israel geborenen Kinder für die Überlebenden der Shoah bedeuten: Es gibt nichts Kostbareres auf der Welt! Raz war eines von ihnen. Ich sah in ihm die Zukunft, die mein Vater nicht mehr erleben durfte. Man hatte Raz auf die Schlachtbank geschickt. Ich war verrückt vor Schmerz und Wut.

Die öffentliche Meinung war ganz und gar nicht auf meiner Seite. Die Leute dachten, man habe der PLO endgültig den Garaus gemacht… Wenn ich an der Spitze der großen Demonstrationen marschierte, beschimpften mich Frauen:

»Verräter! Hier in Tel Aviv traut ihr euch, geht doch in den Libanon und kämpft mit!«

Es war schrecklich, zwei oder drei Wochen nach Raz' Tod derart geschmäht zu werden. Ich habe an vielen Demonstrationen linker Organisationen teilgenommen, vor allem an solchen, die von der Bewegung »Schalom Arshav«, der Raz und ich bereits vor dem Libanon-Krieg angehört hatten, veranstaltet wurden; ich habe auch an einem Treffen mit palästinensischen Eltern teilgenommen, die Kinder in diesem Krieg verloren hatten.[1]

Nach meinem offenen Brief an Begin habe ich viele Zuschriften erhalten, manche sehr bewegend, manche voller Beschimpfungen. Ein Reservist verstieg sich zu der abscheulichen Bemerkung, daß Raz, wenn er noch lebte, sich meiner schämen würde, und Siedler aus den neuen Gebieten versuchten mich davon zu überzeugen, daß Raz nicht vergeblich gestorben sei. Ich habe auch einen Brief von Begin erhalten, in dem er schrieb, er sei mit keinem einzigen meiner Argumente einverstanden, aber er wolle darüber nicht diskutieren und respektiere meinen Schmerz. Leere Worte. Begin ist ein abscheulicher Mensch, ein fürchterlicher Nationalist. Er will ein Groß-Israel schaffen, den Arabern das ganze Gelobte Land wieder abnehmen... Im Namen dieser Ideologie fand zur Zeit des Libanon-Kriegs ein wahrer Werbefeldzug statt, mit teuer bezahlten Großanzeigen im »Ma'ariv«, die dazu aufriefen, eine Petition gegen die »Verräter« zu unterzeichnen, das heißt gegen Leute wie mich! Israel ist unser Land, wir leben hier, wir lieben es und verteidigen seine Existenz, ohne uns dabei jedoch in das Räderwerk von Gewalt und Haß ziehen zu lassen. Doch damals herrschte wirklich eine merkwürdige Atmosphäre, ein übersteigerter Patriotismus, ein Klima der Intoleranz. Heute bin ich besser gewappnet, aber damals hat mir das alles schlaflose Nächte bereitet.

Vierzig Tage nach dem Tod der jungen Männer hat der »Seiret Golani« für die betroffenen Familien eine Reise nach Beaufort organisiert. Alle diese jungen Leute haben sich rührend um uns gekümmert. Auf dem Boden lagen winzige Steine, und auf ihnen und an der Wand des Grabens waren zwei

1 Dieses Treffen mit den palästinensischen Eltern fand am 1. 8. 1988 im Hotel »American Colony« in Ost-Jerusalem statt.

Jakov Guterman und seine zweite Frau Anny während einer Demonstration gegen den Libanon-Krieg nach dem Angriff auf Beaufort.

große schwarze Blutflecke. Ich hätte am liebsten fürchterliche Schreie ausgestoßen, Schreie, die das Blut in den Adern erstarren lassen, Schreie eines verwundeten Tieres – an diesem Tag wäre ich am liebsten gestorben. Dicht neben mir stand der Vater Avikams, der zusammen mit Raz gefallen war. Uns beide bewegten die gleichen Gefühle. Ich habe ihm von meinem Vater erzählt, der alles getan hatte, um sich der Widerstandsbewegung anzuschließen, um eine Waffe zu bekommen, um gegen die Nazis zu kämpfen... Und nun hatte Begin, der »große Patriot«, der in der Stunde der Gefahr aus Polen abgehauen war[1], den Traum meines Vaters, meinen Traum und den Traum des jüdischen Volkes umgebracht! Die Heftigkeit meiner Bemerkungen erregte Erstaunen, wurde aber meinem Kummer zugeschrieben. Ich aber wußte, daß ich die Wahrheit sagte.

Das Verteidigungsministerium gibt, wohl als einziges auf der ganzen Welt, Millionen für die Bezahlung von Psychologen und Psychiatern aus, die manchmal durch Jahre hindurch die Familien der getöteten Soldaten betreuen, das heißt Gespräche mit ihnen führen. Sie sind auch oft zu mir gekommen, aber ich habe sie immer abgewiesen. Der Gedanke, mit einem bezahlten Psychologen zu sprechen, der Raz nicht gekannt hat, widerte mich an... Ich spreche gerne über ihn mit Leuten, die ihn gekannt, die ihn geliebt haben. Dann können wir scherzen, uns an seine Streiche erinnern und gemeinsam lächeln, wenn wir uns sein Lachen ins Gedächtnis rufen. Mir war keineswegs danach, mit anderen Eltern zusammenzukommen und gemeinsam mit ihnen zu weinen.

Nach dieser Reise haben wir uns wiedergesehen und begriffen, daß es kein Zufall war, der diese jungen Leute zusammengeführt hatte. Sie kamen alle aus nicht alltäglichen Familien, die Ungewöhnliches erlebt hatten und eine große

1 Anspielung auf die Tatsache, daß Menachem Begin, der Kommissar der Revisionistischen Jugendbewegung von Polen war, als einziges Mitglied dieser Bewegung im Jahr 1939 aus dem besetzten Polen floh und seine Kameraden im Stich ließ.

Vergangenheit besaßen. Wir haben zueinander eine tiefe Zuneigung gefaßt.

Der erste in Beaufort Gefallene kam aus dem Kibbuz Ein Dor und hieß Jaron Zamir. Seine Eltern sind amerikanische Juden, sympathische, offene Leute, die in den fünfziger Jahren aus den Vereinigten Staaten eingewandert waren. Jehoshua, der Vater, war Lehrer und ein angesehener Fotograf – vor einigen Jahren hat die New Yorker Abraham-Gesellschaft einen Bildband über Israel veröffentlicht, in dem die meisten Aufnahmen von ihm stammen. Heute arbeitet er in der Fabrik des Kibbuz, und Rama, seine Frau, ist Schneiderin. Ihre beiden Töchter, Tamar und Naomi, leben im Ausland, und auch ihr Sohn Gilad hat den Kibbuz verlassen. Jaron war der Jüngste gewesen. Er war Funker und mußte also mit dem Kommando vorrücken, um die Befehle zu übermitteln und über alles, was auf dem Gelände vor sich ging, Bericht zu erstatten. Auf dem Pfad zur Festung hinauf wurde er auf halber Höhe von einem Maschinengewehr niedergemäht. Er war der erste Tote.

Der zweite hieß Gil Ben-Akiva. Seine Eltern, Landwirte in einem *Moschaw*[1] in Kfar Jehoshua, sind Einheimische, im Geist der Pioniere verwurzelt und erzogen. Dita, die Mutter, ist im Moschaw Hakineret, einem historischen Ort, geboren; Jakov, ihr Mann, stammt aus Kfar Jehoshua. Kultivierte, feinsinnige Menschen, Poesie-, Malerei- und Musikliebhaber, deren Haus von Büchern überquillt. Ein Haus, das bereits von mehreren Todesfällen überschattet wurde. Gils Schwester, die zusammen mit anderen jungen Israelis eine Fahrt zu den legendären Ruinen des Tempels von Petra in Jordanien machte, fiel einem Anschlag zum Opfer, den Beduinen auf die Reisegruppe verübten. Eine zweite Schwester kam einige Monate darauf bei einem Autounfall, einige Kilometer vom Moschaw entfernt, ums Leben. Blieb noch Gil, der einzige Sohn. Wie Raz, hatte er bei den »Golani« dienen wollen. Da er jünger als

1 Landwirtschaftliche Produktionsgemeinschaft

seine Kameraden war, durfte er nicht in vorderster Linie kämpfen, sondern mußte hinten bleiben und den Angreifern Feuerschutz geben. Er war der zweite Tote.

Dann kam die Reihe an Raz und Avikam Scherf. Avikam, genannt Abu, war nach den Aussagen derer, die ihn gekannt hatten, ein »Sonderfall«. Er war befördert worden. Nach den Regeln der *Tsahal* muß ein zum Offizier beförderter Soldat zu einer anderen Einheit versetzt werden, damit er nicht als Vorgesetzter seine ehemaligen Kameraden zu befehligen hat. Avikam war jedoch geblieben und problemlos akzeptiert worden, vielleicht aufgrund der ganz besonderen Würde, die er ausstrahlte. Er war äußerst ruhig und ernst, er trennte sich nie von seiner Tora, die er immer und überall las. Auch er stammte aus einer Kibbuznik-Familie. Seine Eltern, Mona und David, waren als Überlebende des Völkermords nach dem Krieg von Rumänien nach Israel emigriert. Sie waren jung, haben ihren Wehrdienst abgeleistet und sich im Kibbuz Beit Zera niedergelassen. Zwei bemerkenswerte Menschen, hochqualifizierte Universitätslehrer (er hat als Biologe über die Mikroorganismen im Toten Meer geforscht) und große Humanisten. Auch für sie ist eine Welt zusammengebrochen. Einige Monate, sieben glaube ich, vor Avikams Tod, wurde dessen jüngster Bruder in der Fabrik des Kibbuz, in der er arbeitete, von einer Maschine getötet. Dann kam Beaufort... David war völlig gebrochen, und ich bin sicher, daß der Ausbruch seiner Leukämie auf diese Tragödie zurückzuführen ist. Er ist im Juli 1987 gestorben. Mona ist die tapferste Frau, die ich je kennengelernt habe. Sie hat innerhalb von drei Jahren zwei Söhne und ihren Mann verloren. Sie lehrt weiterhin an der Universität, bildet junge Leute aus, die vielleicht einmal den Frieden kennen werden. Das einzige Kind, das ihr verblieben ist, lebt irgendwo in Spanien. Es wollte aus dieser aberwitzigen Atmosphäre herauskommen, um normal zu bleiben!

Der fünfte hieß Jossi Eliel. Seine Großeltern waren um die Jahrhundertwende aus Rußland gekommen, zu Fuß, per

Schiff, auf Eselsrücken, eine sehr lange Reise... Der Großvater starb plötzlich an einem Sonnenstich. Die Großmutter wollte nicht aufgeben, ließ sich in Kfar Tavor nieder und hat dort ihre zehn Kinder großgezogen. Alle haben hart gearbeitet und oft Hunger gelitten. Es war die erste Generation von Landwirten – in Europa gibt es seit Jahrhunderten Bauern, aber hier in Israel war das wirklich etwas völlig Neues. Diese Leute fühlten sich der Natur verbunden, liebten die Scholle, nahmen Erde in die Hand und betrachteten sie mit all der Liebe, deren sie fähig waren, sie wußten alles über sie. Der Vater hat uns erzählt, daß er manchmal frühmorgens, wenn das Dorf ihn nicht sehen konnte, mit dem Traktor zum Olivenhain fuhr, den er für Jossi angelegt hatte (der Bauernhof sollte einmal ihm gehören). Dort weinte er ganz allein vor sich hin und fuhr dann wieder zurück. Er hat schließlich die Bäume gefällt und viele Dinge verkauft. Er und seine Frau, eine russische Jüdin, die von Schanghai nach Israel gekommen war, konnten nicht mehr weitermachen. Sie haben zwei Töchter, aber Jossi war ihr einziger Sohn.

Der sechste war der Chef des Kommandos, Guni Harnik. Eigentlich war Guni seit einigen Wochen gar nicht mehr ihr Kommandeur, denn er war nach sieben- oder achtundzwanzig Dienstjahren gerade demobilisiert worden. Am Samstag, dem 5. Juni, am Vorabend des Angriffs, gab er bei sich zu Hause in Jerusalem ein Abschiedsfest. Am Sonntag, dem 6. Juni, wollte er in die Vereinigten Staaten fliegen, das Ticket hatte er bereits in der Tasche. Als er vom bevorstehenden Kriegsausbruch erfuhr, beschloß er, zu seiner Einheit zu eilen, um sich wieder als ihr Chef zur Verfügung zu stellen und um die Gefahren mit seinen Soldaten zu teilen. Er war der letzte Tote. Seine Mutter, Raya, eine sehr intelligente und gebildete Frau, arbeitete als Redakteurin bei der »Stimme Israels«. Rayas Mann war ein bemerkenswerter Musiker und ein großer Kenner der Volksmusik, die er im Rundfunk betreute. Als Junge habe ich nie eine seiner Sendungen versäumt: Er sprach über Musik, zum Beispiel über den Flamenco, mit einer unglaublichen Kenntnis und einer unwiderstehlichen Verve. Er ist vor vielen Jahren bei einem Autounfall ums Leben gekommen. Raya blieb Witwe und hat ihre vier Kinder allein großgezogen, was nicht einfach war, denn sie wurde beim Rundfunk sehr schlecht bezahlt. Guni hatte die militärische Laufbahn eingeschlagen und war ein guter Offizier geworden. Dies hat er um den Preis seines Lebens bewiesen, in einem Krieg, den seine Mutter, genau wie ich, ungerecht und unnütz fand.

Raya hat sich seitdem stark in politischen Protestaktionen engagiert. Sie hat zahlreiche Artikel geschrieben. Wir waren bei allen Demonstrationen dabei. Sie hat nach Gunis Tod einen schönen Gedichtband veröffentlicht. Die Lyrik über die getöteten Soldaten ist so umfangreich, daß sie die Nationalbibliothek füllen könnte, aber im allgemeinen ist ihr literarischer Wert gleich null, es sind Albumverse über gebrochene Herzen. Ich habe auch welche von dieser Sorte geschrieben. Rayas Gedichte jedoch fand ich überwältigend, das waren nicht nur die Schreie einer untröstlichen Mutter, sondern die Worte einer wahren Dichterin. Der Band enthielt auch Gedichte, die sie einige Jahre vor Gunis Tod geschrieben hatte und in denen sie ihn bereits beweinte, seinen Tod voraussah! Nach dieser Sammlung, die den Titel *Gedichte für Guni* trägt, hat sie noch eine weitere veröffentlicht, *Der Berg der Ruhe in Jerusalem* (der Berg der Ruhe ist der größte Soldatenfriedhof in Jerusalem). Beide Bände waren ein Erfolg.

Eine siebente Familie ist noch zu uns gestoßen, die Familie Reich. Ihr Sohn, Menachem, gehörte derselben Einheit an. Er ist nicht vor Beaufort gefallen, sondern sieben Monate später ums Leben gekommen. Judith, seine Mutter, ist eine Sabra[1], und Meir, sein Vater, ein polnischer Jude, ein Überlebender der Genozids, der nach dem Krieg nach Israel gekommen war.

1 In Israel geboren

Collage von Jakov Guterman.
Oben Kinderzeichnung von Raz, unten Zeichnung von Jakov, in der Mitte Zeitungsausschnitt: »Widerstandsgesänge schallen aus Begins Haus, der seinen neunundsechzigsten Geburtstag feiert.«
Illustration für eine Sammlung von Gedichten gegen den Libanon-Krieg.

Alle diese Eltern sind Leute der Linken, ausgenommen die Eltern von Jossi Eliel. Mit ihnen haben wir manchmal sehr harte Auseinandersetzungen gehabt. Sie sagten, daß der Libanon-Krieg gerecht gewesen und daß Jossi als Held bei der Verteidigung seines Vaterlandes gefallen sei. Das ging mir sehr gegen den Strich und den andern auch. Wir haben sie nie vom Gegenteil überzeugen können. Aber trotz dieser Meinungsverschiedenheiten haben sie bei unseren Projekten mitgemacht. Wir mußten uns gegenseitig stützen, aber auch etwas gemeinsam unternehmen. Ich habe eine Sammlung von Antikriegsgedichten vorgeschlagen. Avikams Vater dachte an ein Buch über die Gefallenen und ihre Familien. Aber die Tatsache, daß die jungen Leute gemeinsam den Tod gefunden hatten, wäre für sich allein genommen kein ausreichender Anlaß für ein derartiges Vorhaben gewesen. Damit das Ganze seinen richtigen Sinn bekam, mußten auch noch die Persönlichkeiten der Eltern eingebracht werden. Wir haben also nach jemandem Ausschau gehalten, der unsere Geschichte schreiben würde. Ruvik Rosenthal erklärte sich dazu bereit. Er hat das Buch *Die Familie von Beaufort*[1] geschrieben, das in Israel ein Bestseller wurde. Und wir fühlten uns ja tatsächlich als eine einzige Familie. Es macht die Stärke einer Familie aus, daß die Liebe alle Meinungsverschiedenheiten überwindet. Die Kritiker und auch die Leser waren ganz besonders davon angetan, daß ihnen nicht eine der üblichen ideologischen Abhandlungen oder Jeremiaden geboten wurde, sondern daß jeder von uns seine ureigene Stimme und Geschichte zu Gehör brachte, in einem Buch, das im Namen aller Zeugnis ablegt.

Dies ist der Brief, mit dem Jakov nach dem Tod seines Sohnes Raz, dem Enkel von Simcha Guterman, an die Öffentlichkeit getreten ist. Das Schreiben trägt den Titel »Offener Brief an

1 Ruvik Rosenthal, *Die Familie von Beaufort* (in Hebräisch), Tel Aviv, Sifriat Poalim, 1989.

Menachem Begin, Ariel Scharon, Raphael Eitan und an die Minister, die für den Libanon-Krieg gestimmt haben.«[1]

Ich bin der Nachkomme einer rabbinischen Familie, der einzige Sohn Simcha Gutermans, eines Zionisten und Sozialisten, der als Held im Kampf gegen die Nazis beim Warschauer Aufstand gefallen ist. Ich habe die Shoah überlebt und bin nach Israel gekommen, wo ich in der Armee gedient und ein Heim gegründet habe.

Mein Sohn wurde geboren, er hieß Raz. Je mehr er heranwuchs, um so mehr wuchs auch der Stolz der Seinen auf ihn, er war schön und stark, anständig und aufrecht.

Trotz persönlicher Schwierigkeiten und Mißgeschicke habe ich ihn mit unendlicher Zärtlichkeit und Liebe und dem ganzen Stolz eines Vaters erzogen. In meinen geheimen Gedanken verkörperte er das Verbindungsglied in der Kette der Generationen, und ich sah in seinem Wesen und in seinem Temperament, wie im Wesen und im Temperament aller, die ihm glichen, den Ansatz zur Erneuerung unseres Volkes.

Als die Zeit für den Wehrdienst gekommen war, hat er sich gemäß dem Geist, in dem er erzogen worden war, freiwillig zu einer Spezialeinheit gemeldet, einer jener Einheiten, in denen die Anforderungen am höchsten sind. Er hat mit großem Einsatz und äußerster Hingabe einen schwierigen und anspruchsvollen Militärdienst abgeleistet. Er sollte in einigen Wochen demobilisiert werden und schmiedete bereits viele Pläne.

Wie mein Sohn und seine Freunde wußte ich von den Plänen der Regierung, und wir lebten in dauernder Sorge. Jeden Abend, wenn ich mich schlafen legte, betete ich, daß die Befürchtungen sich nicht bewahrheiten würden.

Jedes Kind weiß, daß Sie nach einem Grund suchten, um

1 Der Brief wurde in folgenden israelischen Zeitungen veröffentlicht: *Ha'aretz, Al Hamishmar, Jerusalem Post, Yedioth Ahronoth, Davar, Haolam Haze* und in der Zeitschrift *New Outlook*.

im Libanon einzufallen und um zum ersten Mal einen Krieg anzuzetteln, der kein Verteidigungskrieg war.

Mit einem zweifelhaften militärischen Sieg wollten Sie all Ihre Mißerfolge, Ihre Unzulänglichkeiten, Ihre Fehlentscheidungen, Ihre ganze kurzsichtige Politik vergessen machen.

Im Grunde meines Herzens bewahrte ich die Hoffnung, daß die vernünftigen Menschen und die, die es direkt betraf, in Israel und anderswo, Sie an diesem Irrsinn hindern würden, aber mein Wunsch und der Wunsch unserer jungen Leute wurde nicht erhört.

Der Schuß, der in London abgefeuert wurde, hat Sie veranlaßt, mörderische Kriegsmaschinen auszusenden und Tod in den Städten und den Dörfern des Libanon zu verbreiten.

Als die Katjuschas zurückschossen, war die Stunde, die Sie so ungeduldig erwartet hatten, endlich gekommen.

Sie haben die Stirn gehabt, das Schlagwort »Frieden in Galiläa« zu lancieren, obwohl seit einem Jahr nicht ein einziger Schuß in Galiläa gefallen war.

Mein Sohn Raz, mein geliebter Sohn und seine Freunde wurden mit ihrer Einheit hastig und hektisch in die blutige Schlacht um Beaufort geschickt.

Er ist als erster in die Schützengräben eingedrungen, die zur Festung führen. Er hat sich tapfer geschlagen und den Tod gefunden.

Also haben Sie meinen Sohn ermordet. Also haben Sie die endlose Kette der jüdischen Generationen zerbrochen, diese uralte Kette, geprägt von Heldentum und Leid. Also haben Sie ein Leben vernichtet, eine Blütenknospe, die gerade angefangen hatte, sich zu entfalten.

Und also haben Sie meine ganze Welt vernichtet.

Wie viele Jahre hätten die palästinensischen Terroristen gebraucht, um ebenso viele israelische Soldaten zu töten, wie Sie dies innerhalb einer Woche mit Ihrem verfluchten Krieg fertiggebracht haben?

Wie viele Verluste und Trauerfälle gehen auf Ihre Rechnung?

Karikatur von Jakov Guterman in *Al Ha'Mishmar*, 13. April 1992.
Auf den Gräbern steht: »Gefallen im Libanon«. Scharon ruft: »Wir haben gesiegt!« Er zieht Begin hinter sich her, der eine Fahne schwingt mit der Aufschrift: »Frieden in Galiläa«.

Das Blut an den Felsen des Berges von Beaufort war noch nicht trocken, da stürzten Sie schon mit Ihren Hubschraubern herbei, um inmitten von Fotografen, Fernsehkameras und Mikrofonen lauthals Ihrer Eitelkeit und Ihrer Anmaßung Ausdruck zu geben. Das war so dringend und wichtig, daß Sie natürlich keine Zeit mehr fanden, um sich für Ihre Irrtümer, für die finsteren Winkelzüge zu entschuldigen, mit denen Sie Ihre nationalistischen, abenteuerlichen und unverantwortlichen Ziele durchsetzen wollten.

Das Blut unserer Söhne schreit zum Himmel.

Bedenken Sie: Die Geschichte, die Geschichte unseres uralten Volkes, unseres weisen und schwergeprüften Volkes, wird Sie mit Peitschen und Skorpionen züchtigen.[1] Ihre Taten

1 Vgl. Altes Testament, das Zweite Buch der Chronik, Kap. 10, Vers 11.

werden eine Warnung und ein Urteilsspruch für die künftigen Generationen sein!

Wenn Sie auch nur einen Funken Gewissen und Menschlichkeit haben, dann soll mein unermeßlicher Schmerz Sie bis ans Ende Ihrer Tage verfolgen. Das Leid eines Vaters in Israel, dessen Welt zerstört, dessen Lebensfreude endgültig vernichtet worden ist. Im Wachen und im Schlaf sollen Sie auf ewig dieses Kainsmal tragen!

Jakov Guterman
Kibbuz Haogen, den 22. Juni 1982

Der Vater Jaron Zamirs, des ersten Toten von Beaufort, hat ebenfalls an Menachem Begin geschrieben. Hier ist sein Brief, gefolgt von der Antwort des israelischen Premierministers.

An Seine Exzellenz,
Herrn Premierminister Menachem Begin,

Mein Sohn Jaron ist am Sonntag, dem 6. Juni 1982, in Beaufort gefallen. Seit diesem Tag habe ich nicht aufgehört zu weinen, und meine Hände zittern beim Schreiben dieses Briefes. Ich habe ein Gedicht gefunden, das Jaron vor vier Jahren geschrieben hat und dessen letzte Zeilen lauten:

Und diesselbe kleine Detail: In einer Welt des Hasses
Mit einem selben Volk und einem Protestsänger.
Jetzt lehnen sie sich auf, empört
Rufen sie der Welt zu: Hört auf zu töten!

Hier in Untergaliläa leben wir mit unseren arabischen Nachbarn in Frieden, und in diesem Geist haben wir unsere Kinder erzogen. Was konnte ich einem dieser Nachbarn sagen, als er mir sein Beileid zum Tod meines Sohnes Jaron aussprach, der genau an dem Tag fiel, an dem die Familie dieses Mannes in

Sidon bombardiert wurde? Und was konnte ich Jaron sagen nach seiner Rückkehr von den Golan-Höhen, wo er an der Niederschlagung einer Demonstration der Drusen teilgenommen hatte, die gegen die Verordnung protestierten, nach der ihnen ein israelischer Personalausweis aufgezwungen wurde? Und wie konnte ich ihm in die Augen schauen, als die Soldaten in den besetzten Gebieten auf Frauen und Kinder schossen? Ist es denn unser Schicksal, daß wir durch das Schwert leben müssen, durch ein Schwert, das mit dem Blut kleiner Kinder befleckt ist? Ist es nicht an der Zeit, miteinander zu sprechen, statt aufeinander zu schießen?

Jehoshua Zamir
Ein Dor, den 28. Juni 1982

Lieber Herr Zamir,

Haben Sie Dank für Ihren Brief.

Es fällt mir schwer, auf die Vorwürfe eines trauernden Vaters zu antworten. Ihre Worte sind hart und, wie ich glaube, ungerechtfertigt. Aber von Bürger zu Bürger, lieber Herr Zamir, werde ich Ihnen sagen, was meine Pflicht mir zu sagen gebietet: Weder in diesem noch in irgendeinem anderen Land hat es je eine gerechtere, eine edlere Sache gegeben als den »Feldzug für den Frieden in Galiläa«.

Und der Name Ihres Sohnes Jaron, dieses Tapferen und Heiligen, wird auf ewige Zeiten in den Chroniken unserer Nation weiterleben.

Hochachtungsvoll Ihr

Menachem Begin
1. Juli 1982

In seinem Tagebuch hat Jehoshua Zamir am 28. Juni 1982, also an dem Tag, an dem er an Menachem Begin schrieb, notiert:

»Morgen werde ich an der Demonstration auf dem Knesset-Platz teilnehmen. Ich werde ein Plakat für mich, für uns anfertigen. ›Jaron ist in Beaufort getötet worden. Er ist nicht für die Eroberung von Beirut gestorben. Er wollte den Frieden jetzt.‹«

Eine Woche darauf, am 5. Juli, hat er eingetragen:

»In Ein Dor fand eine Diskussion über die Aufstellung eines Kriegerdenkmals statt. Ich war gegen jede Art von Denkmal. Meiner Meinung nach sollten wir das Andenken der Gefallenen ehren, indem wir Geld, Geist und Zeit auf etwas verwenden, das weitere Kriege verhindern könnte. Ich möchte, daß wir den Dialog zwischen den Arabern, den Juden und den anderen Völkern der Region fördern.«

Der Zyklus der Generationen

Das Wort *toldot* bedeutet im Neuhebräischen »Geschichte«, bewahrt aber auch die alte Bedeutung »Zeugungen«, die man auch mit »Geburten« oder »Generationen« wiedergeben kann. Diese Doppeldeutigkeit ist ein Beweis für die traditionelle Sicht des Judentums, die auf einer generativen und vitalistischen Zeitauffassung[1] gründet, nach der die Geschichte sich nicht in der Abfolge der Ereignisse entfaltet, sondern im offenen, zufallsbedingten Zyklus der Generationen.

Simcha Guterman, sein Sohn Jakov und sein Enkel Raz verkörpern die Erneuerung der Generationen im Mittelpunkt der Ereignisse und der geschichtlichen Entwicklung. Jeder wurde vom Vorhergehenden »erwartet« in dem Sinne, in dem Walter Benjamin dies verstand, das heißt, beauftragt, »im Vergangenen den Funken der Hoffnung anzufachen«[2], versehen mit Projekten und Träumen. Jeder stellte eine Zukunft dar, auf die sein Vater hartnäckig gesetzt hatte. Als Träger der Erinnerung und Akteure der Geschichte haben diese drei Menschen all die Brüche, die Tragödien, die Hoffnungslosigkeit und die Hoffnungen der Juden im 20. Jahrhundert erlebt. In der Verkettung ihrer Einzelschicksale treten die Schwerpunkte, die Spannungen, die Projektionen zwischen Vergangenheit und Gegenwart der kollektiven Entwicklung zutage.

Diese Generationenfolge begann mit einem gewollten, bewußten Bruch, dem Bruch nämlich, der so viele junge Juden

1 Henri Atlan, »La mémoire du rite: métaphore et fécondation«, in: *Mémoire et Histoire*, Paris, Denoël-Lettres nouvelles, 1971, S. 32.

2 Walter Benjamin, »Über den Begriff der Geschichte«, in *Illuminationen*, Frankfurt/M., Suhrkamp, 1980, S. 253.

in die Ereignisse der Zeit schleuderte. Einem Bruch, der einen Familienkonflikt nach sich zog und sich in dem eindringlichen Symbol eines zerrissenen Buches ausdrückte…

Als dritter Sohn von Reb Mendel Guterman, einem strenggläubigen Juden, Abkömmling einer chassidischen Familie, hatte Simcha Guterman sich von einer Tradition gelöst, von der seine Kindheit geprägt gewesen war und die, wie seine Schriften bezeugen, ihren Einfluß auf ihn nie vollständig verloren hat. Das Verständnis der Welt und seiner eigenen Zukunft suchte er nicht im Talmud, sondern in den Werken von Marx, Spinoza, Schopenhauer, Darwin, Borochov und vielen anderen. Man erzählte sich in der Familie, daß er durch eine Luke auf das Dach des kleinen Hauses geklettert sei, in dem er mit seinen Eltern in der polnischen Hauptstadt wohnte, um dort heimlich diese gottlosen Werke zu lesen. Eines Tages war ihm Reb Mendel unbemerkt gefolgt und hatte voller Zorn aus einem dieser verbotenen Bücher die Seiten herausgerissen, die unter Simchas bestürztem Blick dann über Warschau geflattert waren. Das Ganze ist vielleicht eine Legende, denn es gleicht aufs Haar anderen, analogen Geschichten. Doch derart heftige Auseinandersetzungen waren keine Seltenheit, Konflikte, bei denen es um den Wert und die Macht eines heiligen oder profanen, aber immer grundlegenden Buches ging, das den Bund zwischen Vätern und Söhnen knüpfte und manchmal löste.

Die alte, von sozialen und politischen Bewegungen in ihrem Immobilismus erschütterte jüdische Welt zersplitterte unter dem Ansturm der Moderne und ihrer neuen Ideologien, welche die messianischen Hoffnungen säkularisierten und die Jugend faszinierten. Die Diskussionen darüber entzweiten die Familien. Bei den Gutermans war einer von Simchas Brüdern, Schlomo (der Mann, der das Manuskript seines Urgroßvaters, des Rabbi Jankele, erben sollte, damit dieser Text die Zeiten überdauere und der Welt verkündet werde), dem väterlichen Weg gefolgt, während Jankl sich von ihm entfernt hatte, ebenso wie seine Schwester Sara, die sogar Kommunistin geworden war. Ihr Engagement hatte ihr in Polen viereinhalb Jahre Gefängnis eingebracht; danach war sie vor derartigen Repressionen ins Vaterland des Sozialismus geflohen. Sie war eine Aktivistin.[1]

Simcha war ein eher einzelgängerischer Aufrührer, ein unabhängiger Geist von diskreter Kompromißlosigkeit. Sein Bericht ist nicht heroisch, er hat kein schwarzes Epos verfaßt, sondern nur die alltägliche Hölle einer eingeschlossenen und terrorisierten Mikrogesellschaft beschrieben, die sich in ihrem Gefängnis herumschlug. Eine todgeweihte Welt, die verbissen um ihr Überleben kämpft, sich an die geringste Information, an die unwahrscheinlichsten Gerüchte klammert, mit ihren zerbrechlichen Hoffnungen, ihrer Würde und ihren Gemeinheiten, ihren Kompromissen und ihrer Verwegenheit, ihren Spannungen und ihren Ungerechtigkeiten, mit ihren durch das Elend und durch die Furcht vor dem allmächtigen Unterdrücker übersteigerten Spaltungen.

Im Kampf gegen den Unterdrücker riskierte man in jeder Sekunde sein Leben. Simcha kämpfte gegen eine Macht, die zugleich direkter, näher und, in ihrer absoluten Abhängigkeit vom deutschen Besatzer, lächerlicher war: gegen die Macht des Judenrats. In seinem Buch empört er sich gegen die Bevorzugungen, Begünstigungen, Privilegien, die dazu beitragen, das Leid und die Not der Ärmsten und Wehrlosesten noch zu vergrößern. Er prangert die Unredlichkeit mancher Honoratioren an, würdigt die Rechtschaffenheit einiger Notabeln und anerkennt die grundlegende Ohnmacht aller.

Diese Ohnmacht nimmt in dem Maße zu, in dem der Ring sich schließt. In einer plötzlich lyrischen und visionären Passage stellt er sich vor, daß seine Arme unendlich lang werden,

1 Nach dem Krieg ist sie nach Polen zurückgekommen und dann, unter dem Druck der Welle des Antisemitismus von 1968, nach Israel ausgewandert, wo sie heute lebt. Sie ist die letzte Zeugin dieser Generation in der Familie Guterman.

damit sie sein Volk umfangen können, dessen Zwistigkeiten und »Fehler« er von nun an vergessen will. Er findet einen prophetischen Ton und nimmt mit beeindruckender Hellsicht das schreckliche und paradoxe Ergebnis des Völkermords vorweg: Die Shoah hat die zerstreuten, unterschiedlichen und antagonistischen jüdischen Realitäten wieder zu einem im Tode vereinten Volk zusammengefügt.

Im Namen dieses wiedergefundenen und vernichteten Volkes hat er, wie andere, Zeugnis ablegen wollen; um die Spur der schrecklichen Erfahrung der Seinen zu bewahren, wie man in der Tradition jede Schrift bewahrt, die das Zeichen des Ewigen trägt, und damit man sich im biblischen Sinn des *Zahor* erinnere, das heißt: keine Rückkehr in die Vergangenheit, sondern Projektion der Vergangenheit in die Gegenwart und in die Zukunft. Nie resignierte er, nie gab er sich geschlagen, mehrmals rettete er sein Leben, das Leben seiner Frau und seines Sohnes, indem er mit bemerkenswerter Kaltblütigkeit das Glück auf seine Seite zwang. Und nie hörte er, trotz der Risiken, die er dabei einging, auf zu schreiben. In seinem tiefen Humanismus und auch Optimismus setzte er auf die Niederlage der Nazibarbarei und auf kommende Zeiten, in denen Gerechtigkeit und Wahrheit siegen würden. Aber seine Ungeduld und seine Empörung konnte er damit nicht besänftigen. Simcha wollte mitkämpfen, um die deutsche Niederlage zu beschleunigen und um die Opfer zu rächen. Der Sieg war ganz nahe, die Rote Armee stand schon in Praga, auf der anderen Seite der Weichsel, aber er sollte, wie er es vorausgeahnt hatte, den Tod finden, bevor sie in die polnische Hauptstadt kam, in der er geboren war. Als unbekannter Soldat, dessen Sohn später nie Simchas Namen auf den Listen der Opfer des Aufstandes finden konnte.

Auch Simchas Schriften hat Jakov nicht wiederfinden können. Aus welchem Grund haben seine Mutter und seine Tante ihn bei der Suche nach den vergrabenen Flaschen nicht mitgenommen? Er weiß es nicht und bedauert es noch heute. Sicher, alles war im Nachkriegspolen schwierig, die Reisen, die Nachforschungen, die Rückkehr der jüdischen Überlebenden an die Orte, wo sie gelebt hatten und wo sie oft nicht sehr willkommen waren. Jakov war 1945 erst zehn Jahre alt; geistig war er eher fünfzehn, so sehr hatte ihn der Krieg gereift, aber er wurde zurückversetzt in die Kindheit, zu den Spielen, in die Sorglosigkeit, die er spät entdeckte, und auch in die Hilflosigkeit gegenüber der Aufgabe, mit der er feierlich betraut worden war. Er wandte seine ganze Energie und Willenskraft auf, um seine Mutter dazu zu bewegen, daß sie einen anderen Wunsch von Simcha erfüllte, der Zionist und Sozialist[1] gewesen war: die Auswanderung nach Israel. Unter Berufung auf seinen Vater überwand er 1950 den Widerstand seiner Mutter. Eine Sohnestreue, an die er nach dem Tod seines eigenen Sohnes erinnern sollte: »Ich habe seinen Traum übernommen und ihn tief in mich gepflanzt.«[2]

Der Bericht über seine Alya[3] ist jedoch völlig schonungslos. Er erzählt, wie nur wenige dies zu tun wagen, vom Schock der ersten Zeit, vom Stacheldraht um das Lager, von den schäbigen Zelten und von den Einwanderern, die im Schlafanzug unter einer bleiernen Sonne herumschlurfen. Niederschmetternde Bilder für die leidgeprüften Neuankömmlinge, die Geborgenheit suchten und die in den Augen der Pioniere die Schwäche und Hoffnungslosigkeit einer jüdischen Geschichte verkörperten, in der diese sich nicht wiedererkannten. Jakovs Bemühungen um eine Eingliederung in die Gruppe junger Sabres des Kibbuz, die den kleinen, zu blassen, zu zarten und komisch gekleideten polnischen Juden von oben herab ansahen, sowie die langwierigen Schritte, die

1 Seine sozialistischen Überzeugungen kommen klar in seinem Buch zum Ausdruck, in dem sich dagegen keine Spur von seinen zionistischen Überzeugungen findet, sowenig wie in den Erinnerungen der Überlebenden von Płock, die ihn einst gekannt hatten und in deren Augen er eher ein Bundist war. Jakov jedoch, der sich auf die Aussagen seiner Mutter und seiner Tante stützt, ist sich in diesem Punkt ganz sicher.

2 Jakov Guterman, *Die Mörder der Träume*, op. cit.

3 Rückkehr der Juden nach Israel

er unternehmen mußte, um wieder zu seinem bei der Ankunft hebraisierten Vornamen zu kommen, lassen eine allgemeinere Realität erahnen: den ambivalenten Platz der Überlebenden in einer israelischen Gesellschaft, die das tiefe Bedürfnis empfand, die Erinnerung an die Shoah zu verdrängen, aus der sie jedoch ihren eigenen Aussagen zufolge einen großen Teil ihrer Legitimität herleitete.

Diese Verdrängung paßte zur Ideologie einer »Wiedergeburt« und eines »neuen jüdischen Menschen«, der sein Geschick selbst bestimmt und nicht »von der Erinnerung an die Hölle verseucht ist.«[1] Eine vortreffliche Analyse der Historikerin Idith Zertal zeigt auf, daß diese Verdrängung im Israel Ben Gurions ein »veritables nationales Ziel«[2] darstellte, für das sich vor allem die zwei wichtigsten staatlichen Institutionen für Bildung und Integration einsetzten: die Schule und die Armee. Nach dem Unabhängigkeitskrieg 1948–49, der als kämpferische und siegreiche Antithese zum unterjochten und gedemütigten Judentum der Diaspora angesehen wurde, stand der Aufbau des Landes unter dem doppelten Zeichen der Auslöschung und der Neudefinierung der Vergangenheit. Ausgelöscht wurde die Tatsache der Unterdrückung und der Vernichtung, angeboten wurde eine abstrakte Darstellung des Genozids (durch allgemeine Wendungen wie »die sechs Millionen«[3]) als historischer Beweis für die Notwendigkeit eines jüdischen Staates, und herausgestellt wurden in vergrößerter Form allein die Aspekte des Widerstandes (Aufstände in den Gettos und Lagern, Partisanenbewegungen).

Die Abgrenzung der kollektiven israelischen Erinnerung, welche die Grundlage für ein von allen getragenes Projekt des nationalen Aufbaus und Zusammenhalts war, zwang auch die integrationswilligen Überlebenden der Shoah, alles abzuwer-

1 Moshe Zuckermann, »The Curse of Forgetting: Israel and the Holocaust«, in: *Telos*. N°78, New York, Winter 1988/89, S. 46.

2 Idith Zertal, »Du bon usage du souvenir. Les Israéliens et la Shoah«, in: *Débat* N°58, Paris, Gallimard, 1990, S. 98.

3 Moshe Zuckermann, *op. cit.*, S. 46.

fen, was sie bisher erlebt und erlitten hatten. Die Zustimmung zu den Symbolen und Wertvorstellungen des Landes wurde Jakov sicherlich durch seine Jugend, seinen Voluntarismus und durch die Tatsache erleichtert, daß sie nicht im Widerspruch zu seiner Sohnestreue stand. Die Erinnerung an seinen im Kampf gefallenen Vater entsprach vollkommen dem gängigen Heldenepos. Zudem stimmten der sozialistische Zionismus und der laizistische Messianismus Ben Gurions mit den Idealen Simchas überein. Blieb jedoch das Schuldgefühl, das von der nicht ausgeführten Aufgabe herrührte: Simchas Flaschen sowie die kollektive Erinnerung an die Shoah waren noch immer vergraben, Simchas unbeugsamer Wille, seinem konzessionslosen Bericht über die Verfolgungen und die Vernichtung der Seinen der Nachwelt zu überliefern, war nicht erfüllt worden. Dieses individuelle Manko verwies jedoch auf eine umfassendere Realität: auf das konfliktbeladene und paradoxe Verhältnis des Landes zu diesem schrecklichen historischen Ereignis. Israel verkannte die Shoah, die doch seinen legitimen Anspruch bekräftigte, weil sie durch ihren Schrecken die Notwendigkeit der Existenz eines Judenstaates bewies. Israel verdankte seine Unabhängigkeit dem Unabhängigkeitskrieg, aber auch dem schlechten Gewissen der Nationen.

Trotz Millionen Toter ist die Geschichte mit dem Genozid nicht stehengeblieben, aber sie ist nun unauflöslich mit diesem Ereignis verbunden, das die jüdische Existenz überwölbt und beherrscht. Diese Vergangenheit vergeht nicht, läßt sich nicht vergessen, kommt zurück, wenn sie verdrängt wird, und widersteht der Distanzierung durch Gedenktage und Denkmäler. Israel ist zwar ein neu gegründeter Staat, aber die Erinnerung wie auch der Boden sind von einer Geschichte durchtränkt, die eine Untermauerung, Erklärung oder Rechtfertigung der gegenwärtigen Entscheidungen verlangt. Dieses schwierige und komplexe Verhältnis zwischen Israel und der Shoah hat sich weiterentwickelt, ist historisiert und auf verschiedene Weise politisiert worden, ohne dabei je seinen festen Platz in der israelischen Vorstellungswelt zu verlieren. Es durchzieht auch wie ein roter Faden die Geschichte und die Tragödien der Gutermans.

Nach der Gründung des Yad-Vaschem-Instituts im Jahr 1953 zum Gedenken an den Genozid und zur Förderung der Forschung wurden Erinnerungen und Erlebnisberichte veröffentlicht, die nur einen sehr beschränkten Leserkreis fanden, auf die Jakov sich jedoch mit Leidenschaft gestürzt hat. Die Frage der deutschen Entschädigungszahlungen löste in Israel eine erste landesweite Diskussion über Sinn und Bewertung der Katastrophe aus. Dieser zwangsläufige Appell an die Erinnerung, der emotionsgeladene und symbolträchtige Fragen über die Möglichkeit und Zulässigkeit einer Quantifizierung aufwarf, über »Reparationen« und Verhandlungen mit Deutschland, gipfelte im Jahr 1961 in einem beispiellosen Ereignis, dem Eichmann-Prozeß, durch den der jüdische Staat zeigte, daß er weder vergessen konnte noch wollte und willens war, das Angedenken zu ehren und vor der Geschichte ein Urteil zu fällen. »Es war«, bemerkt Idith Zertal, »die erste Begegnung einer ganzen Historikergeneration (...) mit der Shoah, mit ihrer Vergangenheit und sogar, in einem tieferen Sinn, mit ihren ausgelöschten Familien.«[1] Eine Begegnung, die sich keineswegs auf die Historiker beschränkte, sondern alle berührte. Und für die Überlebenden wie Jakov und viele andere war dies eine entscheidende Anerkennung, die endlich die Vergangenheit mit der Gegenwart verband.

Ben Gurion machte aus dem, was er das »Nürnberg des jüdischen Volkes«[2] nannte, den kathartischen Augenblick der Konfrontation Israels mit der Tatsache des Genozids und der Wiederaufnahme dieses Völkermords in das nationale Bewußtsein und in die nationale Identität.[3] Nicht ohne Unbehagen übrigens, denn wenn die Kenntnis von den Nazi-

1 Idith Zertal, *op. cit.*, S. 94.
2 *Le Monde* vom 11. 6. 1960.
3 Vgl. Annette Wieviorka, *Le Procès Eichmann*, Paris, Complexe, 1989.

greueln damals auch immer mehr zunahm, wenn das Wort der Überlebenden auch endlich gehört und den Opfern Ehre erwiesen wurde, so tauchte doch auch die unerträgliche und verwirrende Frage ihrer Hilflosigkeit auf. Gestellt wurde diese Frage vor allem von Raul Hilberg[1] und von Hannah Arendt[2], aber in den sechziger Jahren auch von einer Generation, die mit dem Staat Israel geboren und in der gloriosen Sicherheit seiner Unabhängigkeit aufgewachsen war.

Gershom Scholem wirft in einem offenen Brief von 1963[3] Hannah Arendt vor, sie setze die Opfer herab und räume der jüdischen »Schwäche« und den Kompromissen der Gemeinde-Notabeln einen unmäßig großen Platz ein, und dies aufgrund einer Analyse, die von einer wenig verständnisvollen Kenntnis der jüdischen Geschichte und Kultur zeuge. Mit diesem Unverständnis, das er den »jüdischen Intellektuellen der deutschen Linken« zuschreibt, muß er sich, wie er eingesteht, auch in seinem eigenen Land herumschlagen: »Die neue Jugend Israels schleudert uns die Frage entgegen: Warum haben sie sich massakrieren lassen? Diese Frage scheint mir zutiefst gerechtfertigt, und die Antwort darauf ist schwierig.«[4] Um so schwieriger, als die Frage eine weitere, nicht minder bohrende und schmerzliche nach sich zieht: Was war getan worden, um von der »Endlösung« bedrohte Juden zu retten? Die moderne Geschichtsschreibung sollte in der Tat aufzeigen, wie sehr diese Juden von aller Welt ihrem Schicksal überlassen worden waren, auch von den Führern der jüdischen Gemeinden in den alliierten Ländern, namentlich in den Vereinigten Staaten, während der *Yischuv*[5] ab 1942 alle politi-

1 Raul Hilberg, *Die Vernichtung der europäischen Juden*, op. cit.

2 Hannah Arendt, *Eichmann in Jerusalem. Bericht von der Banalität des Bösen*, München, R. Piper Verlag, 1964.

3 Gershom Scholem, *Le procès Eichmann. débat avec Hannah Arendt*, in: *Fidélité et utopie, essais sur le judaisme contemporain*, Paris, Calmann-Lévy, 1978.

4 Gerschom Scholem, *op. cit.*, S. 217.

5 Jüdische Gemeinde in Palästina

schen und diplomatischen Bemühungen auf die Schaffung des Judenstaates ausrichtete, als einzig realistische Antwort auf den Untergang des europäischen Judentums.[1]

Eine Vergangenheit, heimgesucht von Gespenstern, mit einem unermeßlichen Unglück geschlagen und voll von störenden Fragen. Wie sollten die jungen Sabres, denen der Kult der nationalen Souveränität und des Nationalstolzes anerzogen wurde und die mit der Vorstellung aufwuchsen, die physische und geistige Wiedergeburt ihres Landes zu verkörpern, die Herren und Meister ihres eigenen Schicksals zu sein, die Inkarnation einer erfüllten Verheißung auf einer fruchtbar gemachten Erde, wie sollten diese jungen Leute die Dramen des Exils und der Verfolgung verstehen? Diese »Traumkinder«, vor allem die nach dem Pionier-Ideal der ersten Kibbuzniks geformten Kinder, sind, kulturell gesehen, Mutanten.

Raz ist einer von ihnen. Aber er kann sich an seiner Genealogie orientieren. Er kennt die Geschichte seines Großvaters Simcha, die Jakov ihm erzählt hat. Es ist die Geschichte eines Kämpfers, eines mutigen Mannes, der keine faulen Kompromisse eingeht, um sich vor der Gefahr zu schützen, eines der Gerechtigkeit, der Gleichheit und der Solidarität verpflichteten Humanisten, eines Mannes, mit dem er sich identifizieren kann und dessen er sich würdig erweisen will. Seine hartnäckige Weigerung, in der Armee einen »Drückebergerposten« anzunehmen, die hohen Ansprüche, die er an sich selbst stellt, und seine Prinzipientreue, die ihn, den militanten Verfechter der »Frieden-jetzt«-Bewegung, veranlassen, in eine Elite-Einheit einzutreten, dies alles steht in Einklang mit den in der Familie hochgehaltenen Werten und Tugenden. Es ist auch charakteristisch für die Haltung vieler junger Leute aus den Kibbuzim, die im Pioniergeist des Mutes und des physischen Über-sich-selbst-Hinauswachsens erzogen wurden,

1 Idith Zertal, »The Poisoned Heart: The Jews of Palestine and the Holocaust«, in: *Tikun*, Bd. II, N°2, Oakland, 1987.

der zum kollektiven israelischen Heldenepos gehörte. Was also in Europa als ein Widerspruch erscheinen mag – man kann sich kaum vorstellen, daß ein junger Mann, der öffentlich für den Frieden und gegen jede Gewaltanwendung eintritt, um jeden Preis seinen Militärdienst bei einer Elite-Einheit ableisten will –, ist nach israelischem Selbstverständnis und im Rahmen der aus dem Volk hervorgegangenen Armee, der *Tsahal*, in sich völlig stimmig.

Raz entschied sich für eine säkularisierte und auf die neuen Wertvorstellungen ausgerichtete Version des alten *Jichus*, der hohen Abstammung. Im elitären und plutokratischen System der traditionellen Gemeinschaften bis zum 18. Jahrhundert beruhte dieser Adel auf dem Ansehen gelehrter Vorfahren. Die Grundlage dessen, was dann in der Folge eine Form des sozialen und institutionellen Erbadels geworden ist, war der geistige, biblische und talmudische Begriff des *Zehut Avot*, des Verdienstes der Väter (Gründervorfahren eines besonderes Geschlechts, Vater, der dem Stamm seinen Namen gab oder Patriarchen des ganzen Volkes), ein Begriff, der die doppelte Bedeutung einer Huldigung an die Tugend der Vorfahren und der Übertragung dieser Tugend auf die Söhne hat, vorausgesetzt, daß diese ihrer würdig sind. Als Enkel eines antinazistischen Widerstandskämpfers und als Sohn eines Kibbuzniks war Raz den Verdiensten seiner Väter verpflichtet, von denen jeder in der Vorstellungswelt der israelischen Gesellschaft eine Form der Elite verkörperte.

Auf diesen Wertmaßstab spielt Jakov in seinem Bericht an, wenn er erklärt, er gehöre nicht zu den Eltern, die meinen, »in einer Familie wie der unseren muß man in einer Elite-Einheit dienen.« Als verwitweter Vater, der seinen Sohn bemutterte und beschützte, weist er diesen Gedanken von sich, einen Gedanken, der jedoch aufgrund dessen, wofür er und Simcha standen, in dieser Familie und in den Familien der anderen in Beaufort Gefallenen gegenwärtig war, das heißt in Familien, von denen Jakov sagte, sie seien »nicht alltäglich« und besäßen eine »große Vergangenheit«. Rama Zamir, die Mutter eines der Gefallenen, drückt es so aus: »Wir wollten, daß Jaron in der Golani-Brigade dient, denn das ist die ungeschriebene Regel für die jungen Männer des Kibbuz Ein Dor.«[1]

Die Gesellschaft hat sich jedoch gewandelt. »Alles hat sich dermaßen verändert, der reinste Dschungel!« rief Jakov, während er barfuß und mit offensichtlichem Vergnügen durch die Straßen von Tel Aviv fuhr. Sein sonst so ernstes Gesicht war von einem breiten Lächeln erhellt. Die Zeit sei vorbei, meinte er, in der alle Welt in einem stolz durch die Straßen gehenden Kibbuznik ein Elitewesen und die lebendige Kraft des Landes erkannt hatte. Als ich im Juni 1989 jeden Morgen von Natanya zu Jakov nach Haogen fuhr, gelangte ich auf der kaum viertelstündigen Fahrt von einer Facette der israelischen Gesellschaft zur anderen, auch von einer Epoche in die andere. Auf der einen Seite ein modisches Seebad, dessen Hotelkästen aus Beton am Strand aufgereiht waren, mit seinen Cafés, seinen Souvenirläden, ein Mischmasch aus Chic und Tinnef in einer Atmosphäre gutmütiger Protzerei. Auf der anderen Seite die Enklave eines alten Traums, der Wirklichkeit geworden war, mit seinen über einen weiten Park verstreuten Kollektiveinrichtungen und seinen einander völlig gleichen würfelförmigen Häusern, ein jedes flankiert von drahtbewehrten Zementplatten, die von aufgegebenen Ausbauprojekten zeugen. Wie in den meisten Kibbuzim ist auch hier die wirtschaftliche Lage kritisch. Und auch im Land hat sich politisch und ideologisch alles verändert.

Sinn und Wert der Waffen, die Verteidigungs- und Strafverfolgungsaufgaben, das demokratische Ideal und die Besatzerrolle, das alles sind Fragen, über die das Land nicht einig ist. Die begeisternde und in den ersten Jahrzehnten von allen geteilte Gewißheit, eine Wende im kollektiven Schicksal einzuleiten, hat tiefen Spaltungen Platz gemacht, die angesichts der

1 Zitiert von Ruvik Rosenthal, *op. cit.*, Kap. II, englische Übersetzung in *New Outlook*, Tel Aviv, September/Oktober 1989, S. 12.

Ungewißheit und der Gewalttätigkeit der Gegenwart wie nie zuvor die Vergangenheit heraufbeschwören, während die Politik diese Vergangenheit für ihre Zwecke einsetzt und ausnützt. Die Erinnerung an den Genozid wird auf diese Weise umfunktioniert und auf die Aktualität projiziert, in einer Mischung aus Wahnvorstellungen und Bannflüchen, die sich die Kontrahenten gegenseitig an den Kopf werfen. Beteiligt an diesem sinistren Spektakel sind auf seiten der Israelis wie auch auf seiten der Palästinenser Leute, die sich auf eine Geschichte berufen, die sie nicht respektieren können oder wollen; die einen sehen in der arabischen Feindseligkeit das Vorzeichen für eine weitere Vernichtung[1] und in Jassir Arafat einen neuen Hitler;[2] die anderen prangern die »rassistischen Gewalttaten« und die »Nazimethoden« Israels an.[3]

Dieser Gebrauch der Erinnerung als Zerrspiegel der Gegenwart, vermittelt durch Schlagworte und Propagandatexte, banalisiert den Völkermord und entwürdigt die Opfer. Die Wirkung ist um so stärker, als dadurch das Trauma und die Angst, die im kollektiven Bewußtsein vergraben sind, wieder zum Leben erweckt werden. Dies hat Jehuda Elkana, einen Überlebenden der Lager, veranlaßt, einen Artikel mit dem Titel »Gebet für das Vergessen« zu schreiben, in dem er behauptet, das Land müsse sich der Erinnerung an die Katastrophe entledigen, die seine Sicht der Realität verzerre und seine Zukunft bedrohe. Dieser provokante Artikel, den nur ein Überlebender von Auschwitz (wohin er als Zehnjähriger deportiert worden war) schreiben konnte, machte klar, wie quä-

1 »In Erez Israel«, erklärt Begin im Ministerrat am 5. 6. 1982, dem Vorabend des Libanon-Kriegs, »sind wir dazu verdammt, uns mit unserer ganzen Seele zu schlagen. Glauben Sie mir, die Alternative heißt Auschwitz«, Protokoll in *Ha'aretz*, 6. 6. 1982.

2 Die Parallele wurde ganz besonders im Libanon-Krieg verwendet: Man verglich den in seinem Beiruter Unterschlupf belagerten Palästinenserchef mit dem Führer in seinem Bunker.

3 Vgl. Scott Atran, »Steine gegen die eiserne Hand: Gewaltstrukturen im israelisch-palästinensischen Konflikt (1939–1989)«, in: *Social Science-Information*, Bd. 29, N° 1, London, Sage, März 1990, S. 121–127.

lend diese Erinnerung geworden war und wie sehr sie die politischen Entscheidungen und Meinungsverschiedenheiten bestimmte.

Der Libanon-Krieg brachte dies zum Bewußtsein, indem er den Konsenszerfall in Israel beschleunigte. Der Angriff auf Beaufort zu Beginn des Krieges hat sofort Diskussionen von großer Heftigkeit ausgelöst. Die Eroberung dieser Festung aus dem 12. Jahrhundert, Überbleibsel aus der Zeit der Kreuzzüge und bewaffnete palästinensische Basis, der selbst die sehr moderne israelische Artillerie nicht hatte beikommen können, wurde als unnütze und archaische Kriegsunternehmung gebrandmarkt. Und heute »sind sich die meisten Militärfachleute und -historiker darin einig, daß, in Anbetracht des Vormarsches der israelischen Streitkräfte an jenem Tag, der Angriff auf die Festung nicht hätte angesetzt werden dürfen.«[1] Man weiß jedoch immer noch nicht, was aus dem Befehl geworden ist, der den Angriff hätte stoppen sollen, und die Organisation der »Eltern gegen das Schweigen«, die die Einsetzung eines Untersuchungsausschusses verlangte, ist mit dieser Forderung nie durchgedrungen. Die grundlegendere Frage bezog sich jedoch auf die Rechtmäßigkeit eines Krieges, der nicht der Verteidigung, sondern diesmal dem Angriff diente. Rechtmäßigkeit in bezug auf den historischen und politischen Kontext und auf die Realität der Bedrohung, aber auch und vor allem im Namen der Lehren der Vergangenheit.

Diese psychologische und ethische Frage steht nach wie vor im Mittelpunkt der politischen Diskussion. Die im Trauma des Genozids verwurzelte Existenzangst bestärkt die einen in ihrem absoluten und bedingungslosen Willen, nie mehr ohnmächtiges Opfer zu sein, selbst wenn sie dafür zum Aggressor werden müßten. Die anderen, zu denen auch Jakov gehört, möchten ihre Existenz und zugleich ihre Werte verteidigen, sie identifizieren sich nicht mit den Opfern, bezie-

1 Ruvik Rosenthal, in *New Outlook*, S. 10.

hen sich aber auf die universelle Lehre und auf den moralischen Imperativ, die sich aus dem Genozid ergeben, nämlich die Achtung vor dem menschlichen Leben und die Anerkennung des Anderen.

Im Namen dieser Treue, gegen den Niedergang der von der Vergangenheit geerbten Gesinnung und gegen den Irrsinn der Gegenwart wollte Jakov Guterman mit den anderen »Eltern von Beaufort« Zeugnis ablegen und seine Geschichte dem Journalisten Ruvnik Rosenthal erzählen. Als gründe auch er die schwache Hoffnung, gehört zu werden, auf ein Buch. Dieses Buch, das die Widersprüche der öffentlichen Meinung in Israel zum Ausdruck bringt und deshalb von ihr mit Leidenschaft aufgenommen wurde, besitzt zwar nicht den sakralen Charakter von Simchas Text, stellt jedoch für Jakov, ebenso wie sein eigener Bericht, eine Art Übergang zu einer anderen Geschichte, zu einer anderen Zeit, einem anderen Ort und anderen Ereignissen dar, aber immer unter dem Zeichen gemeinsamer Werte. Jakov weiß, daß eine Erinnerung, die Vergangenheit und Gegenwart vermischt, um aus der Vergangenheit die Gegenwart herauszulesen, tragisch in die Irre geht. Er weiß aber auch, daß die Geschichte die Erinnerung verraten und die Hoffnung zuschanden machen kann.

Danksagung

Dieses Buch wäre nicht erschienen ohne den Einsatz und die Energie mehrerer Vermittler, die Archivare des Jüdischen Historischen Instituts in Warschau, Leon Kilbert in New York, Jean Elie Lapierre, mein Vater, in Paris, Herr Schweitzer und Frau Cytryn in Tel Aviv – ganz zu schweigen natürlich von Jakov Guterman.

Alex Derczansky, Rachel Ertel, Régine Herzberg-Poloniecka, Itzhok Niborski, Henri Raczymov und Régine Robin haben ebenso freundschaftlich wie sachkundig Hilfe geleistet.

Marie-Madeleine Paccaud und Rachel Wieviorka haben mit Geduld und Umsicht die verschiedenen Versionen abgetippt, deren letzte viel der aufmerksamen Kritik und der unermüdlichen Durchsicht von Edwy Plenel verdankt.

Inhalt

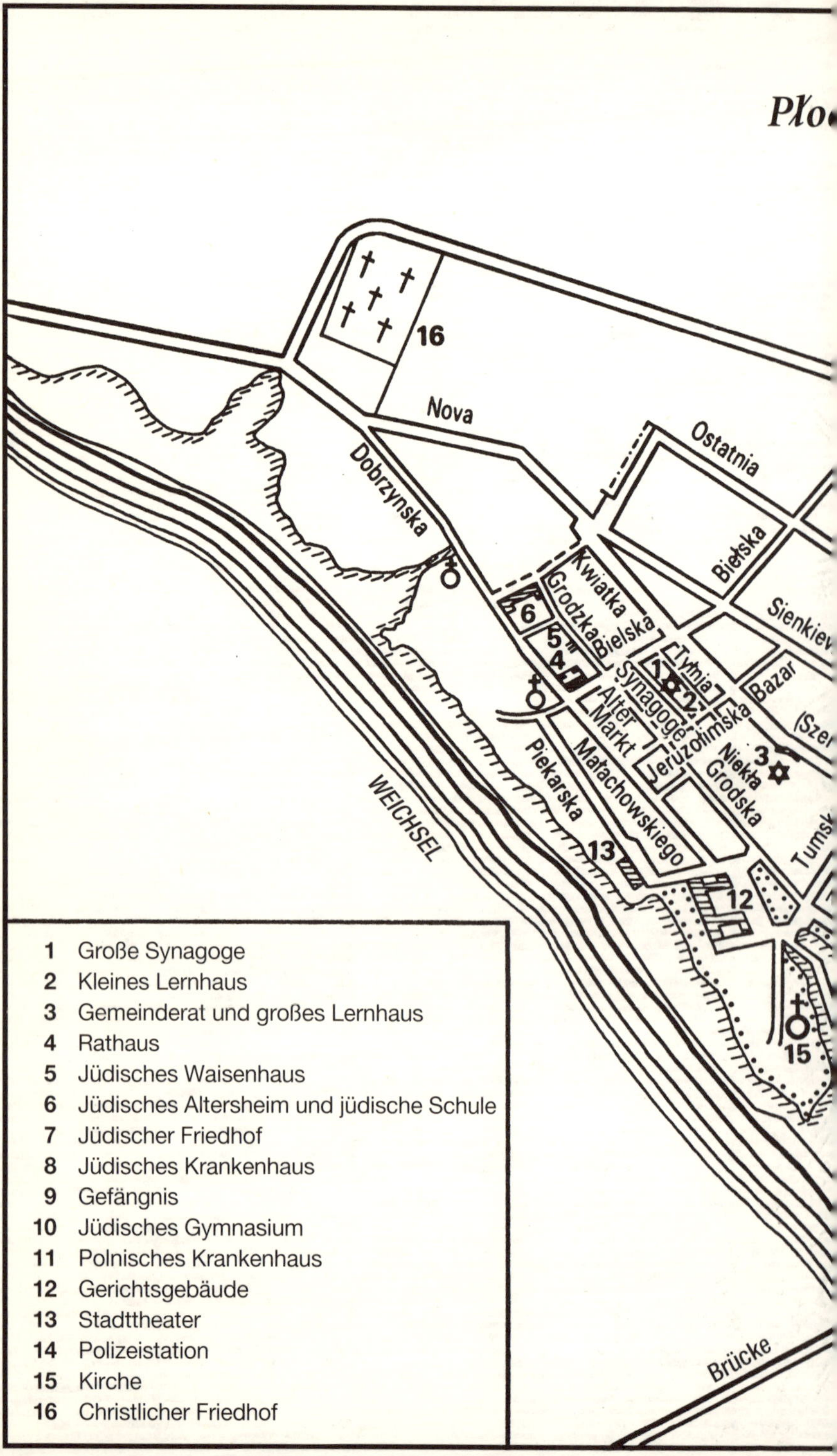
16
Nova
Ostatnia
Dobrzynska
Bielska
Kwiatka
Grodzka
Bielska
Tylnia
Synagoge
Alter Markt
Bazar
Jeruzolimska
Niekła Grodska
Piekarska
Małachowskiego
13
12
15
WEICHSEL
Brücke
1 Große Synagoge
2 Kleines Lernhaus
3 Gemeinderat und großes Lernhaus
4 Rathaus
5 Jüdisches Waisenhaus
6 Jüdisches Altersheim und jüdische Schule
7 Jüdischer Friedhof
8 Jüdisches Krankenhaus
9 Gefängnis
10 Jüdisches Gymnasium
11 Polnisches Krankenhaus
12 Gerichtsgebäude
13 Stadttheater
14 Polizeistation
15 Kirche
16 Christlicher Friedhof